Comunidades de vida

Panorama de um fenômeno religioso moderno

RONALDO JOSÉ DE SOUSA

Comunidades de vida

Panorama de um fenômeno religioso moderno

EDITORA
SANTUÁRIO

Direção editorial:
Pe. Marcelo C. Araújo, C.Ss.R.

Revisão:
Cristina Nunes

Coordenação editorial:
Ana Lúcia de Castro Leite

Diagramação e Capa:
Marcelo Tsutomu Inomata

Copidesque:
Luana Galvão

Dados Internacionais de Catalogação na Publicação (CIP)
(Câmara Brasileira do Livro, SP, Brasil)

Sousa, Ronaldo José de
Comunidades de vida: panorama de um fenômeno religioso moderno / Ronaldo José de Sousa. – Aparecida, SP: Editora Santuário, 2013.

Bibliografia
ISBN 978-85-369-0318-7

1. Comunidade Canção Nova 2. Comunidade de pertencimento 3. Comunidades religiosas 4. Igreja Católica 5. Meios de comunicação 6. Mídia 7. Renovação Carismática Católica 8. Socioantropologia 9.Televisão - Aspectos sociais 10. TV Canção Nova I. Título.

13-07956 CDD-306.6

Índices para catálogo sistemático:

1. Brasil: Comunidades religiosas: Midiatização da religião: Sociologia da religião 306.6

Composição, CTcP, impressão e acabamento:
Editora Santuário - Rua Pe. Claro Monteiro, 342
12570-000 – Aparecida-SP – Tel. (12) 3104-2000

Sumário

Introdução 7

I. Comunidades de vida no Espírito 13

1. A busca por comunidade na sociedade atual 15
2. As comunidades de vida no Espírito na literatura socioantropológica 26
3. Panorama institucional das comunidades de vida no Espírito 46

II. Canção Nova: uma comunidade midiática 65

1. A midiatização da sociedade 67
2. A religiosidade na mídia 73
3. A Igreja Católica no espaço midiático 89
4. A Canção Nova: gênese e expansão midiática 97
5. O *ethos* interno da Comunidade Canção Nova 125
6. O conteúdo da mensagem da TV Canção Nova 146
7. A *performance* midiática da Canção Nova 158
8. A Canção Nova como comunidade midiática 170

III. O fenômeno comunitário contemporâneo 213
1. Características do fenômeno comunitário contemporâneo 215
2. O novo sistema comunitário "em rede" 239
3. Comunidade e "religião experiencial" 251

Considerações finais 261

Referências 269

Introdução

O tema comunidade é central e recorrente nas ciências humanas, especialmente na Sociologia. Na verdade, ele está inscrito na própria tradição sociológica nascida no bojo das transformações sociais que modelaram a modernidade. Pioneiros da sociologia como Tönnies, Durkheim e Weber, entre outros, concentraram-se na elaboração de mecanismos teóricos que dessem conta de interpretar as mudanças das quais eles foram contemporâneos, forjando assim a conhecida dicotomia comunidade/sociedade, conceitos amplamente utilizados para a compreensão da passagem de uma estrutura social agrária e baseada em laços comunitários para a dinâmica do industrialismo e da sociedade moderna.

Contemporaneamente, esse debate adquiriu novo vigor, dado o aparecimento de novas formas de vida comunitária no interior da sociedade. No mundo atual, um número cada vez maior de pessoas parece resistir ao processo de individualização e atomização, tendendo a agrupar-se em organizações comunitárias. É dessa maneira que comunidades particulares ganham corpo e pujança: "é a mesma sociedade dos indivíduos, já destruidora da antiga comunidade orgânica, que agora gera novas formas comunitárias como reação póstuma à própria entropia interna" (Esposito, 2007, p. 16).

Enquanto conteúdo específico, essas comunidades podem originar-se a partir de experiências religiosas, não raras vezes assumindo um formato institucional. Entre os grupamentos de cunho religioso estão as "comunidades de vida no Espírito" surgidas no catolicismo, também chamadas de "novas comunidades".[1] Tratam-se de associações de católicos carismáticos que, normalmente sob a liderança de um fundador ou fundadora, buscam viver a comunhão de bens cujo modelo é a comunidade cristã primitiva.[2] A originalidade dessas comunidades reside no fato de reunirem em um mesmo espaço de convívio, sacerdotes e leigos, homens e mulheres, solteiros e casados. Essas pessoas fazem do projeto evangelizador da comunidade seu ideal de vida prioritário, pelo qual renunciam atividades e funções seculares.

Além dos membros formais, as comunidades de vida no Espírito têm agregados em diversos níveis: aliançados, postulantes, membros dos grupos de oração, contribuintes, simpatizantes. Dependendo do nível de vinculação, variam as regras compor-

---

[1] Aqui, vou utilizar sempre a expressão "comunidade de vida no Espírito" para me referir às novas comunidades católicas e, assim, distingui-las de outros tipos de comunidades de vida surgidas na contemporaneidade.

[2] Cf. Atos dos Apóstolos 2,42-47; 4,32-35.

tamentais, a visão de mundo e o discurso dos participantes, da mesma forma como varia o grau de conhecimento destes em relação à ideologia do grupo (Mariz & Mello, s/d).

O despontar das comunidades de vida no Espírito remonta aos inícios da década de setenta, época da constituição da Renovação Carismática nos Estados Unidos (Oliveira, 2003). De alguma maneira, elas se impuseram enquanto fenômeno tanto social quanto eclesial, alterando o cenário religioso do catolicismo e constituindo-se para este, em certa medida, como uma grande novidade.

O Brasil é particularmente fecundo em relação ao nascimento dessas comunidades. A revista *Carta Capital* estimou a existência de aproximadamente trezentas (Oliveira, 2004). Sidney Timbó (2004, p. 16) calculou mais de quatrocentas, advertindo que "dentre estas, aproximadamente 65% estão em fase embrionária, 20% estão em desenvolvimento e 15% estão atingindo ou já atingiram o amadurecimento e são, de certa forma, referenciais para as demais". Anjos e Carranza (2010), por sua vez, falam de quinhentos e cinquenta na composição desse quadro. Quanto ao número de membros, a revista *Veja* indicou que cerca de dez mil pessoas moram em comunidades de vida (Vieira, 2008). De qualquer modo, ainda não foi feito em nosso país nenhum levantamento numérico preciso a respeito das comunidades de vida no Espírito e de seus partícipes.

Este livro apresenta um estudo sobre o fenômeno comunitário contemporâneo em geral e sobre as comunidades de vida no Espírito em particular. Ele é baseado em minha tese de doutoramento em Ciências Sociais defendida na Universidade Federal de Campina Grande (UFCG), no fim do ano de 2010. Apesar de ter revisto o texto da tese para torná-lo mais acessível, mantive a linguagem sociológica. Entendo que ela também serve ao público não especializado, uma vez que, embora relativamente técnica, não versa sobre coisas estranhas ao cotidiano das pessoas. Em se tratando do tema em pauta, ele é de interesse de todos aqueles que desejam compreender melhor o mundo em que vivem, especialmente quanto às novas expressões religiosas e comunitárias surgidas na contemporaneidade.

O livro está dividido em três partes, para as quais utilizo a denominação tradicional de "capítulo". No primeiro deles (*Comunidades de vida no Espírito*) trato, inicialmente, das razões pelas quais, hoje em dia, os indivíduos buscam experiências comunitárias. Chamo a atenção para as comunidades de vida no Espírito, que caracterizo como uma dessas possibilidades de vivência coletiva na sociedade atual. Em seguida, faço uma revisão da bibliografia socioantropológica sobre as referidas comunidades[3] e discuto sobre o modo como elas se inserem na Igreja Católica, conquistando autonomia e constituindo-se como uma alternativa ao sistema comunitário tradicional do catolicismo, baseado nas paróquias.

No segundo capítulo (*Canção Nova: uma comunidade midiática*), concentro-me especificamente sobre a Comunidade Canção Nova, a maior e mais antiga comunidade de vida

[3] Devo alertar que a revisão aqui posta, abrange a bibliografia a que tive acesso, publicada até 2010, ano de conclusão de minha tese.

católica do Brasil. Pesquisei essa comunidade durante três anos, observando especialmente sua condição de "comunidade midiática", ou seja, o fato dela estabelecer com seus sócios formais relações que se aproximam do tipo "comunitário", caracterizadas por sentido de pertença que é construído por meio da televisão. Essa característica da Canção Nova faz dela um exemplo cabal do modo como o fenômeno comunitário contemporâneo se apresenta: imbricado com as novas tecnologias da informação e em acordo com a lógica da sociedade midiatizada.

O último capítulo trata das características desse novo fenômeno comunitário. Qualifico-o de "moderno", na acepção sociológica do termo, porque nele a autonomia dos indivíduos, valor inconteste da modernidade, não está sendo radicalmente afetada. Via de regra, as comunidades de hoje restringem apenas parcialmente esta autonomia e ainda se constituem em fontes de conhecimento mediante as quais os indivíduos podem reencontrar uma identidade coletiva e recuperar a possibilidade de se posicionarem perante a polifonia da sociedade contemporânea. Essa discussão, levada a efeito em diálogo com a literatura especializada e em confronto com a realidade por mim observada na pesquisa de campo, deságua na elaboração do conceito de "religião experiencial", um tipo de religião que se distingue da religiosidade tradicional e daquela "de mercado" e que está na base da formação de comunidades religiosas na contemporaneidade.

Consciente de que a teoria social consiste em uma ferramenta para a compreensão do mundo, com este livro pretendo contribuir com o "necessário esforço analítico coletivo, já em curso em muitos horizontes, com o objetivo de compreender nosso novo mundo, com base nos dados disponíveis e em teoria exploratória" (Castells, 1999, v. 1, p. 24). Este estudo convida a projetar sobre o fenômeno comunitário contemporâneo um olhar perpassado de conteúdo sociológico e de sensibilidade para com a experiência humana que se renova em cada época.

Capítulo I

Comunidades de vida no Espírito

1

A busca por comunidade na sociedade atual

É bastante conhecida na Sociologia a discussão sobre "comunidade" e "sociedade".[1] Esses conceitos se apresentam geralmente em oposição um ao outro, definindo duas formas diferentes de inter-relações. Em linguagem sociológica, "comunidade" e "sociedade" são duas terminologias para designar os dois princípios essenciais segundo os quais pode moldar-se a convivência humana (Freyer, 1973). As relações comunitárias seriam baseadas em sentimentos recíprocos comuns, conhecimento íntimo e participação direta de uns indivíduos na vida dos outros. Na comunidade, as relações são predominantemente *locais*; os hábitos, os costumes e a religião, seus principais mecanismos de controle. A *sociedade*, por sua vez, se realizaria por meio de um pacto racional em cujo universo prevalecem os interesses e objetivos individuais.

---

[1] Cf., por exemplo: TÖNNIES, Ferdinand. Comunidade e sociedade como entidades típico-ideais. In. FERNANDES, Florestan (org). *Comunidade e sociedade*: leitura sobre problemas conceituais, metodológicos e de aplicação. São Paulo: Nacional, USP, 1973, p. 96-116. Comunidade e sociedade (textos selecionados). In. MIRANDA, Orlando de. *Para ler Ferdinand Tönnies*. São Paulo: EDUSP, 1995, p. 231-342. WEBER, Max. Comunidade e sociedade como estruturas de socialização. In. FERNANDES, Florestan (org). *Comunidade e sociedade*: leitura sobre problemas conceituais, metodológicos e de aplicação. São Paulo: Nacional, USP, 1973, p. 140-143. DURKHEIM, Émile. *Da divisão do trabalho social*. Tradução de Carlos Alberto Ribeiro de Moura. 2 ed. São Paulo: Abril Cultural, 1983, p. 1-70. (Os pensadores). SIMMEL, Georg. Requisitos universais e axiomáticos da sociedade. In. FERNANDES, Florestan (org). *Comunidade e sociedade*: leitura sobre problemas conceituais, metodológicos e de aplicação. São Paulo: Nacional, USP, 1973, p. 63-81. THOMAS, J. B. Comunidade. In. OUTHWAITE, W. & BOTTOMORE, T. (Eds). *Dicionário do pensamento social do século XX*. Rio de Janeiro: Zahar, 1996, p. 115-117.

Se a marca da comunidade é a tradição e a afetividade pessoal, a sociedade, por sua vez, funda-se no contrato explícito ou implícito nas relações funcionais impessoais e no propósito especial declarado. Essa distinção aponta para duas amplas tendências que operam no grupamento social: por um lado, em direção ao que é comum e dado e, por outro, em direção ao que é individual e construído (Schmitz, 1995).

Ao falar de "comunidade" e "sociedade", os sociólogos estão referindo-se a certas formas ideais de relações sociais que, embora não existam em estado puro, são conceitos-limite a partir dos quais é medida a realidade e com os quais esta é comparada (Weber, 1973). Conquanto ideais, essas duas formas de relações sociais não estão desprovidas de concretude. Os elementos que as caracterizam estão presentes em maior ou menor grau nas inter-relações, sendo possível considerar uma situação histórica concreta como "comunidade" ou "sociedade" a partir daquilo que ela apresenta enquanto *tendência*, ou seja, conforme se demonstre mais ou menos próxima de uma dessas configurações sociais.

É a partir dessa premissa que se pode falar da predominância da comunidade tradicional[2] na sociedade ocidental pré-moderna e de seu desmantelamento em certo momento

[2] Na comunidade tradicional, a solidariedade entre seus membros faz com que eles sintam que o relacionamento é um valor em si e por si, percebido como um meio e não como um fim. As pessoas sentem que pertencem umas as outras, porque são do mesmo tipo (COHEN, 1995). Uma comunidade tradicional é geralmente pequena e a comunicação entre seus membros é densa e alcança tudo. A distinção entre aqueles que pertencem e os que não pertencem a ela é bastante clara, assim como o nível de autossuficiência é relativamente grande. Na sociedade ocidental pré-moderna, a comunidade tradicional foi, quiçá, o grupo social mais importante, do qual o indivíduo dependia para se proteger contra calamidades, obter satisfação psíquica e adquirir a segurança de que necessitava (SCHNEIDER, 1976).

histórico. Não há como negar que – pelo menos no Ocidente – a vida social organizou-se, até certo tempo, muito mais em torno de relações comunitárias do que societárias. A sociedade, em sentido estrito, fez sentir sua força somente a partir do momento em que acontecimentos revolucionários, especialmente aqueles vinculados ao progresso tecnológico do mundo, provocaram uma mudança *de estrutura* na vida social. Essa mudança pode ser referida como desmantelamento, decadência, desaparecimento ou eclipse da comunidade tradicional.

O declínio da comunidade tradicional tem a ver com o advento da nova ordem capitalista moderna. Foi a partir do progresso industrial que a unidade da corporação medieval ou da cidade comunitária começou a dissolver-se. As relações estabelecidas a partir da nova ordem econômica, que gradativamente se foram consolidando, imprimiram novo formato à vida social, requisitando dos indivíduos um comportamento conflitante com os laços comunitários.

O industrialismo parece incompatível com a existência da comunidade no sentido tradicional. O urbanismo industrial comporta alguns elementos que redundam na desintegração do sistema comunitário. Em primeiro lugar, a mobilidade da força de trabalho que o sistema produtivo demanda. Depois, as relações trabalhistas que se tornam impessoais (quando não anônimas), transitórias e orientadas por interesses individuais. Por fim, o industrialismo cria grandes disparidades na riqueza, na segurança e no padrão de vida. Com efeito, seria praticamente impossível que o novo sistema industrial se consolidasse sem desmantelar os vínculos comunitários tradicionais (Schneider, 1976).

Todavia, a desintegração do sistema comunitário tradicional também pode ser vista como uma consequência do aumento da intensidade das comunicações. Onde antes prevaleciam as trocas mútuas internas, o aparecimento das telecomunicações possibilitou maiores contatos, transmissões de saber, trocas de conhecimento e descoberta das diferenças. A "mesmidade" da comunidade dissipa-se, especialmente, com o aparecimento da informática, pois

> a partir do momento em que a informação passa a viajar independente de seus portadores, e numa velocidade muito além da capacidade dos meios mais avançados de transporte, a fronteira entre o "dentro" e o 'fora' não pode mais ser estabelecida e muito menos mantida (Bauman, 2003, p. 18-19).

A passagem da comunidade tradicional para a sociedade moderna é marcada pelo declínio da coletividade em favor do individualismo (Paiva, 1998). Conquanto este não exclua a vivência comunitária, diminui o sentimento de pertença e conduz os indivíduos a encontrar, na própria ausência de normatização social intensa, um elemento de satisfação, uma vez que um controle comunitário oneroso sobre os hábitos pessoais e as práticas hedonistas está ausente (Schneider, 1976; Velho, 1998).

Na sociedade moderna, o maior grau de impessoalidade e anonimato torna menos possível o caráter durável das relações interpessoais, pois elas estariam maiormente condicionadas a fins instrumentais. Indubitavelmente, foram desfeitos os elementos mais firmes e solidamente marcados de orientação que sugeriam uma situação social que era mais duradoura, mais segura e mais confiável. Se, por um lado, os indivíduos dispõem de maior autonomia frente aos condicionamentos sociais, por outro, os sistemas normativos e de valores carecem de solidez e oferecem menos segurança existencial a estes mesmos indivíduos.

Segundo Zigmund Bauman (2003), com o qual concordo, a maior consequência do desmantelamento do sistema comunitário tradicional é a insegurança crescentemente experimentada pelos indivíduos em virtude da ausência de vínculos de pertença. Para este autor, a individualização moderna significou, no fundo, uma troca da segurança pela liberdade. E a chance de desfrutar da liberdade sem pagar o alto preço da insegurança é um privilégio de poucos.

Nessas circunstâncias, a comunidade volta a aparecer como a opção mais evidente, razão pela qual estaríamos vendo hoje, por meio, por exemplo, dos diversos tribalismos contemporâneos (religiosos, esportivos, musicais, tecnológicos etc.), um ressurgimento da vontade de "estar junto", no qual o compartilhamento de emoções em comum e a identificação com um grupo estariam, em certa medida, substituindo o individualismo moderno (Lemos, 2006; Maffesoli, 2006).

Para Bauman (2003), onde o Estado fracassou, postula-se que a comunidade triunfe. Busca-se um controle sobre as condições sob as quais os desafios da vida são enfrentados, controle que só pode ser obtido coletivamente. Concretamente, quando acorrem para experiências comunitárias, os indivíduos estariam procurando criar uma garantia de vida para além da dinâmica capitalista, dado à fluidez e a volatilidade do sistema.

> Hoje em dia, a comunidade é procurada como abrigo contra as sucessivas correntezas de turbulência global (...). Sentimos falta de comunidade porque sentimos falta de segurança, qualidade fundamental para uma vida feliz, mas que o mundo que habitamos é cada vez menos capaz de oferecer e mais relutante em prometer (Bauman, p. 128-129).

Raquel Paiva (1998) considera que a comunidade ganhou força nessa nova fase do crescimento econômico porque apareceu investida de um poder de resgate da solidariedade humana, solidariedade que, em termos de comunidade, significa uma verdadeira estratégia dos que, por viverem na escassez ou à margem, constroem um saber particular de convivialismo. Segundo essa autora, a associação entre o conceito de comunidade e a convivência harmônica entre os indivíduos tem sido uma ideia persistente, muitas vezes configurando-se a comunidade uma proposta a ser implementada. Contudo, ela adverte que o simples "estar junto" não significa necessariamente constituir uma comunidade, uma vez que a experimentação do outro implicaria uma atitude recíproca de interioridade.

Em relação às experiências contemporâneas de "estar junto", Leila Amaral (2000) diz que nelas o "ideal de comunidade" não está de todo ausente. A partir da observação de centros holísticos "nova era", essa autora sugere a hipótese de que tais experiências distanciam-se tanto dos marcos do individualismo quanto do comunitarismo, sendo ocasiões em que os indivíduos buscam, a sua maneira, um modo intermediário para enfrentar o paradoxo moderno. De qualquer modo, Amaral defende que o "estar junto" pode desencadear um "estar com", tornando as interações mais próximas das relações do tipo comunitárias.

Jacqueline Scherer (1973, p. 100) defende que, em face da situação de alienação na qual se encontra o homem no interior dos sistemas sociais de massa, "começamos a aceitar que a desolação do isolamento e o perigo de um individualismo levado ao extremo devem ser vencidos a qualquer preço". Segundo essa autora, na sociedade moderna as grandes organizações são demasiadamente extensas e impessoais para responder satisfatoriamente às necessidades humanas e, ao mesmo tempo, a família tornou-se limitada e restrita para fazer face a suas responsabilidades como base da sociedade. Essas e outras conjunturas sociais teriam tornado a comunidade algo mais atraente do que nunca.

Berger & Luckmann (2004) também apontam para a insegurança crescente que motiva os indivíduos a viverem experiências coletivas. Eles advertem que a sociedade moderna vive uma crise de orientação cultural, em que a Igreja, a Escola, a Família e o Estado – instituições que faziam a ponte entre o indivíduo e a sociedade – teriam perdido a capacidade de orientar as aspirações profundas de seus membros. Isso teria feito brotar a insegurança *como norma,* uma vez que a modernização tornou mais difícil a manutenção de todo o monopólio de sistemas de valores. Por outro lado, ainda segundo Berger e Luckmann, a modernidade criou ao mesmo tempo a possibilidade da formação de comunidades supraespaciais de convicção.

Portanto, diversos autores têm apontado para o advento de um novo comunitarismo, como fruto da insegurança em que se encontram os indivíduos atualmente. Por meio dele, insiste-se na noção de que cada indivíduo deve ser visto enquanto pessoa que é parte integrante de uma comunidade e não simplesmente nela situada. Essa tendência referendaria o entendimento de que comunidade e indivíduo são essenciais um ao outro, muito embora haja entre esses dois polos uma tensão inata e criativa (Casalegno & Kavanaugh, 1998).

O agente individuado tem dificuldades de realizar-se radicalmente em uma comunidade, pois esta apresenta-se muitas vezes como sua negação; entretanto, ele não pode prescindir totalmente das ligações comunitárias, posto que a liberdade excessiva lhe é prejudicial. Os instrumentos de controle próprios da "sociedade" (leis e convenções) parecem não ter a mesma força de coercitividade de que dispõem aqueles que são típicos da pré-modernidade (religião e costumes). Desse modo, é possível sugerir que a sociedade moderna acabou reunindo as condições pelas quais os indivíduos sentem a necessidade de buscar experiências comunitárias.

No fim das contas, essa busca representaria uma procura por segurança *existencial*, condição daqueles indivíduos que adquirem sentido de pertença relativamente independente de sua capacidade produtiva e dos recursos materiais de que podem dispor. Segurança que teria relação direta com o estabelecimento de vínculos comunitários, pois a comunidade parece ser a instituição social que melhor se apresenta como uma *matriz* onde as oportunidades de convivência harmônica e não competitiva multiplicam-se, favorecendo a superação dos problemas gerados pelas condições de vida atuais e pelas incertezas da economia mundial (Sousa, 2003).

De um lado, a modernidade desmantelou o sistema comunitário tradicional por seu projeto de individuação radical. Por outro, essa mesma situação gerou nos indivíduos o desejo de pertença e a busca por formas de agregação. Assim é que o indivíduo moderno, após as múltiplas conquistas em torno de sua autonomia, deseja agora uma comunidade na qual possa se inserir e desfrutar da segurança que esta lhe outorga. Em certo sentido, a tendência histórica reverte-se com a comunidade, ou melhor, as comunidades particulares aparecendo como alternativas às relações do tipo "societárias".

Todavia, é importante ressaltar que, nas circunstâncias presentes, é impossível e inviável reconstituir a comunidade nos moldes tradicionais. Tampouco se pode falar de "retorno da comunidade". Com efeito, a sociedade atual encontra-se marcada pela midiatização exacerbada e pela grande quantidade de fluxos informacionais, razão pela qual as vivências comunitárias de hoje não podem assumir as mesmas características do passado.

Contemporaneamente, os indivíduos estão experimentando formas realmente *novas* de vida comunitária. Entre essas experiências, aquelas de conteúdo religioso aparecem com evidente vigor. No catolicismo, o surgimento desse tipo de comunidade religiosa é um verdadeiro fenômeno, dado a intensidade com que se formam e crescem variados grupos em diversas partes do mundo. O movimento pentecostal católico destaca-se nessa matéria. No interior da Renovação Carismática emergem grandes ou pequenas associações de cristãos dispostos a fazerem da vida comunitária uma fonte de significado identitário e um instrumento de resistência à atomização da sociedade.

No âmbito eclesial, essas comunidades são qualificadas de "carismáticas", em alusão ao movimento de origem ou, mais exatamente, de "novas comunidades", termo que designa também outras iniciativas de organização comunitária católica recente, como as constituídas a partir dos movimentos pós-conciliares "Comunhão e Libertação" e "Neocatecumenato". Às vezes, até a Opus Dei é inclusa nessa categoria (Gondal, 1999). A expressão "novas comunidades" de alguma forma se impôs, sem que se possa dizer como e quando apareceu. Ela ressalta o fato dessas comunidades serem uma nova forma de consagração religiosa no catolicismo (Pléty, 1999).

Alguma literatura sociológica, pelo menos no Brasil, tem cunhado a expressão "comunidades de vida no Espírito" para designar as novas comunidades cujos membros compartilham residência e dedicam-se exclusivamente ao projeto evangelizador do grupo. O qualificativo "no Espírito" visa, por um lado, distinguir esse tipo de comunidade de outras comunidades onde as pessoas partilham vida diária, associadas ou não a crenças religiosas, como por exemplo, as comunidades alternativas, agroecológicas, budistas, daimistas ou taoístas. Por outro lado, esse qualificativo ressalta o princípio compartilhado nas comunidades carismáticas de "viver no Espírito", mediante o qual os comunitários experimentam os dons do Espírito Santo e se propõem a "abandonar-se" em suas mãos, dele dependendo inclusive no aspecto do sustento material (Oliveira, 2003).

Sigo aqui esta denominação (comunidade de vida no Espírito), com a qual designo especificamente a reunião de católicos carismáticos de ambos os sexos e de diversos estados de vida (casados, solteiros, sacerdotes, celibatários) que renunciam a seus planos individuais para morarem juntos e trabalharem integralmente em favor dos objetivos institucionais da comunidade à qual pertencem, fazendo da "vida no Espírito" um ideal místico que se manifesta especialmente na atitude de "abandonar-se à providência de Deus".[3]

Quais são as principais características desse tipo de comunidade? Quem são seus membros e com que motivações ingressam nelas? Como se situam no interior do catolicismo institucional? A seguir, procurarei responder a essas e a outras perguntas, utilizando-me da literatura socioantropológica disponível e dos dados colhidos em minha pesquisa de campo.

---

[3] É importante frisar que não se inclui na definição de "comunidades de vida no Espírito" as chamadas "comunidades de aliança", consideradas no ambiente eclesial como parte desse novo movimento comunitário e cujos membros não moram juntos. Um grande número de comunidades de aliança são extensões das comunidades de vida e delas dependem, mas alguns grupos se constituem exclusivamente nessa forma, em que os associados, apesar de fazerem compromissos que se assemelham aos votos (pobreza, castidade, obediência) e estarem fortemente unidos por vínculos formais, não renunciam sua vida secular.

2

As comunidades de vida no Espírito na literatura socioantropológica

A literatura socioantropológica a respeito das comunidades de vida no Espírito pode ser considerada escassa. Em nível internacional, ainda é referência o estudo etnográfico do antropólogo americano Thomas Csordas (1996), sobre a comunidade *Word of God*, a primeira entre as surgidas do movimento carismático nos Estados Unidos. Csordas vê certa ambiguidade no contexto da comunidade observada, que consiste na constatação de um ideário experiencial místico por um lado e, por outro, uma rigorosa normatização ascética para realização da missão salvacionista do mundo. Ele interpreta essa ambiguidade como um sintoma da condição pós-moderna, que cria a tensão entre o local e o global, normatização religiosa e misticismo, instituição e experiência.

Em um estudo sobre novas configurações religiosas na modernidade francesa, Hervieu-Léger (1997), identifica as comunidades de vida no Espírito como "comunidades emocionais", marcadas por fortes relações afetivas entre seus membros, pela valorização dos sentidos, da emoção e do corpo. Para ela, a exploração da subjetividade é o principal mecanismo promotor de adesão a essas comunidades, sendo o anti-intelectualismo um de seus elementos constitutivos.

Também na França, onde as primeiras comunidades apareceram em 1972, o fenômeno foi observado panoramicamente por outros pesquisadores, sempre no contexto do pentecostalismo católico. Martine Cohen (1990, 1997) considerou essas comunidades uma nova maneira de aclimatar os surtos sectários no seio da Igreja. Monique Hébrard (1992), por sua vez, enxergou nelas uma espécie de ordem religiosa em moldes laicais.

O fenômeno começou a ser registrado pelos pesquisadores brasileiros apenas a partir do fim da década de noventa (Mariz, 2005). Pesquisando a Comunidade Shalom, com sede em Fortaleza, CE, Júlia Miranda (1999) caracterizou as comunidades de vida no Espírito como estruturas organizativas sustentadas por rígidas normas de conduta e comportamento, que teriam sufocado a espontaneidade propriamente carismática do movimento de RCC (Renovação Carismática Católica). A autora defende que essas comunidades abandonaram em larga medida seu teor pentecostal, aproximando-se mais de uma estrutura tradicional, a exemplo das antigas ordens religiosas. Essa visão é contestada por Eliane Oliveira (2003), que prefere acentuar os valores míticos e o conteúdo emocional presentes nelas.

Brenda Carranza (2000) também contempla as comunidades de vida no Espírito em seu trabalho sobre as origens e tendências do movimento carismático no Brasil. Essa autora faz uma breve descrição das principais comunidades brasileiras e diz que elas "se sentem portadoras do carisma específico de serem guardiãs da identidade da RCC, consequentemente, são as responsáveis para que o movimento, fiel a essa identidade, se espalhe" (Carranza, 2000, p. 81).

De maneira geral, os estudos feitos no Brasil e no exterior levantam uma questão fundamental a respeito do perfil das comunidades de vida no Espírito: elas se burocratizam ou funcionam como as guardiãs do "sopro pentecostal" que caracteriza o movimento carismático? Alguns autores acentuam a dimensão institucional e normativa dessas comunidades, em detrimento de seu caráter emocional e espontâneo (Hébrard, Miranda). Outros preferem enfatizar suas características carismáticas e emocionais, identificando-as como mantenedoras do carisma próprio do pentecostalismo católico (Hervieu-Léger, Carranza). Outros, ainda veem ambiguidades nessa matéria (Csordas, Cohen).

A meu ver, as comunidades de vida no Espírito movimentam-se pendularmente entre esses dois polos: carismatismo e burocratização. Devido sua origem carismática, por um lado e, por outro, a seu estilo normativo aproximado da vida religiosa tradicional, essas comunidades ora contribuem para a manutenção da inspiração original do carismatismo, ora rotinizam suas práticas a ponto de se burocratizarem. A tendência para um lado ou para outro depende muito das circunstâncias concretas, podendo oscilar conforme o momento de avanço ou de crise ou, ainda, de acordo com as orientações de suas lideranças.

Na literatura socioantropológica anterior ao ano 2000, as comunidades de vida no Espírito são vistas apenas enquanto componentes do pentecostalismo católico, sem que sejam ressaltadas suas peculiaridades.[1] Esse foco de análise reduz as possibilidades

---

[1] Parece-me fundamental contemplar as comunidades de vida no Espírito independentemente do movimento carismático em sua amplitude, pois este tem passado por um processo de fragmentação, no sentido de que suas expressões têm tomado formas variadas. A partir do único movimento que chegou ao Brasil através do padre Harold Rahm, no início da década de setenta, alguns grupos se constituíram em institutos religiosos tradicionais como a Fraternidade Javé Salvador e as Irmãs Carmelitas Mensageiras do Espírito Santo, outros em forma de associações voltadas para os meios de comunicação, como a Associação do Senhor Jesus, e outros se dedicaram a fins diversos (trabalhos sociais, artísticos, missionários

de compreensão do fenômeno como tal, lacuna que foi diminuída pela dissertação de Eliane Oliveira (2003). Em sua pesquisa, Oliveira investigou a Comunidade Canção Nova, contando com o trabalho de campo nos acampamentos de oração promovidos por essa comunidade em Cachoeira Paulista-SP.

Oliveira (2003) indica que as comunidades de vida no Espírito apresentam duas configurações: 1) a convivência e 2) a missão evangelizadora. Isso faz com que, embora pareçam típicas "comunidades-fora-do-mundo", essas comunidades não escapem nem evitem o diálogo com o mundo globalizado quando, por exemplo, investem intensivamente em recurso midiático de alta tecnologia como meio de evangelização de massa. Oliveira também afirma que o compartilhamento diário de concepções e práticas entre os que escolheram conviver em comunidades de vida intensifica a proposta de "viver no Espírito", proposição essa assumida em certa medida por todo o movimento carismático.

Para Oliveira (2003), o que caracteriza a Canção Nova é esse *mergulho no Espírito de Deus*, metáfora usada para qualificar o envolvimento subjetivo que caracteriza a visão de mundo dos consagrados e o estilo de vida que abraçaram.

O "mergulho místico no Espírito de Deus" representaria a experiência da possessão do fiel pelo Deus-Espírito Santo bem

---

etc). Ao assumirem suas especificidades, esses grupos geralmente se emancipam da estrutura do movimento carismático. Este é o caso das comunidades de vida no Espírito que, a partir de certo ponto em que atingem maior organização, adquirem autonomia de governo e transformam-se em instituições independentes. Essa emancipação não ocorre sem tensões. Curiosamente, as comunidades enfrentam junto ao movimento carismático institucionalizado, principalmente em âmbito diocesano, o mesmo tipo de problema que a RCC enfrentou com a hierarquia da Igreja durante seu processo de autonomização (SOUSA, 2005; SILVA, 2008).

como a experimentação de fenômenos espirituais derivados dessa relação. O Espírito de Deus seria como um mar no qual o fiel mergulharia num ato de entrega, abandono, intimidade e confiança absolutos. (...) O fiel reconheceria sua impotência de ter o controle sobre os acontecimentos de sua vida e estabeleceria um contato íntimo com Deus-Espírito Santo na medida em que se permitisse escutar sua voz, calando-se (Oliveira, 2003, p.72-73).

Essa experiência, que Oliveira qualifica como mística e extraordinária, inclui a entrega da direção da vida pessoal a Deus e a aquisição e desenvolvimento dos dons espirituais, além de uma atitude de consagração total ao projeto salvacionista que a comunidade porta: "uma vez investido do Deus-Espírito Santo, o comunitário 'mergulha' na realização das obras de Deus para salvar o mundo do pecado" (Oliveira, 2003, p. 88).

Com efeito, na maioria dos casos, os membros das comunidades de vida no Espírito, dizem-se seguidores de um "chamado" feito pelo próprio Deus. A compreensão a esse respeito processa-se nos acontecimentos cotidianos e concretiza-se nas oportunidades surgidas para conhecer e entrar em uma comunidade, oportunidades essas que são entendidas como sinais sobrenaturais. Normalmente, os comunitários dizem-se identificados com o estilo de vida da comunidade a que pertencem e estão convictos de que essa é sua vocação, ou seja, a forma de viver que Deus escolheu para eles antes mesmo deles nascerem. A experiência *vocacional* vivida de maneira encantada parece fundamental para que os comunitários superem as dificuldades concretas de entrar em uma comunidade, como a oposição da família, o apego aos projetos pessoais ou o medo das regras institucionais.

A metáfora do "mergulho" traduz de maneira bastante aproximada a experiência vivida pelos que se consagram nas comunidades de vida. Esse "mergulhar" no Espírito de Deus exerce um papel fundante no trajeto dos comunitários e, ao mesmo tempo, conforme advoga Oliveira, inclui uma adesão objetiva aos valores ético-morais de conduta considerados corretos para alcançar a santidade e que são apreendidos a partir das orientações da Igreja Católica.

A Comunidade Canção Nova expressa de modo muito claro o paradoxo institucional promovido pelas comunidades de vida no Espírito: de um lado, ressignifica os elementos do catolicismo por meio da experiência subjetiva de contato com Deus; de outro, reforça a institucionalidade católica pela adesão incondicional aos ensinamentos doutrinários e morais. A esse respeito, concordo com Oliveira (p. 126), que interpreta esse paradoxo da seguinte forma:

> tendo em vista que os católicos carismáticos não deixam de sentir-se vinculados à instituição nem negam valores institucionais, mas efetuam tanto o reavivamento de aspectos da tradição católica como os ressignificam, considero que não seja ainda adequado referirmos a sua experiência religiosa como desinstitucionalizada, mas talvez como institucionalmente ressemantizada.

Uma observação importante de Oliveira diz respeito às consequências possíveis desse "mergulho ascético no Espírito de Deus". Segundo ela, "se levado ao extremo, pode produzir atitudes e concepções aproximadas de um fundamentalismo religioso, na medida em que enrijece e absolutiza os valores institucionais" (Oliveira, p. 89).

Evidentemente, a possibilidade de que isso ocorra sempre existe. Mas a experiência das comunidades de vida no Espírito, em sua maioria, aproxima-se muito mais do cultivo de uma forte convicção a respeito de seus valores, o que pode contrastar com as expectativas e valores da sociedade de consumo. Em relação à Canção Nova especificamente, não se pode afirmar sem incorrer em risco de equívoco, que ela esteja extremando negativamente sua experiência de "mergulho". A própria Eliane Oliveira (2003, p. 106) faz essa constatação:

> minhas primeiras impressões sobre a Canção Nova classificaram-na como fundamentalista. Entretanto, quando comecei a participar dos "Acampamentos", percebi que a rigidez e a ortodoxia não eram o único e, talvez, nem o maior traço discursivo da Comunidade de Vida Canção Nova. Só estando lá como observadora participante foi que iniciei a entrada por outros contextos e nuances da Comunidade e pude notar que havia muitos outros discursos circulantes e não apenas aqueles que eu, até então, delimitara.

Com base em sua dissertação de mestrado, Eliane Oliveira publicou o artigo *O mergulho no Espírito de Deus: interfaces entre o catolicismo carismático e a Nova Era* (2004), na qual adverte que as comunidades de vida no Espírito são organizações que apesar de reconhecidas pela Igreja Católica, desfrutam de uma "independência expressiva em relação a ela, tanto em aspectos físico-estruturais – pois se instauram separadas do espaço tradicional das paróquias – quanto no que se refere à proposta de vivência comunitária e práticas religiosas" (Oliveira, 2003, p. 89).

Na presente década, os trabalhos mais importantes sobre as comunidades de vida no Espírito talvez sejam aqueles publicados pela professora Cecília Loreto Mariz, da UERJ. Seus estudos têm oferecido uma grande quantidade de dados sobre várias comunidades do Rio de Janeiro e as análises neles contidas têm contribuído para a compreensão do fenômeno como um todo. A produção da socióloga carioca ressalta, entre outros aspectos, a importância dos jovens na criação, manutenção e crescimento dessas comunidades, que são apenas uma entre as várias experiências que respondem à necessidade de pertencimento da juventude (Mariz, 2005).

Além disso, Mariz (2004) constata que esse tipo de vida coletiva protege os indivíduos, isolando-os da sociedade mais ampla, reforçando a plausibilidade de seus valores ameaçados pelo mundo exterior. Dessa maneira, a eficiência do apelo dessas comunidades está relacionada, entre outras coisas, à fragilidade das famílias nucleares contemporâneas, que têm perdido sua capacidade de desempenhar bem as funções que se espera delas.

Em artigo elaborado em parceria com Gláucia Mello intitulado *Insatisfações com a família e sociedades contemporâneas* (s/d), Mariz parte da hipótese de que a formação de comunidades pode ser uma resposta de grupos religiosos "para as mudanças objetivas na estrutura da família, da mesma forma como pode ser uma resposta aos problemas ontológicos e emocionais decorrentes dessas transformações" (Mariz & Mello, p. 52). Para Mariz & Mello (p. 69), os membros dessas comunidades as consideram como sua família efetiva, "porque vivem com ela e é por ela que se sentem material e emocionalmente apoiados".

A reflexão das referidas autoras deságua na proposição, já indicada aqui neste livro, de que a vida comunitária contemporânea constitui uma busca por segurança existencial frente à anomia da sociedade e às incertezas oriundas da volatilidade do sistema capitalista em sua fase atual. Com efeito, segundo Mariz & Mello (p. 69), com

> o aumento do desemprego, crise econômica, além do crescimento da violência nas grandes cidades, as famílias parecem não ser capazes de oferecer a segurança de que as pessoas sentem necessidade. A comunidade estaria oferecendo a segurança material e afetiva que as famílias tradicionalmente forneciam.

Isso configuraria as comunidades como adversárias das famílias, na medida em que pretendem desempenhar o papel destas, razão pela qual muitos pais se colocam contra a experiência comunitária dos filhos.

A meu ver, a suposição de que as comunidades representam uma ameaça às famílias é apenas parcialmente procedente, uma vez que a tensão também pode resultar em relações de parceria entre ambas. Isso porque alguns pais enxergam nessas comunidades uma possibilidade de resguardar seus filhos das ameaças a que os jovens estão sujeitos na sociedade urbana, como as drogas, a promiscuidade e o desemprego. Assim, as famílias que se sentem incapacitadas de educar as novas gerações acabam encontrando na experiência comunitária dos filhos um meio de preservá-los dos males sociais que as afligem e com os quais elas não sabem como lidar.

Segundo Mariz & Mello, funcionar como "alternativas às famílias" é um traço característico tanto das comunidades de vida no Espírito quanto das comunidades *New Age*. Elas observam, a partir de pesquisa empírica realizada no Rio de Janeiro, que a insatisfação com o modelo de família e a vida na sociedade contemporânea é um ponto comum no discurso dos membros desses movimentos.

Do ponto de vista sociológico, o movimento carismático e a Nova Era estão bastante aproximados em alguns aspectos, embora, como reconheçam Mariz & Mello, isso desagrade a ambos. Nos dois casos, a opção de formar comunidades como um projeto alternativo de vida é sempre acompanhada de críticas à sociedade moderna, secular e consumista. Mas isso não significa que os propósitos e objetivos dos dois tipos de comunidades sejam idênticos. As comunidades carismáticas distinguem-se das de Nova Era especialmente pela ênfase que dão a sua pertença eclesial católica, ou seja,

> seu discurso é de fidelidade e apoio à Igreja Católica. A crítica que fazem à sociedade contemporânea tem

> outro tom. Não se verifica em seus discursos uma preocupação com as questões ambientais e naturalistas, o foco recai mais fortemente sobre o hedonismo e o materialismo do mundo contemporâneo (MARIZ & MELLO, s/d, p. 58).

Foi também da socióloga Cecília Mariz a iniciativa de publicar a coletânea mais completa até aqui sobre as comunidades de vida no Espírito no Brasil. Juntamente com Brenda Carranza (PUC – Campinas) e Marcelo Camurça (UFJF – Juiz de Fora), Mariz organizou o livro *Novas comunidades católicas: em busca do espaço pós-moderno* (2009) que, de maneira geral, sugere que não se pode absolutizar o significado desinstitucionalizador da religiosidade contemporânea. Para os autores, nos dias de hoje, as instituições religiosas procuram relacionar-se com o mundo diferentemente do passado, sendo as comunidades de vida no Espírito um novo jeito institucional do catolicismo recuperar o espaço social perdido, pois elas conferem renovado vigor à Igreja Católica na disputa por prestígio com as religiões emergentes.

Em um dos principais artigos dessa coletânea – *Novos rumos do catolicismo* (2009) – Luiz Roberto Benedetti concentra-se prioritariamente sobre o advento de um suposto "novo modelo de Igreja", marcado pela dinâmica do carismatismo desencarnado e de corte conservador. Esse modelo estaria substituindo aquele em cujo bojo estava a opção pelos pobres e a luta pela justiça social. Benedetti (2009) tende a situar as comunidades de vida no Espírito como uma das facetas desse novo modelo, caracterizando-as como um refúgio contra um mundo "fora dos limites". No caso dessas comunidades, os muros subjetivos estariam substituindo os antigos muros conventuais. Ainda segundo esse autor, as comunidades de vida no Espírito procuram vincular-se à Igreja Católica sem a mediação da diocese e emancipar-se do clero, na medida em que formam padres que as sirvam.

Caracterizar as comunidades de vida no Espírito como refúgios, especialmente de jovens que fogem da sociedade individualista e competitiva, tem sido uma chave de interpretação pertinente. Em certa medida, essa possibilidade de leitura está de acordo com a visão de Bauman (2003), Castells (1999) e da própria Cecília Mariz (2004). Contudo, ela representa apenas *um* aspecto do complexo universo de motivações para constituição dessas comunidades.

Em *Medievais e pós-modernos* (2009), outro artigo da mesma coletânea, Rodrigo Portella, ainda que não questione diretamente essa chave interpretativa, coloca ao lado dela outra motivação possível para as renúncias feitas por esses jovens que abandonam a vida secular em troca de um estilo de vida "pautado na diferença". Portella defende que eles fazem uma *escolha*, "em princípio bem consciente". Partindo de pesquisa sobre o crescimento da Fraternidade Toca de Assis, o sociólogo carioca sustenta que esses jovens não são constrangidos a romper com a sociedade.

> Ao contrário, o constrangimento e as pressões são no sentido contrário. Portanto, mais do que um jovem que frequenta bares, cursa faculdade e adere às modas

> sociais, podemos dizer que jovens como os toqueiros, estes sim, ao tomar um rumo tão díspar do convencionado como 'normal' pela sociedade, é que fazem uma verdadeira opção (Portella, 2009, p. 180).

Ora, essa visão – com a qual concordo – aponta para outra razão capaz de explicar a vitalidade vocacional dessas comunidades: *a escolha*. Ela não se opõe à ideia de que a busca por comunidade no mundo atual seja provocada pela insegurança, mas não deixa de questionar a explicação – a meu ver reducionista – de que o grande número de pessoas que opta por viver em comunidades de vida deve-se simplesmente ao medo de enfrentar o mundo e seus desafios. A atitude desses jovens pode significar também "um alto grau de juízo, que se constitui em um elemento de alta reflexibilidade, e não em um desgosto pela vida social normativa ou em uma atitude masoquista ou de *fuga do mundo*" (Portella, 2009, p. 180 – grifo meu).

Na mesma coletânea *Novas comunidades católicas* (2009), Brenda Carranza escreve *Perspectivas da neopentescostalização católica*, na qual adverte que a proliferação das comunidades de vida e aliança, juntamente com sua opção preferencial pela mídia, significam dois elementos responsáveis pelo novo desdobramento no desenvolvimento histórico da Renovação Carismática Católica. Uma espécie de "terceira fase" do movimento: a neopentecostalização.[2] Como "células fervorosas" da RCC,

---

[2] Para a autora, a primeira fase refere-se à disseminação do legado espiritual e a segunda corresponde à rotinização do carisma. Ambas fazem parte da "etapa fundacional" do movimento. A terceira fase, marcada pelo "catolicismo midiático",

sustenta a autora, as comunidades de vida no Espírito "respondem à necessidade de estruturar os dons e carismas, enquadrando burocraticamente a força desordeira e espontânea das manifestações carismáticas que soldam a rotinização do carisma, nos termos weberianos" (Carranza, 2009, p. 41).

Já opinei aqui sobre a ambiguidade entre carismatismo e burocratização nas comunidades de vida no Espírito. Porém, é interessante ressaltar que na visão de alguns dos principais líderes dessas comunidades, elas não rotinizam a ação carismática, pelo contrário, funcionam como espaço de manutenção dessa dinâmica espontânea, frente à crise e rotinização do movimento em suas outras expressões. Em minha pesquisa constatei as duas tendências. De um lado, algumas comunidades, por força de sua institucionalidade ou vinculação com a hierarquia, põem as manifestações carismáticas em uma estrutura disciplinar que lhes retira o caráter contestador. Em outros contextos, as comunidades representam a única expressão vivaz de carismatismo.

No capítulo sobre o crescimento das comunidades de vida no Espírito (*Novas comunidades: por que crescem?*), de Brenda Carranza e Cecília Mariz, uma das razões sugeridas pelas autoras é que essas comunidades oferecem formas diversas de consagração, especialmente para leigos, constituindo-se essa oferta sua grande inovação: "nela os membros são reconhecidos e sentem-se parte do grupo que os situa e localiza na sociedade e na Igreja, retirando quaisquer vestígios de anonimato, marca

---

representa a volta ao catolicismo das multidões, desta vez focado na sociedade do espetáculo para visibilizar a Igreja (cf. CARRANZA, Brenda Maribel. Perspectivas da neopentecostalização católica. In. MARIZ, Cecília Loreto et al (orgs.). *Novas comunidades católicas*: em busca do espaço pós-moderno. Aparecida (SP): Ideias & Letras, 2009, p. 33-58.

registrada da crise no mundo contemporâneo" (Carranza & Mariz, p. 146).

Isso aponta para outro tipo de motivação para pertença nessas comunidades. Aqui, já me referi a dois deles: busca por segurança e escolha consciente. Carranza & Mariz (p. 166-67) enfatizam a *identidade* que é oferecida pela consagração nessas comunidades: "Arrisca-se, portanto, sugerir que as *novas comunidades* no seio católico cumprem a função de ordenador e de esteio existencial, disponibilizando aos seus membros elementos para reconstrução da identidade pessoal". Em um mundo cujo individualismo conduz ao anonimato e à indefinição pessoal, essa particularidade assume conotação deveras importante.

Assim, temos até aqui três razões que justificariam a adesão de pessoas, especialmente jovens, às comunidades de vida no Espírito: busca por segurança, escolha consciente e desejo de identidade. Esses elementos estão imbricados e os três podem estar contidos em uma única opção vocacional.

Carranza & Mariz sugerem ainda outra razão para o crescimento dessas comunidades. Elas observam que nos depoimentos de seus membros, quando questionados sobre o que buscavam ao ingressarem na comunidade, aparece constantemente a palavra "radicalidade". Essa radicalidade, que abrange a vida sexual (celibato-castidade), a autonomia pessoal (liberdade-obediência) e a subsistência (pobreza-renúncia), funcionaria como um "ímã" para atrair pessoas à procura de preencher certo "vazio existencial".

As autoras não deixam claro o significado de "radicalidade", embora isso esteja subjacente no texto. No ambiente das comunidades, a radicalidade é entendida como uma forma de vida pautada nas proposições mais originalmente evangélicas, ou seja, no Evangelho em sua face mais pura, exigente e sem subterfúgios. Os comunitários geralmente se sentem *escolhidos* para viver em radical conformidade com esses preceitos, distinguindo-se dos outros cristãos em face de uma adesão mais intensa às palavras de Jesus transmitidas pela Bíblia. Esse ideal místico deságua, portanto, em um estilo de vida ascético, marcado por práticas disciplinares que supostamente conduzem à santidade. Nesse sentido, a radicalidade emanciparia os indivíduos dos apelos da sociedade de consumo e de um estilo de vida marcado pela frouxidão moral e de costumes.

Os outros artigos da coletânea *Novas comunidades católicas* (2009) analisam algumas comunidades brasileiras em particular. A exemplo dos capítulos *A vida no Espírito e o dom de ser Canção Nova,* escrito por Eliane Oliveira e *Expansão da RCC brasileira: a chegada da Canção Nova em Fátima-Portugal*, de Eduardo Gabriel. Oliveira explica que "no Espírito" é um predicado da vivência na Comunidade Canção Nova: "Ou seja, na Canção Nova não se vive em comunidade unicamente porque se estima a vida comunitária por ela mesma. A vida comunitária na Canção Nova era diferente da vida comunitária de outros exemplos de comunidade, porque na Canção Nova se vive 'no Espírito'" (Oliveira, 2009, p. 205). Sob essa perspectiva, ela seria um exemplo neorromântico ou pós-moderno de catolicismo.

Outro aspecto interessante apreendido por Oliveira é o fato de a Canção Nova ser entendida pelos seus participantes como um "dom", um "jeito de ser". Esse "dom" tem caráter sobrenatural e materializa-se no mundo "em pessoas, em caráter, em espaço, em arquitetura, em mídia, em comunidade" (Oliveira, p. 212). Trata-se de uma espécie de "cosmologia" que ainda está em aberto para ser desvelada pelas pessoas. Oportunamente, analisarei como esse "jeito de ser Canção Nova" influencia no estabelecimento das relações desta com seu público televisivo.

O referido capítulo de autoria de Eliane Oliveira parece baseado em sua tese doutoral intitulada *Sinfonia inacabada: segredo, imaginação e a comunidade de vida Canção Nova* (2008). Essa tese é uma etnografia sobre a Comunidade Canção Nova, composta de duas histórias que são contadas alternadamente. A primeira diz respeito à própria comunidade desde sua gênese. A segunda expõe os fatos vivenciados pela pesquisadora durante a coleta dos dados, especialmente nos contatos com os comunitários e com outros atores sociais indiretamente relacionados a ela ou ligados ao contexto acadêmico da pesquisa.

Oliveira (2008) sugere que o segredo e a imaginação são os eixos centrais, organizadores da cosmovisão da Canção Nova e de sua atuação no mundo, uma vez que sua história obedece a uma "lógica de desdobramento", em que o "dom" "Canção Nova", conquanto terminado "espiritualmente" por Deus, materializa-se apenas gradativamente no mundo dos homens. Dessa maneira, os portadores desse "dom" não sabem tudo o que Ele é, mas o descobrem conforme a paulatina revelação divina. Segundo a autora, este "segredo de Deus" sobre o destino da Canção Nova provoca horizontes imaginativos que colocam os comunitários sempre a caminho: para frente, em direção à realização plena do referido dom e, para trás, porque é preciso permanentemente descobrir o que ele já é nos planos de Deus. Ser Canção Nova, então, implicaria uma busca permanente pela descoberta desse "dom".

Em seu estudo *Expansão da RCC brasileira: a chegada da Canção Nova em Fátima-Portugal* (2009), Eduardo Gabriel sugere inicialmente que os processos contemporâneos de globalização tendem a uma expansão proselitista de certas religiões mundiais, "sobretudo, o islamismo, o protestantismo evangélico e, particularmente agora, o catolicismo carismático, como um dos maiores movimentos da Igreja" (Gabriel, p. 224).

Para Gabriel, um desses empreendimentos expansionistas é o da Comunidade Canção Nova, que já possui casas de missão nos Estados Unidos, na França, Itália, Israel e Portugal (primeira missão cançãonovista fora do Brasil). Segundo ele, em Fátima, a Canção Nova procurou implantar o mesmo modelo de carismatismo que faz parte de sua experiência no Brasil, que inclui a tentativa de "recatolicizar" os católicos. Isso ocasionou um conflito com a realidade cultural portuguesa, marcada pela religiosidade clerical e por experiências negativas com a Igreja Universal do Reino de Deus.

De certa maneira, o carismatismo brasileiro da Canção Nova foi associado ao evangelismo também brasileiro da IURD, o que suscitou resistência da parte do povo português. Apesar disso, segundo Gabriel, a Canção Nova consegue realizar em Fátima atividades como animação de grupos de oração, encontros de evangelização e programas de rádio e televisão. Além disso, ela tenta hoje "esquivar-se da imagem brasileira das 'três grandes desgraças' que foram levadas pelos brasileiros (...) que são: as seitas, as novelas e a prostituição" e "encaixar-se em uma sociedade já formada, com tradição consolidada, de religiosidade alicerçada, mas de experimentação religiosa subjetiva moderna débil" (Gabriel, p. 235.239).

A meu ver, os outros artigos da coletânea *Novas comunidades católicas* (2009) que tratam de comunidades em particular não acrescentam muito em relação àquilo que já foi discutido por outros autores, a não ser quanto a dados etnográficos.

Cumpre-me concluir essa revisão da bibliografia sobre as comunidades de vida aludindo brevemente aos artigos de Edilson Pereira (2009) e Anjos & Carranza (2010), sendo estes os mais recentes entre aqueles que encontrei. Pereira analisa a Comunidade Canção Nova em sua dimensão simbólica, abordando os sentidos contidos na máxima "estar no mundo sem ser do mundo". Segundo esse autor, as relações sociais e práticas religiosas produzidas nos limites simbólicos dessa comunidade exprimem o ideal cançãonovista de fazer com que as pessoas passem da condição de indivíduo *no mundo* à de pessoa *da comunidade*. Nessa perspectiva, as orações que ali são feitas teriam o objetivo não de agir sobre os seres sagrados, mas, ao contrário, de permitir que estes atuem no ser humano.

Pereira (2009) analisa as orações e práticas religiosas desenvolvidas pelos membros da Canção Nova, notadamente os eventos da glossolalia, da profecia e do repouso no Espírito. Ele observa que nessas práticas estão imbricados os sentimentos, a linguagem e a corporalidade, operando juntos como dispositivos de atualização e confirmação da presença e ação do Espírito Santo no mundo e nas pessoas. As orações seriam proferidas e, ao mesmo tempo, performatizadas, no intuito de fazer dialogar e interagir, continuamente, os seres humanos e a divindade, podendo realizar-se como uma verdadeira materialização da ação divina sobre a vida humana.

Anjos & Carranza (2010), por sua vez, tratam de aspectos do contexto eclesial em que surgem as novas comunidades, além de discorrerem sobre sua estrutura organizacional e características fundamentais. Os autores destacam "alguns realces colhidos na interação das *novas comunidades* com o atual contexto" (p. 3). Entre eles estão: contraposição forte ao secularismo e ao individualismo, reforço dos vínculos comunitários e eclesiais e busca de austeridade e radicalidade de vida. Para Anjos & Carranza, a emergência das comunidades de vida no Espírito se dá em um contexto em que a humanidade está fazendo "um grande acerto de contas entre a razão *científica* e a fé", o que propicia a reafirmação do *sagrado* em versões "pós-modernas".

3

Panorama institucional das comunidades de vida no Espírito

Não obstante apresentem originalidades, as comunidades de vida no Espírito não são propriamente uma inovação no cristianismo, pois o fato comunitário na religião cristã é constante e variado, e o é fundamentalmente. Praticamente a totalidade dessas agremiações novas encontra nas primeiras comunidades cristãs sua referência teológica.

Historicamente, as experiências comunitárias no catolicismo aparecem como um movimento relativamente espontâneo. Elas dependem muito mais das iniciativas pessoais e grupais motivadas por uma experiência religiosa do que de uma ação institucional da Igreja. Nas comunidades cristãs primitivas – nelas e por elas – é que se fortaleceu a estrutura hierárquica da Igreja Católica, sendo crível afirmar que a hierarquia surgiu para *preservar* as comunidades e não para fazê-las nascer. Além disso, o nascimento de comunidades está ligado à vida das pessoas e a suas necessidades sociais e não contém, pelo menos em sua gênese, um projeto elaborado *a priori*.

Concretamente, uma comunidade cristã surge a partir de um experimento religioso de cunho querigmático. O querigma é o anúncio da pessoa, da obra e do conteúdo da mensagem de Jesus Cristo, associado aos sinais de profetismo e eventos sobrenaturais. A reunião de pessoas com fins diversos e motivações sociais variadas podem ser *oportunidades* de maturação e objetivação da experiência de vida comunitária, mas dificilmente uma comunidade cristã constitui-se sem que esse querigma esteja presente. O anúncio querigmático está no nascedouro das comunidades novas, assim como no das primeiras comunidades cristãs.

A evolução da estrutura hierárquica no interior das comunidades primitivas deu origem à paróquia, que é a forma comunitária católica mais tradicional. A paróquia foi a unidade comunitária cristã quase hegemônica, em toda a cristandade.[1] Ela se ajustava à vida social pré-urbana, constituindo-se em larga medida no centro religioso e civil das comunidades tradicionais. Agregadas em torno da partilha de bens simbólicos religiosos, especialmente os sacramentos, as pessoas estavam vinculadas entre si mais pela própria estrutura social da comunidade tradicional do que pela adesão pessoal à fé.

As paróquias representaram, durante muito tempo, o jeito institucional católico de ser comunidade e responderam às necessidades dos fiéis no momento histórico em que as pessoas não dispunham de elementos suficientes para questionar a rígida estrutura que ali se apresentava. A paróquia territorial possibilitava aos padres a delimitação do número de "almas" que ficavam sob seu controle e, na maioria dos casos, o sucesso pastoral era avaliado tendo em vista o cômputo geral dos sacramentos distribuídos (Diel, 1997).

[1] Além da paróquia, a cristandade apresentou apenas as "comunidades religiosas", na forma de ordens ou congregações contemplativas ou ativas, como possibilidade de engajamento comunitário. Modernamente, grande parte dessas instituições foi absorvida como colaboradoras das paróquias, assumindo função coadjuvante e reduzindo sua inspiração profética ao trabalho pastoral paroquial.

Não é difícil concluir, então, que a paróquia enquanto unidade comunitária cristã entrou em crise com o advento da sociedade urbana, tal como ocorreu com a comunidade tradicional. "A mobilidade e o desenvolvimento dos intercâmbios, certamente, minaram os fundamentos sociais e culturais do universo religioso paroquial" (Hervieu-Léger, 2008, p. 175). A paróquia é clerical, centralista e, algumas vezes autoritária. Assim, um colapso seria inevitável, dado o alto grau de autonomização dos indivíduos na sociedade moderna.

Apesar das múltiplas tentativas da hierarquia católica de manter a paróquia como referência comunitária, pleiteando uma "paróquia renovada" ou como uma "rede" de comunidades, essa unidade institucional revela cada vez mais sua incompatibilidade com a sociedade contemporânea, especialmente com a vida urbana: "não se pode esperar muito da paróquia, posto que ela é um serviço público para um bairro ou uma coletividade humana e, como tal, tem seus limites" (Gondal, 1999, p. 36).

Os documentos oficiais da Igreja Católica, tanto em nível universal como no Brasil, trazem frequentemente a proposição de que as paróquias se renovem e se constituam em uma "rede de comunidades". Isso alteraria substancialmente seu papel social, relativizando seu poder de decisão e outorgando às unidades membros com maior autonomia de ação e de governo (Sousa, 2003). Na prática, a dificuldade em promover essa mudança é muito grande, por causa da resistência do clero e do despreparo dos leigos. Estes, em grande medida, não conseguem desvincular-se do paternalismo clerical em matéria religiosa e aquele receia a perda de poderes.

Mas o maior problema da paróquia é que ela se deixou caracterizar pelo anonimato dos fiéis, perdendo o "espírito" de comunidade. Um grupo cada vez menor de pessoas frequenta a missa e um número menor ainda dedica-se a atividades pastorais. Em grande número de casos, essas pessoas mais próximas constituem grupos em tensão interna, disputando visibilidade religiosa ou lugares privilegiados na estrutura paroquial. Entre as razões principais da evasão de católicos para outras religiões está a fragilidade dos laços comunitários do catolicismo paroquial.

Robert Pléty (1999, p. 139) considera que os esforços para suprir a defasagem, assim como as numerosas adaptações feitas, não conseguiram alterar a imagem de conjunto da paróquia. Hoje em dia, as pessoas ainda solicitam dela serviços rituais, mas não dão atenção a sua mensagem. "Além disso – observa Pléty – os responsáveis não dão a impressão de [...] gente que tem competências adaptadas ao presente (organização, comunicação), como é o caso das comunidades novas." A observação do autor é pertinente. As comunidades novas definem mais facilmente uma identidade e para ela fazem convergir sua ação orgânica. Quanto à paróquia, "com ou sem novas dimensões, não encontrou ainda esse ponto central, do qual o sino foi a imagem" (PLÉTY, p. 139).

Destarte, cristãos insatisfeitos ou afastados encontram em outros agregamentos os vínculos comunitários de que estão carentes. Hoje em dia "muitas pessoas que procuram grupos religiosos ou para-religiosos (...) geralmente estão em busca de uma comunidade que não encontram no sistema paroquial da

Igreja" (GONDAL, 1999, p. 86). Nessas comunidades, católicas ou não, acham maior coesão e adquirem sentido de pertença para com elas, melhor doutrinação e refúgio contra a anomia da vida social. Além disso, o ambiente emocionalmente envolvente que falta nas paróquias, na maioria dos casos sobra nas comunidades.

A perda de fiéis do catolicismo só não foi maior porque ele mesmo reagiu a essa situação de crise de sua unidade comunitária tradicional. Surgiram outras formas de agregamento comunitário de conteúdo católico, além das paróquias. As mais conhecidas são: a) aquelas oriundas de *equipes*, como a Ação Católica ou os Cursilhos de Cristandade; b) as *comunidades eclesiais de base*, inspiradas na Teologia da Libertação e com forte conteúdo político; c) as *comunidades de vida*, que têm na iniciativa uma de suas características mais fortes;[2] d) as *novas comunidades*, em sua maioria, advindas dos movimentos eclesiais pós-conciliares, especialmente da Renovação Carismática. Todas essas comunidades estão mais ou menos emancipadas da unidade comunitária institucional, que é a paróquia e com ela convive em certa tensão.

Aqui, julgo importante situar de forma mais precisa as comunidades de vida no Espírito em relação à institucionalidade católica ou, mais especificamente, em relação ao sistema paroquial. Alguns trabalhos acadêmicos colocam, com procedência, que elas ocupam uma posição híbrida na Igreja Católica: por

[2] Algumas dessas comunidades estão voltadas para o acolhimento de pessoas pobres, como *A Arca*, fundada na França em 1964, que recebe pessoas portadoras de deficiência física (Cf. GONDAL, Marie-Louise. *Comunidades no cristianismo*: um novo passo a ser dado. São Paulo: Paulinas, 1999).

um lado, reforçam a institucionalidade por meio de um discurso moral e sacramental fortemente marcado pela ortodoxia e pela obediência à hierarquia; por outro, mantêm autonomia em relação à estrutura eclesiástica, funcionando dessa forma como um elemento contestador dessa mesma estrutura (Carranza, 2000; Mariz, 2006; Sousa, 2005; Maia, 2008).

No entanto, é necessário que se pergunte sobre o conteúdo dessa contestação, ou seja, sobre o que está no bojo da autonomia conquistada pelas comunidades de vida no Espírito. Em outras palavras, por que essas comunidades não se inserem completamente na estrutura da Igreja Católica, especialmente na paróquia? Ao promoverem certa ruptura com a disposição hierárquica da Igreja, o que elas estão recusando, uma vez que pleiteiam legitimar sua experiência na ortodoxia do catolicismo?

Em primeiro lugar, o que está no cerne dessa autonomia é *o primado que as comunidades dão à dimensão carismática*. As estruturas eclesiais tradicionais são inóspitas para a manifestação de carismas pessoais, especialmente aqueles de cunho pentecostal, como a glossolalia e as curas. Analisei essa dicotomia em minha dissertação de mestrado, sobre as relações de poder na Renovação Carismática brasileira, qualificando a autonomia desenvolvida pelo movimento como "sutil" justamente pelo fato de se encontrar revestida de elementos do catolicismo tradicional, sem, contudo abrir mão da vivência e primazia dos carismas pentecostais (Sousa, 2005).

Em segundo lugar, as comunidades de vida no Espírito rejeitam *o peso das estruturas paroquiais*, seu centralismo e seu controle excessivo sobre os grupos que surgem no interior das referidas estruturas. Na maioria das vezes, inserir-se completamente em uma paróquia, aderindo a todos os seus apelos pastorais, significa para essas comunidades a impossibilidade de viver sua experiência comunitária particular e, consequentemente, a perda de sua identidade. Ora, as comunidades consideram que o dom ou carisma que lhes é próprio é o de uma renovação que deve manifestar-se *como tal* (GONDAL, 1999). Submeter a dinâmica desse carisma ao governo paroquial seria limitar seu poder de expansão, já que, marcada por disputas internas, a paróquia e seus mecanismos de governo (pároco, conselho pastoral, conselho econômico) receiam e obstaculizam qualquer ação autônoma da parte de seus grupos.

Mais objetivamente falando, a submissão a uma estrutura eclesial tradicional transformaria essas comunidades em equipes paroquiais sem campo apostólico próprio e sem projeto autônomo. Elas seriam comandadas pelo pároco e meras coadjuvantes nas atividades tradicionais da Igreja. Em alguns casos, dependeriam totalmente das decisões em instâncias superiores para tomar iniciativas de qualquer ordem. Mas as comunidades carismáticas são apegadas a sua originalidade e, por conseguinte, a sua autonomia (GONDAL, 1999). Por causa disso, encargos paroquiais são dificilmente conciliáveis com sua vocação.

Além disso, na maioria dos casos as comunidades de vida no Espírito alcançam melhor grau de organização do que as paróquias e, em função disso, obtêm melhores resultados em suas ações. Elas conseguem entusiasmar seus membros e fazê-los trabalhar com maior motivação, além de gerar um ambiente de fraternidade. Assim, quando recusam inserir-se completamente na ação paroquial estão rejeitando de um lado a realidade árida e amorfa da paróquia e, de outro, a sua imprecisão pastoral, ou seja: os planejamentos assistemáticos e mal executados, cujo resultado final é minguado; as reuniões longas e tensas com poucas definições. Rejeitam, sobretudo, a dependência financeira, pois sabem que, nessa matéria, as paróquias têm outras prioridades. Por isso, geram mecanismos de arrecadação que, não raras vezes, a instituição sente como uma ameaça ao dízimo.

A Comissão Episcopal para a Doutrina da Fé da Conferência Nacional dos Bispos do Brasil (CNBB) deu-se conta de algumas dessas especificidades das comunidades de vida no Espírito quando publicou o subsídio *Igreja Particular, movimentos eclesiais e novas comunidades* (2006). Esse documento admite, por exemplo, que as comunidades de vida no Espírito são "uma forma associativa, em grande parte nova na Igreja, diferenciando-se das comunidades paroquiais, das comunidades eclesiais de base e das comunidades religiosas, bem como dos demais movimentos eclesiais" (n. 25). O documento adverte, ainda, que elas não se definem por território, têm governo e campo apostólico próprio e desenvolvem autonomia financeira.

A atuação das comunidades para além da estrutura paroquial incomoda a maioria dos padres, que interpreta esse trabalho como uma ameaça a seu *status* de liderança religiosa.[3] Sobretudo quando as comunidades adquirem reconhecimen-

[3] Embora o clero seja uma casta ideologicamente heterogênea, ele se posta relativamente unânime quando a questão toca o seu poder institucional. Conforme demonstrei em minha dissertação de mestrado, na disputa de poderes que envolve a tensão entre carisma e instituição, a postura de clérigos progressistas, conservadores ou mesmo carismáticos não se distingue substancialmente (cf. SOUSA, Ronaldo José de. *Carisma e instituição*: relações de poder na Renovação Carismática Católica do Brasil. Aparecida: Santuário, 2005).

to formal pelo bispo diocesano, os padres perdem a jurisdição sobre esses grupos e disso se ressentem. O que mais se ouve dos clérigos em relação a essas novas formas de vida são reclamações quanto ao trabalho que realizam "sem consulta" ou de forma "paralela" às atividades paroquiais. Frequentemente, eles utilizam uma argumentação em que requerem a pertença *territorial* dessas comunidades à estrutura paroquial. Dessa maneira, está posta "a separação crescente entre dois mecanismos concorrentes da sociabilidade católica: um, organizado sobre a base territorial, e outro, nas redes de afinidades" (Hervieu-Léger, 2008, p. 177).

A meu ver, a autonomia das comunidades ajuda a explicar seu crescimento. Nos últimos anos, a maior parte dos trabalhos pastorais católicos que dependeram diretamente do clero sofreram estagnação (Sousa, 2003). Esse elemento ajuda a esclarecer também, pelo menos no Brasil, as razões da ascensão das comunidades de vida no Espírito em contraste com a aparente derrocada das comunidades eclesiais de base.

As CEBs emergiram no cenário religioso católico como *um projeto institucional*. Seu conteúdo teológico-racional, no fundo, dificultava o protagonismo leigo, uma vez que a teologia é um instrumento controlado pelo clero em virtude de sua própria formação acadêmica. Na maioria dos casos, as comunidades eclesiais de base nunca se emanciparam da paróquia. Permaneceram vinculadas às estruturas tradicionais, como "vinho novo em odres velhos".[4] Esbarraram no centralismo clerical e dele não conseguiram desvencilhar-se.

[4] Cf. Mateus 9,16-17.

As comunidades de vida no Espírito, pelo contrário, fundamentam-se *na experiência* e não na análise científica. Por causa disso, seu governo pode ser mais facilmente controlado por leigos, prescindindo da intervenção e apoio dos padres. Curiosamente, as comunidades de vida no Espírito concretizam em alguns aspectos aquilo que foi pleiteado pelos adeptos da Teologia da Libertação para as comunidades de base: a autonomia e o protagonismo dos leigos. Essas novas comunidades poderão transformar-se na nova opção pastoral do catolicismo, em nítida substituição à opção pelas CEBs. No momento atual, entretanto, sua autonomia é recusada pelo clero e o apoio do episcopado ainda é reticente.

A independência dessas comunidades torna-se ainda mais problemática justamente quando elas pleiteiam a inserção de sacerdotes em seus quadros. No catolicismo, o sacerdote é alguém cujo ministério está em referência direta ao bispo diocesano. Só os bispos podem ordenar sacerdotes e mantê-los sob sua custódia. Todavia, desde tempos remotos, a vida religiosa tradicional tem o direito de incardinar sacerdotes, condição que os coloca em obediência ao superior da congregação. Assim, sobre os padres religiosos, os bispos têm ingerência apenas indireta, pois o cotidiano de sua ação depende das autoridades do instituto ao qual pertencem.

Na prática, as comunidades de vida no Espírito empenham-se em obter a mesma condição canônica dos institutos religiosos tradicionais, ou seja, o direito de ter padres sob sua custódia. Isso atrai larga suspeita da hierarquia mais conservadora. Os bispos desconfiam da capacidade dessas comunidades de comportarem o ministério ordenado. Algumas razões podem ser supostas.

A primeira é de caráter prático: eles questionam a validade de manter sacerdotes nas comunidades, já que a Igreja Ordinária sofre pela falta de padres para dirigir as paróquias. De certa maneira, consideram isso um desbarate, o que reflete a visão que têm de que o tipo de atividade desenvolvida pelas comunidades é menos importante do que a diligência pastoral tradicional. Essa visão é partilhada pelos leigos mais ortodoxos.

A segunda razão, maior do que a primeira, é de caráter simbólico: outorgar às comunidades o direito de ter seu próprio clero implicaria em oferecer também a elas a possibilidade de administrar os sacramentos, o que resultaria em ainda maior autonomia em relação às paróquias. As comunidades constituídas exclusivamente por leigos dependem do clero religioso ou secular nessa matéria; elas prezam a celebração dos sacramentos e preferem que isso seja feito em suas próprias sedes ou eventos, recusando inserir-se rotineiramente nas celebrações tradicionais, o que tornaria apagado seu carisma.

A terceira razão é que a hierarquia questiona não só a validade, mas a capacidade dessas comunidades de formar candidatos e acompanhá-los depois de ordenados. Esse é um motivo de caráter propriamente eclesial. Ainda que a formação acadêmica seja feita em um seminário tradicional, o convívio na comunidade implica na manutenção de um estilo de vida religioso sobre o qual os bispos não estão certos que está de acordo com a ortodoxia católica, especialmente por causa do uso dos dons carismáticos.

Mas as comunidades querem ter padres em seus quadros, como também almejam o direito de formá-los.[5] Quando se utilizam de seminários tradicionais, buscam apenas o conteúdo acadêmico exigido, procurando fazer com que as outras dimensões da formação (espiritual, humana, apostólica) tenham a própria comunidade como fonte. As comunidades de vida no Espírito não abrem mão, portanto, de fazer com que sua identidade estruture as demais identidades adquiridas pelos seus membros padres. Por causa disso, tentam manter os candidatos ao sacerdócio junto a suas unidades comunitárias, evitando enviá-los para morar em seminários tradicionais. Sabem que se os distanciarem de seu convívio, correm o sério risco de que os vínculos com a comunidade tornem-se muito tênues ou desapareçam completamente.

A aspiração de ter seu próprio clero por parte das comunidades de vida no Espírito é um dos pontos de maior tensão, que incomoda inclusive os bispos simpatizantes do fenômeno. Há evidentes resistências à ordenação de sacerdotes no interior dessas comunidades. Os padres que lhes pertencem, na verdade, não são seus membros de direito. Canonicamente, fazem parte do clero diocesano. As comunidades conseguem que um bispo ordene os candidatos, incardine-os formalmente em sua diocese, mas deixe-os à disposição da comunidade, inclusive com a disponibilidade de serem enviados em missão para outros lugares. Isso não ocorre sem a conivência de algum bispo menos rigoroso na matéria, podendo também decorrer

[5] Nessa direção caminha, por exemplo, a Comunidade Canção Nova, que dá os primeiros passos para a fundação de um seminário próprio.

de acordos motivados por interesses mútuos. Seja qual for a via, algumas comunidades têm encontrado nisso uma maneira tácita de impetrar aquilo que não podem fazer juridicamente: a incardinação de sacerdotes.

Mesmo assim, são poucos os epíscopos que ordenam candidatos nessas condições. Alguns o fazem com suspeição. Para se ter uma ideia, não foi o bispo de Lorena-SP que ordenou a maioria dos padres da Canção Nova, mas o Arcebispo de Belém, no Pará, dom Alberto Taveira Correia.[6] Dom Alberto demonstra ser o prelado brasileiro mais "aberto" nessa matéria, assumindo para si a responsabilidade da ordenação e do serviço pastoral dos padres da Canção Nova e de outras comunidades como a Obra de Maria, de Recife-PE.

Além das razões apontadas, existe um quarto e importante motivo que inviabiliza a cessão do direito das comunidades de vida no Espírito de terem sacerdotes como membros formais. A estrutura dessas comunidades – pelo menos até o momento – dispõe os diversos estados de vida em igual convivência. Isso implica dizer que a hierarquia interna não privilegia os sacerdotes pelo fato de estarem investidos do sacramento da ordem. Nas comunidades de vida no Espírito os padres não têm, como tal, um papel de direção (Gondal, 1999). Igualmente, nessas comunidades as relações entre clérigos e leigos processam-se de modo que estes não são apenas consumidores de bens sagrados, mas também produtores e inovadores de práticas e saberes religiosos (Maia, 2008).

[6] Cachoeira Paulista, onde se situa a sede da Comunidade Canção Nova, pertence à jurisdição da diocese de Lorena-SP.

Ora, uma organização tal questiona a condição do clero enquanto casta. Segundo José Maria Castilho (s/d), a formação do clero católico foi um processo histórico e não teológico, que começou quando a hierarquia quis assumir o carisma profético e passou a monopolizar o ensinamento e a pregação. Isso terminou com a exclusão total dos leigos do magistério teológico. Consoante Castilho, os ministérios ordenados (diácono, presbítero, bispo) não eram graus de uma carreira eclesiástica, mas distintas experiências de serviço, motivação que passou gradativamente à ideia de dignidade e poder. Há, portanto, no entender desse autor, uma distinção clara entre ministério ordenado e clero. Aquele é um serviço necessário, este uma casta.

De certa maneira, a estrutura das comunidades de vida no Espírito recoloca essa questão. Os padres das comunidades tendem a ser considerados membros no mesmo nível dos consagrados leigos, inclusive dos casados. A situação causa ainda maior desconforto aos setores conservadores, quando esses padres inseridos na estrutura comunitária estão em posição hierárquica inferior a alguns leigos. Uma estrutura eclesial que se apresente com essa assimetria inversa dificilmente pode ser aceita sem reservas pelo catolicismo tradicional.

Em uma reunião de comunidades dos estados de Alagoas, Paraíba, Pernambuco e Rio Grande do Norte, um dos padres presentes, membro de uma delas, fez uma declaração surpreendente: "o meu superior é um leigo", disse ele. Essa asserção sinaliza para a dimensão das mudanças provocadas pelas comunidades de vida no Espírito no interior do catolicismo institucional. Nenhum aspecto das novidades de que são portadoras essas comunidades causa maior impacto do que a proposição implícita de um novo modelo de sacerdote católico, relativamente dissociado da ideia de dignidade e poder. Esta seria a principal característica desse novo clero que está surgindo: o clero das novas comunidades.[7]

Segundo Pléty (1999), esse tipo de proposição está na própria origem dos movimentos, desde o momento em que os leigos passaram a efetivamente protagonizar iniciativas católicas, tornando os padres meros assistentes espirituais. Para ele, muitos sacerdotes são atraídos aos movimentos pelo estilo dos leigos e, dessa maneira são estes que "geram um tipo de padre, e não mais padres, religiosos ou não, que geram um tipo de leigo" (Pléty, p. 82).

Concretamente, esse novo panorama verifica-se em graus diferentes nas diversas comunidades. Na Comunidade Canção Nova, por exemplo, ele se reveste de certa opacidade, pelo fato de o fundador e moderador geral ser um padre. Outras comunidades sinalizam melhor o novo quadro: a) Comunidade Shalom, cujo moderador é um leigo celibatário; b) Comunidades Obra de Maria e Doce Mãe de Deus, cujos moderadores são homens casados. Todas têm padres em seus quadros. O próximo passo desse processo, obviamente mais contundente, será a ordenação de sacerdotes membros de comunidades dirigidas por mulheres. E se forem casadas, então...

---

[7] O catolicismo tinha apresentado até hoje dois tipos de clero: secular (diocesano) e regular (religioso); quando o segundo apareceu gerou tensão com o primeiro, até que ambos se acomodassem na estrutura eclesial. A mesma tensão ocorre agora com o surgimento desse terceiro clero.

Historicamente, o clero é uma casta eclesial que tende a oferecer resistência às novidades. Ao contrário, os movimentos religiosos pertencem potencialmente à possibilidade de renovação. Aqueles que surgiram após a realização do Concílio Vaticano II são componentes da grande movimentação social de resistência que se iniciou na França em 1968. Isso relativiza a ideia de que as novas comunidades são conservadoras e que pleiteiam uma recristianização em sentido tradicional.

As comunidades de vida no Espírito pertencem ao presente. Elas combinam nostalgia e senso de atualidade. Por causa disso é que se chocam com as estruturas eclesiais tradicionais, constituindo-se, na prática, uma alternativa de engajamento que contrasta com o arcaísmo das paróquias. Nas paróquias, aquilo que sobressai é a continuidade e o desejo de nada largar de um passado recente que teve seus momentos de glória. Para as jovens comunidades, mudar é muito simples, porque menos provadas pelo tempo: "para os membros das comunidades novas, o presente é que conta. O hoje é essencial, o passado é minimizado" (PLÉTY, p. 169).

Sinteticamente, é possível afirmar que as novidades mais evidentes apresentadas pelas comunidades de vida no Espírito são: a) o surgimento de um novo tipo de clérigo; b) seu caráter misto; c) a presença de casais em um estilo de vida assemelhado à vida religiosa e d) o protagonismo de mulheres em algumas delas. Sobre a primeira novidade, já discorri aqui. A segunda diz respeito ao fato de que, nessas comunidades, homens e mulheres, casados e solteiros, leigos e sacerdotes, celibatários assumidos e pessoas que almejam o casamento, têm vida em comum, partilhando os bens materiais, os mesmos ambientes e, às vezes, a mesma residência. Pelo menos nessas proporções, nunca se viu isso na história do catolicismo. No início do cristianismo, as comunidades eram compostas de pessoas de variados estados civis. Entretanto, elas não se constituíam como instituições. O que se assiste hoje é a reunião de pessoas de múltiplas condições em formato institucional.

A presença de casais vivendo nessas comunidades juntamente com seus filhos (terceira novidade) suscita problemas nunca antes enfrentados pela Igreja Católica. As próprias comunidades encontram-se atualmente diante do desafio de solucionar as questões provocadas pela necessária autonomia de vida dos filhos, o equilíbrio entre vida familiar e vida apostólica, e os enfrentamentos de convivência sugeridos por alguma assimetria frente aos solteiros no uso dos bens e na obediência.

A respeito da quarta e última novidade aqui referida (protagonismo de mulheres), é necessário alertar, antes, que muitas comunidades apresentam certo perfil machista, reforçando o modelo feminino dedicado a casa e ao marido. Entretanto, mesmo estas permitem que as mulheres exerçam funções importantes inclusive em seu governo. Outras comunidades vão mais longe: o número maior de mulheres acaba por determinar que elas estejam na maior parte dos postos de liderança. Esse protagonismo não chega a ser uma grande novidade em sentido estrito, pois na história da Igreja sempre existiram mulheres que, por sua personalidade forte, acabaram exercendo importante influência nos rumos do catolicismo. Porém, na Igreja Católica nunca se viu mulheres exercendo autoridade sobre homens em uma estrutura religiosa institucional. E isso ocorre nas comunidades de vida no Espírito.

Com todas essas novidades, as comunidades de vida no Espírito trazem consigo uma proposição implícita de alterar a estrutura da Igreja, apontando para outro modelo de comunitarismo religioso, mais adequado à sociedade contemporânea do que o sistema paroquial. Entre os elementos dessa proposição estão a desterritorialização da estrutura eclesial e a mudança do polo de iniciativa pastoral de clerical para laical. Com efeito, as comunidades de vida no Espírito já agem com base nesses princípios, apresentando em sua constituição justamente aquilo de que carecem as paróquias: identidade centrada em valores comuns, ambiente emocionalmente envolvente capaz de superar o anonimato dos fiéis, certa facilidade de diálogo com o homem moderno e vocação evangelizadora.

A maior parte dessas características é de natureza própria das comunidades de vida e determina seu modo de agir. A submissão da dinâmica dessas comunidades aos mecanismos de governo paroquial é algo que não se pode alcançar sem comprometer a própria natureza do novo movimento comunitário católico. A autonomia das comunidades de vida no Espírito nada tem a ver com propósitos de ruptura de suas lideranças. Elas simplesmente não cabem na estrutura tradicional na Igreja; mais, no fim das contas, propõem-se implicitamente como alternativa ao sistema paroquial.

Enfim, acredito que as comunidades de vida no Espírito encontram-se atualmente com seu processo de consolidação tanto social quanto eclesial já bastante adiantado. Conquanto contrariando as expectativas de muitos, elas já se impuseram enquanto "comunidades" e enquanto "católicas", colocando um tempero a mais na dinâmica de conflitos presentes no interior da Igreja. Essa dinâmica é indubitavelmente produtiva, afinal, onde não há conflito, há dominação, indiferença ou mediocridade.

Capítulo II

Canção Nova: uma comunidade Midiática

1

A midiatização da sociedade

O desenvolvimento das tecnologias da informação possibilitou a "midiatização" da sociedade. No mundo de hoje, as relações sociais e os processos de produção simbólica estão cada vez mais tecnologicamente midiatizados (Moraes, 2006; Sodré, 2009). As mídias estão em toda parte. A relação dos indivíduos com elas é inteiramente natural, pois elas não fornecem simplesmente informações, mas são presenças envolventes. Por causa disso, "esperar que imagens e sons surjam (...) parece tão normal quanto esperar que o sol nasça" (Gitlin, 2003, p. 38).

Diversos temas só são conhecidos por meio das mídias, que dispõem de elementos suficientes para omitir, enfatizar, acrescentar ou mesmo mentir sobre qualquer matéria em questão. As mídias oferecem simulações de mudanças com as quais as pessoas se identificam, preenchendo o vazio deixado pela perda de estima para com a própria realidade. Os programas midiáticos apresentam situações de mudança na vida diária dos cidadãos (aparência física, família, comportamento cotidiano, condição social) que podem significar uma válvula de escape em um mundo inconformado consigo mesmo (Vilches, 2006).

Para Manuel Castells (1999), a realidade é vista conforme são nossas linguagens e, no mundo atual, nossas linguagens são nossas mídias. Dessa maneira, as mídias tornam-se uma espécie de suporte da consciência prática. Como sistema, elas se constituem uma voz pública, chegando a configurar pensamentos comuns e servindo para fornecer parâmetros interpretativos da realidade (Mattelart, 2000).

Muniz Sodré (2009) argumenta que o campo midiático é uma dimensão particular da cultura do espetáculo. As mídias iluminam a realidade que querem impor como tal e escurecem os dados históricos que querem ocultar. Elas ditam o que deve ser discutido, requalificando a vida social e levando o usuário a interpretar a realidade a partir das concepções midiáticas. Segundo esse autor, o discurso midiático – retórico, rápido, simples – infantiliza o público que o recebe, impedindo o raciocínio, a crítica e a reflexão.

Hoje em dia, o poder das mídias é entendido não mais na perspectiva de um "quarto poder". As mídias produzem poderes que não ocupam lugares determinados na hierarquia social. Sua presença (ou onipresença) deve ser vista mais na perspectiva foucaultiana, de poderes fluidos e sem localização. São poderes multifacetados; nem é o quarto nem o primeiro poder, no singular, mas uma "máquina" de poderes, no plural (Barros, 2002). Conquanto não sejam os únicos detentores de poder, os meios de comunicação parecem ser a principal arena de disputa por ele (Castells, 1999, v. 3).

Contemporaneamente, a comunicação tornou-se uma experiência ternária: entre as instâncias que se relacionam, pessoas ou grupos, estão as imagens. Trata-se, muito provavelmente, de um predomínio das imagens sobre as palavras, assim como das formas sobre os conteúdos. Assim, "a ideia não tem tempo para nascer: a imagem logo ocupa o espaço da consciência" (Pléty, 1999, p. 9). A dependência da imagem pode isolar o indivíduo e lhe propor simulações do próximo (Augé, 2006).

Martin-Barbero (2006, p. 67, 72 e 74) considera a época presente um tempo que "encobre com imagens sua falta de ideias". Ele defende que "a mudança mais desconcertante para o racionalismo com o qual se identificou a primeira modernidade talvez seja a que introduz o novo estatuto cognitivo da imagem". A imagem está emancipando-se da suspeita racionalista, sendo percebida pela nova *episteme* como possibilidade de experimentação.

Das mídias todas, talvez a que melhor explore essa dimensão da imagem seja a televisão. Pesquisas recentes revelam que a maioria das pessoas gasta com a TV tempo suficiente para que as residências deixem de ser espaços exclusivos de convivência familiar. O tempo médio para japoneses, brasileiros e americanos beiram as cinco horas diárias, fazendo da TV um instrumento preponderante na formação cultural, suplantando não só a família como também a escola (Moraes, 2006).

A imagem televisiva atrai, prende, suspende a pessoa em um universo encantador. Os aparelhos de TV transformaram-se em verdadeiras *companhias* para seus usuários, sem o que estes não conseguem escapar do tédio. Estudos têm mostrado que poucas são as pessoas que escolhem antecipadamente o programa a que assistirão. Em geral, elas decidem assistir à TV e só depois que os programas são examinados é que escolhem o mais atrativo e menos maçante (Castells, 1999).

A televisão fornece quadros de referência para a construção da subjetividade dos indivíduos na modernidade. Ela deu origem a uma nova categoria de ação, que é desenvolvida com a finalidade de ser televisível: "Hoje, parte dos objetivos das ações, tais como demonstrações de massa e sequestros, reuniões de cúpula e visitas oficiais, tem como finalidade gerar eventos televisíveis que possibilitarão às pessoas ou grupos comunicarem-se com audiências remotas e amplas" (Thompson, 1995, p. 303).

Para Marc Augé (2006) as imagens televisivas fazem pelo menos três coisas: a) iguala os acontecimentos, causando a impressão que milhões de mortos no Afeganistão e a perda da copa do mundo são igualmente trágicos; b) iguala as pessoas, transformando em estrelas artistas musicais assim como políticos responsáveis pelo governo das nações: c) torna incerta a distinção entre o real e a ficção, com cenas de guerra tendo aparência de videogame.

Não há como compreender a sociedade moderna sem considerar sua midiatização. Sobre esse fenômeno se debruça a ciência social que, em linhas gerais, tende a assumir duas posturas de análise. A primeira, voltada para a produção midiática e sua capacidade de influência social, desemboca em uma visão de que os meios servem a interesses políticos e ideológicos bem definidos. Essa postura se constrói a partir de uma visão crítica do capitalismo. A segunda postura privilegia os receptores dessas mensagens, indicando que o público reinterpreta o conteúdo midiático de acordo com seus interesses e levando em consideração seu substrato cultural e experiências prévias, constituindo-se, no fim das contas, no segmento responsável por determinar o que é veiculado midiaticamente. Segundo Carranza (2005), no primeiro grupo estão a Escola de Frankfurt e a Escola de Chicago; no segundo, os *Cultural Studies* e a Sociologia Interpretativa.

Na primeira perspectiva, a sociedade midiatizada estaria sob o comando da lógica capitalista e os meios de comunicação de massa seriam produtores de alienação, impossibilitando a mobilidade social. A televisão representaria um dos espaços por excelência onde se ampliaria a ação da indústria cultural. Partilham desse entendimento autores como Guy Debord, David Harvey, Fredric Jameson e, em certa medida, Pierre Bourdieu.

Na segunda perspectiva de análise, na qual se incluem autores como Raymond Williams, Edward Thompson, Nestor Canclini, Jesús Martin-Barbero e Stuart Hall, aponta-se para a possibilidade de interpretar os meios de comunicação para além de sua função ideológica e alienante. Revestindo o consumidor de certa consciência crítica, independente do conteúdo de seu substrato ideológico, esses e outros autores propuseram uma leitura dos meios de comunicação de massa a partir da recepção, conferindo ao público maior grau de autonomia diante da produção midiática.

Segundo essa interpretação, apesar de o emissor ter intenções claras ao transmitir sua mensagem, a apropriação desta por parte do receptor se faria inserido em um processo de comunicação ativa. O receptor não seria um polo passivo. Ele se apropriaria das mensagens midiáticas a partir de suas próprias necessidades pessoais e em confronto com sua experiência prévia de vida. Stuart Hall (1997), por exemplo, indica que o ato comunicativo passa por um processo de codificação e decodificação. O primeiro seria tarefa da produção midiática; o segundo, da audiência. As pessoas decodificam as mensagens de forma acrítica, contrastiva ou negociada. Assim, não se pode atribuir a apenas um dos lados o papel de sujeito no processo de elaboração e constituição da sociedade midiática e de seus conteúdos.

Em última análise, os argumentos de ambas as correntes procedem. Pois a mídia é influente, mas não onipotente. De qualquer modo, ela é capaz não só de mudar comportamentos, mas também de servir como base para a constituição de novas sociabilidades. "Mesmo não sendo todo-poderosos, os meios de comunicação contêm em si a potencialidade de veicular valores morais, éticos e culturais, até, de confrontar valores religiosos, constituindo-se em outra opção na construção das subjetividades individuais" (Carranza, 2005, p. 200).

Os meios de comunicação questionam os valores adquiridos por tradição ou por socialização, coloca-os em xeque, exige que eles sejam reelaborados a partir de novo posicionamento e nova argumentação. Se os veículos midiáticos não têm o poder de destruir a cultura dos indivíduos e lhes impor outra (como creem alguns), podem, sem dúvida, questioná-los e requisitar-lhes uma atualização. Daí a insistência de certos setores e instituições de utilizar a mídia como instrumento de reafirmação de valores. Os valores religiosos fazem parte daqueles que, hoje em dia, tentam reafirmar-se. Como em uma espécie de revanche, eles que foram anteriormente questionados e postos em dúvida com a ajuda das próprias mídias, estão reaparecendo, agora em ambientes midiáticos.

2

A religiosidade na mídia

As instituições religiosas têm encampado uma intensa batalha pela inserção nas mídias, especialmente a televisão, visando fazer dos meios de comunicação de massa uma extensão de seus templos, púlpitos e altares. Essa inserção foi motivada pelas mudanças sociais que outorgaram à mídia o *status* de instrumento indispensável para a divulgação da mensagem religiosa e de valores sociais em acordo com esta. Na contemporaneidade, os veículos midiáticos afiguram-se como imperativos para a fixação de valores e crenças, com espaços no rádio e na TV deixando de ser um supérfluo para se transformar em uma necessidade para a sobrevivência da própria religião (Moraes, 2006; Martino, 2003).

Mais especificamente, as razões dessa inserção midiática das religiões podem ser encontradas no aumento e diversificação da população brasileira e, sobretudo, no novo quadro plural de religiosidade no país, com a consequente quebra da hegemonia do catolicismo. Entre 1960 e 2000, a população brasileira aumentou praticamente em 100 milhões de pessoas, adquirindo também maior diversidade e movimentação. Trata-se de uma população "em movimento" (Costa, 2001). Atingir e influenciar tamanho contingente populacional é fundamental para qualquer instituição que pretenda entrar ou permanecer na esfera pública, coisa impossível de ser feita por meio dos veículos tradicionais como a catequese familiar ou relações presenciais.

A pluralidade religiosa gerou uma disputa cada vez mais acirrada pela adesão de fiéis, exigindo das igrejas que desenvolvam estratégias de convencimento mais eficientes e ostensivas. O produto simbólico das instituições religiosas precisa aparecer para ser conhecido. Mais do que isso, elas precisam provar que sua mensagem é a melhor. E o meio de maior alcance para isso no mundo atual é a mídia (Martino, 2003).

Martino explora duas formas de inserção das instituições religiosas na mídia: a) por meio da presença na mídia generalista; b) por meio da mídia institucional, ou seja, dos veículos de comunicação de que as instituições religiosas são proprietárias. Embora o enfoque desse autor seja sobre os noticiários, suas reflexões são bastante esclarecedoras.

Em relação à primeira forma de inserção, Martino indica que as instituições religiosas se esforçam por fazer a grande imprensa interessar-se por um assunto que lhes diz respeito, mas que isso varia muito em função do veículo, com a religião integrando a temática pública apenas esporadicamente: "O conjunto de notícias próprios da religião é relativamente pequeno se comparado a outros campos secundários em relação à estrutura política nacional" (Martino, 2003, p. 117).

Para Martino, a religião ganha o primeiro plano dos noticiários apenas quando se adapta aos critérios da mídia, pois as instituições religiosas em suas características próprias são pouco atraentes como tema de pauta. Existem, entretanto, circunstâncias particulares nas quais a cobertura da religião alcança o mesmo destaque do noticiário secular. A imprensa secular interessa-se pela religião, sobretudo, quando há ruptura explícita do cotidiano, ocorrência de fenômenos supostamente sobrenaturais, contradição flagrante entre a ideologia pregada e a prática dos ministros religiosos ou, ainda, quando fatos ou personagens do campo religioso alcançam posições de destaque em outros espaços sociais.

Assim como para os noticiários, entrar em outros campos da mídia secular depende do modo como a religião se encaixa nas demandas dos veículos de comunicação de massa e de sua busca por audiência. Na mídia secular, a seleção dos fatos é feita conforme estes tenham a capacidade de emocionar, divertir ou gerar curiosidade nas pessoas (Patriota, 2008).

Ora, hoje em dia ninguém estranha mais a presença de personagens religiosos nos programas de auditório dos grandes canais nacionais, nem se cantores católicos ou evangélicos assumirem os primeiros lugares na vendagem de CDs e fizerem subir os índices de audiências da TV Globo, da Record ou do SBT. Então, que circunstâncias teriam levado ao ingresso ostensivo da religião na mídia secular nos últimos anos? Como a religião conseguiu inserir-se na mídia secular se seu conteúdo, em princípio, não está amoldado às demandas de audiência?

Entre as possíveis respostas a essa pergunta, destaco o fenômeno conhecido como *a espetacularização da religião*, ou seja, o processo pelo qual os conteúdos religiosos foram revestidos com certo tom espetacular mediante o qual se tornam interessantes para a mídia secular. De fato, as práticas religiosas têm se demonstrado cada vez mais espetaculares, na medida em que são reformuladas em conformidade com as regras do entretenimento moderno.

Na verdade, por seu próprio caráter, a religião possui uma dimensão espetacular, que se exprime especialmente por meio dos rituais, do apelo emocional, das demonstrações de poder miraculoso, da utilização de recursos sonoros e da opulência das vestimentas litúrgicas. O catolicismo, por exemplo, alcançou larga presença social devido à beleza de seus ritos sacramentais que, na sociedade rural, eram atrativos bastante significativos. Assim, mesmo que não entendessem o que estava acontecendo (em sentido teológico), os assistentes do culto maravilhavam-se com o cenário e com a *performance* ali apresentados.

Não obstante, isso não retirava da religião seu conteúdo substancial, enquanto que na "sociedade do espetáculo",[1] pelo contrário, a religião tende a perder seu conteúdo em detrimento da dimensão espetacular. Na mídia, o espetáculo é o fim e não o meio. Portanto, não foram os conteúdos religiosos que fizeram com que a religião ganhasse espaço na mídia generalista, mas a nova *forma* assumida pelas práticas tradicionais. Conforme sustenta Patriota (2008, p. 80), "as pessoas buscam hoje na religião a experiência religiosa, o transe, o êxtase, o espetáculo e não a doutrina".

Obviamente, ao privilegiar a forma em detrimento do conteúdo, a religião enfraquece, embora alcance mais visibilidade na esfera pública. Ou seja, expande-se no tempo e no espaço e perde em substância. Sua mensagem encontra-se mais facilmente vulnerável à superficialidade. Isso significa que, apesar de todo o esforço, as instituições religiosas não conseguem de-

---

[1] Tomo a expressão "sociedade do espetáculo" no sentido em que Guy Debord interpreta (cf. DEBORD, Guy. *A sociedade do espetáculo*. Rio de Janeiro: Contraponto, 1997).

ter o processo de secularização da sociedade brasileira, uma vez que, embora evidenciadas publicamente, elas permanecem respondendo a demandas privadas.

Tomemos o exemplo do discurso religioso midiático, pautado na pregação e nos depoimentos. Em *A pregação na Idade Média* (2005), Ramos defende a tese de que o fenômeno comunicacional moderno está provocando a espetacularização do discurso homilético. Para ele, enquanto a homilética convencional está centrada no significado, a pregação religiosa midiática concentra-se no significante. Dessa maneira, "a prédica, como elemento racional que tem a responsabilidade de articular a inteligência da fé (fazer teológico), dá lugar a um tipo de pregação psicossomática que procura provocar efeitos físicos: lágrimas, risos, arrepios, êxtases etc." (Ramos, p. 78).

Os depoimentos ocupam espaço privilegiado no contexto dessa nova religiosidade, sendo também espetacularizados. Martino (2003) assinala que eles obedecem a três indicadores: a) uso de exemplos o mais próximo possível das situações cotidianas; b) certo grau de dramatização; c) dinamização do tema, para fazer com que o receptor possa constatar uma ação ou um acontecimento. Consoante esse autor (p. 143), "os depoimentos são cheios de lances, desfechos e desenlaces inesperados".

Segundo Ramos (2005, p. 194), os pregadores deixaram de ser arautos das doutrinas religiosas para se comportarem como animadores de auditório. Esse tipo de pregação midiática abre mão da exegese (pois esta coloca em risco sua credibilidade e em dúvida suas verdades espetaculares), rompe com a perspectiva escatológica (pleiteando a recompensa temporal) e é repleta de redundâncias e pouca novidade (a não ser as novidades superficiais). Se a preocupação da retórica clássica estava centralizada na *persuasão*, a retórica espetacular ocupa-se da *sedução:* "Sua força não está nos talentos e capacidades dos atores religiosos, mas no poder do meio de fabricar estrelas" (Ramos, p. 206). Nesse sentido, Ramos encontra dificuldade em distinguir católicos de protestantes e até de outras religiões como a seicho-no-ie.

Frequentemente, os depoimentos relatam conquistas materiais alcançadas sob influxo da fé. Valoriza-se muito esse tipo de testemunho principalmente nos programas da Igreja Universal do Reino de Deus. Eles causam a impressão de que a prosperidade financeira é o resultado mágico de fórmulas e desafios religiosos, ignorando todos os encaixes e desencaixes do sistema econômico. Obviamente, essa impressão é desmentida pela realidade, mas os insucessos são justificados como fracasso pessoal ou como insuficiência de fé.[2]

Ao responder às inquietações imediatas dos telespectadores, esses programas visam devolver aos indivíduos sua autoconfiança, apostando no sobrenatural como instrumento de superação dos problemas pessoais, especialmente aqueles relacionados com a vida financeira. Isso reforça a mentalidade dissociada da questão social, mas por outro lado, responde a uma necessidade pessoal imediata. Em grande medida, é isso que os indivíduos – cansados das metanarrativas e das teleologias – esperam do novo sistema religioso: "as angústias, que o

---

[2] Sobre as frustrações com as apostas na fé, cf. ROMEIRO, Paulo. *Decepcionados com a graça*. São Paulo: Mundo Cristão, 2005.

modelo vigente produz por seu corte materialista, consumista, sem valores transcendentes, sem ética, competitivo, são aliviadas pelas formas religiosas oferecidas. Elas devolvem ânimo às pessoas para que superem a decepção e o ceticismo, tão presentes na pós-modernidade" (Libanio, 1998, p. 63).

Para Martino (2003), mídia e religião formam hoje um todo complexo, em uma relação de dependência tão comum que pode passar despercebida no cotidiano.[3] Quem ganha e quem perde com essa imbricação? Não se sabe ao certo. Tudo indica que as duas se beneficiam.

Consoante Ramos (2005, p. 187): "é difícil saber dizer até onde está havendo uma sacralização do espetáculo, pela presença cada vez maior da religião na mídia, e até onde está havendo uma espetacularização da religião pelo processo de midiatização dessa religião. O fato é que ambos parecem obter vantagens dessa simbiose".[4] Para este autor, a religião, embora visibilizada publicamente, esvazia-se em seu conteúdo

---

[3] Sobre a história e evolução desse processo de inserção midiática da religião, conferir entre outros: KUNSCH, Waldemar Luiz. *Comunicação eclesial católica*: inventário e análise da produção acadêmica sobre a comunicação eclesial católica nos programas brasileiros de pós-graduação em comunicação social. São Bernardo do Campo, 2001. 307 p. Dissertação (Mestrado em Comunicação Social – Programa de Pós-Graduação em Comunicação Social). Universidade Metodista de São Paulo; DELLA CAVA, Ralph. MONTEIRO, Paula. *E o verbo se fez imagem*: Igreja Católica e os meios de comunicação no Brasil. São Paulo: Paulinas, 1994; SOUZA, Hebert Rodrigues de. *Trajetória da comunicação eclesial protestante no Brasil*: o pensamento e a ação da Reinhard Brose. São Bernardo do Campo, 2005. 189 p. Dissertação (Mestrado em Comunicação Social – Programa de Pós-Graduação em Comunicação Social). Universidade Metodista de São Paulo. CAMPOS, Leonildo Silveira. *Teatro, templo e mercado*: organização e marketing de um empreendimento neopentecostal. Petrópolis: Vozes, São Paulo: Simpósio, São Bernardo do Campo: Umesp, 1997.

[4] Opinião relativamente partilhada por Brenda Carranza em relação ao catolicismo (cf. *Movimentos do catolicismo brasileiro*: cultura, mídia, instituição. Campinas, 2005. 576 p. Tese – Doutorado em Ciências Sociais. Instituto de Filosofia e Ciências Humanas, Universidade Estadual de Campinas p. 523).

proporcionalmente a sua inserção midiática: "Os programas religiosos mediados vão (...) reformulando-se para ajustar-se e sintonizar-se o melhor possível às preferências dos espectadores. O processo é inevitável, uma vez que, caso o programa religioso não agrade e venha a perder sua audiência, não há como mantê-lo no ar". Isso indica que nessa imbricação entre mídia e religião, ambas saem ganhando, mas só uma perde, no caso, a religião, uma vez que é esta que, não obstante visibilizada, substancialmente se descaracteriza.

A inserção da religião na mídia secular sofre, portanto, das limitações impostas pela própria lógica do sistema midiático, condicionado à obtenção de audiências significativas. A concorrência pode levar a certo relaxamento de conduta em relação aos princípios da própria religião. Além disso, ainda que fatos religiosos alcancem destaque na mídia generalista, a interpretação sobre esses mesmos fatos será sempre, em última análise, daqueles que controlam o veículo e não dos líderes das instituições.

É então que aparece a mídia institucional como uma opção que permite às igrejas maior autonomia em relação ao conteúdo veiculado e ao uso destas formas de comunicação. Em princípio, as emissoras de rádio, os canais de TV, os sites, assim como outros meios detidos pelas próprias instituições religiosas estariam isentos da lógica de mercado presente na mídia secular, eximindo, ao menos relativamente, estas instituições da espetacularização de sua mensagem a fim de adquirir visibilidade.

Dos poucos e modestos minutos no ar em horários comprados ou cedidos, as igrejas chegaram a se tornar proprietárias de veículos midiáticos, sendo que o mérito da conquista religiosa da mídia deve ser atribuído aos pentecostais e a sua consolidação aos neopentecostais (Ramos, 2005). Especialmente a televisão passou a ser um púlpito particular de padres e pastores procurando arrebanhar cada qual seu público (Schimidt, 2008).

A mídia institucional permite situar as igrejas em relação ao universo social global. Nela, o discurso é homogêneo e regulado pela linha religiosa da instituição, muito embora quase nunca a pretensão de impor uma doutrina seja explícita. A pauta desse tipo de mídia pode englobar temas especificamente religiosos ou assuntos de interesse geral crivados manifesta ou implicitamente pela ótica institucional (Martino, 2003).

No Brasil, somadas as horas de programação da mídia institucional das diversas denominações religiosas, chega-se ao montante de 120 horas por dia que, multiplicadas por mês totalizam 3.600 horas. A tendência dessa programação é de corte proselitista, no qual as instituições buscam a adesão ou readesão de fiéis por meio de uma série de recursos imagéticos. De maneira geral, a programação religiosa neopentecostal é de melhor qualidade se comparada com as TVs católicas e de menor qualidade quando confrontadas com a programação secular (Carranza, 2005).

Além das opções pela mídia secular ou institucional, as religiões podem também enveredar por uma terceira alternativa, caracterizada por uma situação híbrida, em que o perfil secular da mídia é mantido, sendo que a mesma pertence a uma denominação religiosa que, além de ocupar alguns horários, faz campanha em seu favor, mas de maneira subjacente.

O exemplo típico desse tipo de estratégia é o da Rede Record, propriedade da Igreja Universal do Reino de Deus. O canal concorre com as grandes redes de televisão mantendo-se tecnicamente à altura e veiculando uma programação diversificada sem conotação religiosa. Implicitamente, contudo, coloca em prática um projeto que intenta sobrepujar a audiência da Rede Globo, desqualificar a Igreja Católica e promover a imagem pública da IURD.[5]

Em qualquer de suas formas, a mídia é hoje uma arena de disputa entre instituições religiosas. Isso conduz à pergunta: o trabalho midiático de pastores, missionários, padres e leigos carismáticos realmente adquire novos adeptos para suas respectivas instituições religiosas? De maneira geral, essas instituições justificam os altos custos com o uso de meios de comunicação de massa pela necessidade de "evangelizar", ou seja, de difundir sua mensagem e converter pessoas. Isso ocorre de fato?

Alguns estudos indicam que a relação entre religião e mídia suscita conversões, mas que estas são pautadas em um tipo de participação via som e imagem, marcadas não pelo comunitário, mas pelo caráter privado (Fernandes & Pitta, 2002). A adesão propriamente institucional é menos frequente e numericamente pequena, nesse aspecto despro-

[5] Os bispos empresários da IURD parecem ter se dado conta de que "a opção por um discurso abertamente religioso trazia para a emissora grande dificuldade em encontrar patrocinadores de peso. Era necessário rever as estratégias. Optou-se, portanto, por nova estratégia: fazer da Record um canal comercial que tenha legitimidade junto ao público e não seja apenas a cara da Universal ou algo direcionado somente aos fiéis" (cf. DIAS, Arlindo Pereira. Igreja Católica e televisão: estratégias de comunicação. Disponível em www.encipecom.metodista.br. Consulta em 1 de setembro de 2010, p. 4).

porcional ao custo de investimento. Isso se aplica especialmente à mídia institucional.

As instituições ou grupos que detêm algum meio de comunicação, em seu discurso, supervalorizam a eficácia dos referidos meios na empreitada proselitista. Esse discurso serve também como reforço na arrecadação de recursos. Contudo, o que parece ser um consenso pode ser uma impressão do senso comum, uma vez que os meios de comunicação institucionais, na verdade, atraem a audiência de pessoas que já têm uma predisposição religiosa.

De fato. O público de um jornal religioso, por exemplo, é geralmente restrito aos frequentadores da instituição; mesmo quando vendido em bancas, atende a segmentos especializados, permanecendo quase ignorado pelos outros (Martino, 2003). O mesmo se pode dizer, enquanto tendência geral, das emissoras de rádio e de TV, assim como dos sites na internet e de outras mídias.

Não há comprovação empírica de que os meios de comunicação religiosos atingem os objetivos por eles pretendidos. De certo modo, os poucos dados de pesquisa disponíveis sinalizam o contrário. É o caso do levantamento feito pelo CERIS em 2001, que mediu a relação do público brasileiro com a "programação evangélica" e a "programação católica" da TV, verificando se as pessoas têm conhecimento e qual a avaliação que fazem desta mesma programação (Fernandes & Pitta, 2002).[6] A pesquisa detectou que apenas 35% dos entrevis-

[6] Os dados foram colhidos nos seguintes grandes centros: Recife, Salvador, Belo Horizonte, Rio de Janeiro, São Paulo e Porto Alegre.

tados *conhecem* a programação da Rede Vida de Televisão e 14% a da TV Canção Nova (p. 152). Entre os não católicos, os índices são de 22,87% para a Rede Vida e 8,09% para a TVCN (p. 154). Quanto à *audiência*, menos de 10% dos não católicos assistem à programação da Rede Vida e da TV Canção Nova, sendo que o fazem na maioria das vezes apenas ocasionalmente ou raramente (p. 155).

Segundo a referida pesquisa, a programação evangélica é mais conhecida (pouco mais de 57% dos entrevistados). Apesar disso, os entrevistados, em sua maioria, declaram não assistir à programação evangélica: quase 80% (p. 173). Os informantes que afirmam assistir com alguma frequência à programação evangélica, declaram fazê-lo de forma ocasional ou raramente (p. 174). Isso indica que a presença ostensiva na mídia não significa audiência e muito menos conversão, pois não são muitas as pessoas que assistem de forma diária ou semanal a qualquer programa de cunho religioso. As que o fazem, em geral já têm interesse na religião. Fernandes & Pitta, afirmam que emissoras católicas e evangélicas ainda têm um longo caminho a percorrer para ganhar a atenção do público brasileiro em geral.

Ao estudar os processos de conversão e adesão religiosa entre carismáticos e pentecostais, Machado (1996) discrimina vários procedimentos observados e em nenhum deles a mídia está incluída como elemento facilitador desta mesma conversão. Outra constatação que aponta para o que estamos defendendo é de Eduardo Gabriel (2009, p. 226): "para quem puder percorrer estes diferentes eventos carismáticos (...), e ter contato com os arrojados meios de comunicação midiáticos de evangelização, vai notar que o público consumidor é de fiéis antes com origem e formação familiar carismática do que recém-conversos ao catolicismo carismático". Assim, concordo com Carranza (2005, p. 310) quando afirma que: "apesar do maciço investimento econômico das instituições na tevê religiosa, propondo-se a fazer do espaço televisivo um instrumento de televangelismo, tal propósito parece não acontecer, uma vez que o *teleproselitismo* tende a não gerar, nas audiências, mecanismos de conversão e adesão às propostas doutrinais das igrejas, como sinalizam dados recentes".

Parece haver um consenso entre esses missionários de que os meios de comunicação de massa devem ser utilizados por eles para veicular conteúdos religiosos, assim como o são para outro tipo de conteúdo. Por trás desse senso comum, está a percepção das mídias como meros instrumentos e a conclusão por vezes ingênua de que basta alterar o conteúdo para que estas se tornem disseminadoras da religião e aquisitoras de novos adeptos.

Ora, para adquirir adeptos, não é suficiente alterar o conteúdo das mídias. Pois uma pessoa não verá um canal religioso só porque ele *é um canal*. Certamente, suas escolhas baseiam-se em interesses prévios. Quando muito, um programa de TV tem alguns minutos para despertar o interesse do espectador, precisamente aqueles poucos em que ele se prende ao programa no decorrer do *zapping*. A possibilidade de que um telespectador não religioso seja atraído por algo que esteja sendo apresentado em um programa religioso é muito pequena. Os frequentes depoimentos apresentados de pessoas que disseram ter "mudado de vida" por causa de uma mensagem religiosa televisiva são em número insipiente, quando considerada a população total.

Os programas que têm mais chances de apresentar melhor desempenho proselitista são aqueles que vão ao ar nas madrugadas, momento em que pessoas passando por dificuldades e, por isso, não conseguem dormir, procuram na TV uma companhia. Frequentemente, esses programas respondem às demandas requisitadas, muito embora isso também não signifique uma posterior adesão institucional.

Portanto, os espectadores de mídia religiosa tendem a ser pessoas com pré-disposição religiosa. "Assim, os programas são de católicos para católicos, de neopentecostais para neopentecostais, atraindo os de dentro, para mais adentro, isto é, para as Igrejas/Santuários/Templos, completando a tríade midiática: programa-interatividade-instituição" (Carranza, 2005, p. 365).

Isso conduz à seguinte constatação: quando o número de TVs católicas aumenta, mais do que somando forças para um objetivo institucional único, elas estão disputando entre si o mesmo público. Pois as mensagens midiáticas, na maioria dos casos, apenas reforçam a religiosidade já presente nos indivíduos, dando-lhes novo vigor. Algumas vezes, elas têm a capacidade de vincular novamente essas pessoas a uma comunidade territorial ou, como se verá mais adiante, à própria comunidade midiática.

Isso significa que o investimento midiático das religiões é em vão? Absolutamente. Mesmo que não se alcance de forma significativa o objetivo proselitista, as mídias oferecem visibilidade social e, por meio delas, as igrejas confirmam a fé daqueles que já lhes pertencem (Carranza, 2005). Embora composta de muitos matizes, essa empreitada midiática da religião tem se demonstrado, até o momento, relativamente bem sucedida: "se em dado momento a religião vinha perdendo seu espaço e influência na sociedade real, ao empenhar-se na utilização dos suportes midiáticos, consegue ampliar, consideravelmente, sua visibilidade" (Patriota, 2008, p. 70).[7]

Além disso, esses programas religiosos respondem a uma demanda da população por acolhimento, assistência religiosa imediata (especialmente em situações de sofrimento), entre outros serviços que tanto o catolicismo tradicional quanto o protestantismo histórico não conseguem prestar a contento mediante suas estruturas frias e iniciativas lentas. Embora direcionados para uma "economia da angústia" (Carranza, 2005), os programas religiosos respondem efetivamente a algo concreto: a angústia provocada pelo sofrimento cotidiano. O sofrimento efetivamente já existe; não é uma construção da mídia religiosa. E vários desses evangelistas acreditam firmemente que sua religiosidade é uma resposta a esses problemas.

O investimento midiático das instituições religiosas pode significar, sobretudo, a possibilidade de confirmar a fé reli-

[7] Peter Beyer sustenta a tese de que a globalização da sociedade, embora favoreça a privatização da religião, proporciona igualmente um campo fértil para renovação de sua influência pública, que ele entende como o processo pelo qual uma ou mais do que uma religião torna-se a fonte do compromisso coletivo dos indivíduos, de tal forma que a ação coletiva a partir da normatização religiosa torna-se legítima (cf. BEYER, Peter. A privatização e a influência pública da religião na sociedade global. In. FEATHERSTONE, Mike (org). *Cultura global*: nacionalismo, globalização e modernidade. 3 ed. Petrópolis: Vozes, 1999, p. 395-420).

giosa daqueles que por razões diversas, veem sua religiosidade questionada pelo contexto secular e que não dispõem de uma estrutura comunitária territorial capaz de lhes dar suporte nessa matéria. A função da TV religiosa, então, seria, por um lado, dar visibilidade pública à instituição no meio da diversidade religiosa e, por outro, confirmar o processo de adesão do fiel. Conforme afirma Martino (2003, p. 87): "a imprensa religiosa não busca, em primeira instância, a aquisição de novos adeptos, papel reservado aos responsáveis pelo apostolado, mas reforçar o sentimento já existente no fiel".

A partir dessa constatação, argumento que a TV religiosa atinge o melhor de sua *performance* quando consegue fidelizar pessoas, gerando nelas um sentido de pertença. Pois uma vez que a mídia institucional apenas confirma a religiosidade do fiel (mais do que atrai novos adeptos), seu sucesso deve ser medido em função do número de pessoas que conseguir vincular a si própria, especialmente mediante a contribuição financeira e o compartilhamento de sua ideologia. Nesse sentido, a constituição de uma "comunidade midiática" pode ser considerada o ápice de uma mídia religiosa.

O caso da TV Canção Nova é um exemplo, sobre o qual me debruçarei após discorrer brevemente sobre a relação da Igreja Católica com as mídias e sobre sua recente empreitada nesse campo.

3

A Igreja Católica no espaço midiático

Em relação aos meios de comunicação de massa, a Igreja Católica passou de uma condenação acirrada ao uso com reservas, antes de assumir escancaradamente a utilização dos mesmos como instrumentos a serviço da evangelização (CARRANZA, 2005).[1] As reservas iniciais provinham de "uma incompatibilidade de visão de mundo entre a Igreja e a sociedade de consumo moderna, que para ela significava o lugar da promiscuidade moral e de valores supérfluos, contra os quais se bateu por muito tempo" (CAMURÇA, 2009, p. 62).

A evolução foi lenta, com a Igreja encontrando sérias dificuldades em reconhecer os valores positivos dos meios de comunicação (PUNTEL, 2005). Embora os papas Leão XIII e Pio XII já tivessem feito tentativas de caracterizar os meios de comunicação de massa à luz da doutrina, somente a partir do Concílio Vaticano II e, especialmente no papado de João Paulo II, é que a temática da comunicação passou a ter maior relevância, diante da necessidade da utilização de "novos métodos" de evangelização (FERNANDES & PITTA, 2002).

---

[1] Sobre a história da relação Igreja Católica e mídia, cf. DELLA CAVA, Ralph. MONTERO, Paula. *E o Verbo se fez imagem*. São Paulo: Paulinas, 1994; PESSINATI, Nivaldo Luiz. *Políticas de comunicação da Igreja Católica no Brasil*. Petrópolis: Vozes, 1998; DIAS, Arlindo Pereira. Igreja Católica e televisão: estratégias de comunicação. Disponível em www.encipecom.metodista.br. Consulta em 1 de setembro de 2010; PUNTEL, Joana T. *Cultura midiática e Igreja*: uma nova ambiência. São Paulo, Paulinas, 2005.

Na América Latina, entretanto, a postura reticente perdurou ainda mais, dada a influência do grupo católico denominado "progressista" que, à luz da crítica frankfurtiana, considerava as mídias, especialmente a televisão, instrumentos de alienação irredimível. Nessa perspectiva, a TV continuou sendo encarada como uma "inimiga" em potencial na luta em favor da libertação das massas e da organização dos setores populares (Braga, 2003). É com razão que alguns interpretam essa resistência da Teologia da Libertação como um dos motivos da tardia apropriação dos meios de comunicação pela Igreja Católica no Brasil (Della Cava & Monteiro, 1994).

Somente na década de 90 é que começou a surgir uma consciência interna na Igreja brasileira a respeito da importância dos meios de comunicação para a evangelização e a consequente arrancada em busca de inserção midiática (Camurça, 2009). Até 1989, a Igreja Católica ainda não dispunha de recursos significativos nesse campo (Antoniazzi, 1989). A mudança de postura deve-se, entre outras razões, à pressão do "mercado religioso", que adquiriu novo corpo com o avanço midiático do neopentecostalismo (Benedicto, 2003). Segundo Dias (2010, p. 3), "a partir de iniciativas e da compra da Rede Record pela Igreja Universal do Reino de Deus, a Igreja Católica se viu na berlinda". Foi assim que, de fomentadora da "sociedade de consumo", as mídias (especialmente a televisão) passaram a ser encaradas pela hierarquia católica como importantes aliadas da "nova evangelização" (Braga).

Vários estudiosos veem na opção da Igreja Católica pelos meios de comunicação uma reação contra os pentecostais (Oro, 1996; Carranza, 2005; Souza, 2005; Camurça, 2009). Sob essa ótica, a Igreja teria se introduzido em uma verdadeira "guerra santa", cuja arena principal são as mídias e, com isso, assemelha-se cada vez mais aos seus concorrentes, no fenômeno conhecido como pentecostalização do catolicismo (Carranza, 2009).

Contudo, a inserção da Igreja Católica nas mídias é menos em decorrência de planos estratégicos oriundos da hierarquia do que resultado da ação espontânea de grupos de vanguarda que, com ou sem o apoio institucional, avançaram em seu desejo de modernizar suas atividades. Esses grupos estão normalmente convencidos da importância das mídias na concretização de seus objetivos proselitistas. Consideram-nas parte do lado "mecânico" do processo, quase independente da cultura (Puntel, 2005).

Entre esses grupos de vanguarda, destaca-se a Renovação Carismática, "uma vez que a maioria das iniciativas midiáticas da Igreja é de clérigos e leigos ligados a esse movimento" (Souza, 2008, p. 29). "Foram os carismáticos os que, por qualquer critério que se possa adotar para medir seu empreendimento, lançaram o mais ambicioso projeto de telecomunicações da história da Igreja" (Della Cava & Monteiro, 1994, p. 88). Enquanto de um lado a hierarquia conservadora indignava-se com a permissividade moral alimentada pelos meios de comunicação e, de outro, setores da Teologia da Libertação os consideravam como fator de alienação, a RCC *agia* em sua ofensiva midiática.

Esta pode ser considerada a principal razão do pioneirismo carismático: a RCC não estava presa a nenhuma das tendências de interpretação (conservadora ou progressista), ambas geradoras de uma postura reticente em relação ao uso dos meios de comunicação. As lideranças carismáticas nunca tiveram dúvidas quanto à necessidade de atuar nas mídias, pois, longe desse embate ideológico no interior da Igreja do Brasil, estavam centradas nas orientações do Vaticano. Foi, sobretudo, durante o pontificado de João Paulo II e motivado por este, que setores carismáticos da Igreja lideraram iniciativas que concretizaram o ideal de investimento nas mídias como possibilidade evangelizadora.

Isso reposiciona o raciocínio, largamente presente na tese de Carranza (2005), de que foi o catolicismo hierárquico conservador que entrou no ambiente midiático. Na verdade, o anseio por essa inserção foi concretizado *pelos carismáticos* e são estes que, efetivamente, mais se utilizam das mídias, imprimindo por meio delas seu modelo de Igreja. A própria Carranza reconhece que o catolicismo midiático é um novo estágio *da* Renovação Carismática Católica no Brasil.

Até o presente momento (2011), o movimento carismático lidera o uso dos meios de comunicação no interior da Igreja Católica. "Iniciativas emblemáticas desse movimento são a TV Canção Nova e a TV Século XXI, que, ao lado da Rede Vida (...) representam a definitiva inserção da Igreja Católica na esfera midiática" (Camurça, 2009, p. 64). Ao optar pela inserção midiática, a RCC deu um "salto qualitativo", no sentido de que se firmou no cenário televisivo religioso, colocando de vez a Igreja Católica na corrida por se inserir nos espaços comunicacionais (Carranza, 2009).

Assim como as instituições religiosas em geral, o movimento carismático brasileiro enveredou pelas duas vias de inserção: mídia secular e mídia institucional. Nos espaços de mídia secular, o primeiro programa de televisão carismático foi o *Anunciamos Jesus*, produzido pela Associação do Senhor Jesus (ASJ), que começou a ser gravado e transmitido em 1983, pela TV Gazeta e, posteriormente, em rede nacional pela Bandeirantes. Em 1995 passou a ser transmitido pela Rede Vida.

Mas a RCC marcou sua presença na mídia secular principalmente a partir da ascensão de um de seus ícones: o padre Marcelo Rossi.[2] O sucesso desse sacerdote da diocese de Santo Amaro - SP pode ser atribuído à proximidade de sua ação religiosa com as práticas artísticas profanas. O padre Marcelo impactou a própria identidade do clero católico: "enquanto Leonardo Boff foi a referência de sacerdote das décadas de 1970 e 80, devido ao aprimoramento intelectual e, sobretudo, ao engajamento político, Marcelo Rossi é o novo exemplo" (Souza, 2005, p. 93).

Mesmo resistindo ser identificado como artista, a figura do padre cantor não escapa do regime de espetacularização. Seu princípio básico de "estar na mídia sem ser da mídia" é difícil de se concretizar. Marcelo Rossi efetivamente passou do *status* de "um padre que canta" para o de um artista popular. Sua condição de vedete é inegável, pois a mídia modela o estereótipo

[2] 1999 foi o ano em que a popularidade de Marcelo Rossi extrapolou os ambientes eclesiais, sendo que, até o final de 2003, esse sacerdote católico já tinha gravado seis CDs que proporcionaram a venda de aproximadamente sete milhões de cópias (cf. SOUZA, André Ricardo de. *Igreja in concert*: padres cantores, mídia e marketing. São Paulo: FAPESP, Annablume, 2005).

(Souza, 2005). Muito embora toda estrela nasça, atinja o auge e morra, a tendência é que ressuscite em outra, renovando o ciclo das *stars system* (Carranza, 2005). É ao que talvez já estejamos assistindo, com a ascensão de outros sacerdotes católicos no campo midiático, a exemplo de Fábio de Melo e Reginaldo Manzotti. Segundo Carranza, o padre Marcelo Rossi teria educado a sensibilidade das pessoas para as celebridades religiosas, desbravando as trilhas das futuras vedetes, sendo este seu maior legado em termos midiáticos.

"Estar na mídia sem ser da mídia" é um jargão utilizado para indicar a pretensa postura das instituições católicas quando lidam com os meios de comunicação. A intenção expressa é envolver-se com o mundo das mídias, sem perder de vista os objetivos estritamente religiosos, mantendo a ética na concorrência e sem aderir à lógica do mercado de produtos e celebridades. Isso é possível? Tudo indica que não, pois quando a religião serve-se dos canais de comunicação, sua mensagem, ao menos relativamente, deve amoldar-se às exigências mercadológicas próprias do meio, ainda que o escopo da mídia religiosa seja "ganhar almas para Deus e salvá-las" (Ramos, 2005; Carranza, 2005).

O mercado exige novidades. É então que a religião midiática obriga-se a espetacularizar seu conteúdo, correndo o risco de esvaziá-lo. Recursos comuns aos espetáculos são usados para tornar a mensagem religiosa mais atrativa (Patriota, 2008). "Por conseguinte, a religião espetacular não teria como finalidade, por exemplo, religar o divino com o humano, (...) mas encenar, representar essa ligação. Não é necessária a experiência de Deus, basta a simulação dessa experiência" (Ramos,

2005, p. 237). Para muitos, entretanto, essa espetacularização seria um mal necessário.

Podemos afirmar que essa autonomia (estar na mídia sem ser da mídia) só pode ser alcançada em alguns casos, de forma relativa e a muito custo. Mais especificamente, isso se torna possível mediante a mídia institucional, uma vez que os grandes canais de televisão obedecem a uma lógica própria, inserindo nessa lógica também os conteúdos religiosos. Além disso, as instituições religiosas não têm o controle da mídia secular, interferindo menos na formatação de sua programação.

A opção pela mídia institucional deixa as religiões menos condicionadas à lógica própria das mídias. Muito provavelmente, essa tenha sido a razão pela qual o movimento carismático católico encampou a procura pela aquisição de canais de rádio e TV que se transformassem em veículos confessionais. Por meio da liderança dos padres Jonas Abib (Canção Nova) e Eduardo Dougherty (Associação do Senhor Jesus), os carismáticos buscaram adquirir canais de televisão e emissoras de rádios com as quais pudessem concorrer com o neopentecostalismo. Assim nasceram as TVs Canção Nova e Século XXI e, antes, também com o maciço apoio do carismatismo, a Rede Vida de Televisão.[3] A aquisição desses

[3] A Rede Vida surgiu do empenho do empresário João Monteiro Filho e de sua família, com o apoio direto ou indireto de mais de 250 bispos brasileiros, entre eles o então presidente da CNBB, dom Luciano Mendes de Almeida. O senhor Monteiro fundou o Instituto Brasileiro da Comunicação Cristã (INBRAC), adquirindo a concessão do canal durante o governo de José Sarney e iniciando as atividades televisivas em 20 de junho de 1995. Em apenas dois anos, a Rede Vida conseguiu montar, com o apoio de grupos e comunidades da RCC, mais de quinhentas repetidoras (cf. CARRANZA, Brenda Maribel. *Renovação Carismática Católica*: origens, mudanças e tendências. Aparecida: Santuário, 2000). A presença carismática na Rede Vida foi diminuindo gradativamente com o passar dos anos.

canais foi possível mediante a mobilização de parlamentares católicos (Souza, 2008).

Entretanto, mesmo no caso da mídia institucional, a possibilidade de que determinado conteúdo seja veiculado depende em grande medida das demandas de mercado. Os detentores dessas mídias não decidem de forma isenta e livre de pressões a respeito das pautas de programação. Pelo contrário, os conteúdos e a forma de veiculação são largamente condicionados pelos anseios do público. Assim, embora tenham a posse do veículo de comunicação, as instituições religiosas não se isentam completamente de abrir mão de suas convicções em favor das respostas que precisam dar a um campo religioso marcado pela lógica de mercado e pela ânsia por vedetes religiosas.

A TV Canção Nova é uma das mais evidentes expressões desse tipo de mídia. Conquanto não dependa de patrocinadores ou de propagandas comerciais para manter-se no ar, esse canal católico, a exemplo de outras mídias institucionais, também adere relativamente ao regime de espetacularização. Na seção seguinte, discuto essa questão, entre outras que envolvem a constituição do veículo que possibilitou à Comunidade Canção Nova disseminar sua mensagem e agregar adeptos.

4

Comunidade Canção Nova: gênese e expansão midiática

A Comunidade Canção Nova surgiu em Cachoeira Paulista, cidade situada no Vale do Rio Paraíba, interior de São Paulo. A região é marcada por intensa religiosidade, em cujo centro está o Santuário Nacional de Nossa Senhora Aparecida, considerada padroeira do Brasil. Ao Santuário, acrescentou-se mais recentemente os lugares onde atuou o Frei Antônio de Santana Galvão (Guaratinguetá-SP), primeiro brasileiro nato a ser declarado santo pelo Vaticano, e a própria Canção Nova, como lugares de fluxo de visitantes devotos, configurando-se assim uma tríade que se constitui um dos circuitos turísticos religiosos mais importantes do país atualmente.

Quando a Comunidade Canção Nova começou, o Brasil estava em pleno regime militar e vivia ainda, do ponto de vista eclesial, o fragor das mudanças propostas pelo Concílio Vaticano II. A Igreja do Brasil tentava incorporar as proposições deste e das conferências episcopais latino-americanas, largamente influenciadas pela Teologia da Libertação, e a opção preferencial pelos pobres, motivação principal de sua ação institucional. Naquele momento político, essa opção apresentava-se concretamente por meio da luta contra a ditadura militar e pelo apoio aos movimentos populares de esquerda.

Silva (2009) se pergunta como foi possível surgir em um contexto socioeclesial como esse, uma comunidade carismática despolitizada e identificada com a *opção preferencial pelo espiritual,* como é o caso da Canção Nova. Ele mesmo conclui que "alguns católicos não estavam satisfeitos com o caráter politizado da Igreja; talvez, desorientados por causa do caos social, inseguros com a política econômica estabelecida pelos governos militares, queriam encontrar na religião o lugar da experiência do sagrado" (Silva, 2009, p. 195). Na verdade, não apenas a Canção Nova, mas a própria Renovação Carismática, assim como outras comunidades de mesmo perfil, conseguiram ir ao encontro das exigências dos que buscavam um catolicismo menos politizado e mais espiritual.

Concretamente, o surgimento da Canção Nova deve-se, antes de tudo, às iniciativas do padre salesiano Jonas Abib, considerado seu fundador. Nascido no município de Elias Fausto, no interior do Estado de São Paulo, aos 21 de dezembro de 1937, Jonas Abib foi ordenado sacerdote católico no dia 8 de dezembro de 1966, sendo um dos pioneiros no trabalho de evangelização com jovens por meio da música. Mas foi o contato com o movimento carismático que fez de padre Jonas um desbravador. Ele conta que a relação com o pentecostalismo católico, estabelecida no começo da década de 70, mudou os rumos de seu ministério sacerdotal.

Abib (1999, p. 11) declara que "era um bom seminarista", mas não havia feito "uma experiência pessoal com Jesus". Essa experiência teria ocorrido no dia em que o padre Haroldo Hahm, jesuíta iniciador da Renovação Carismática no Brasil, veio ao convento em que Jonas residia, falar a respeito do movimento carismático.[1] "Ele fez o que foi possível em um dia – explica o pa-

[1] Isso teria ocorrido no dia 2 de novembro de 1971, segundo informação do próprio padre Jonas (cf. ABIB, Jonas. *Canção Nova*: uma obra de Deus. São Paulo: Canção Nova, Loyola, 1999, p. 16).

dre salesiano. Realmente, não entendi bem o que era Renovação Carismática Católica; também não entendi o que era efusão do Espírito Santo nem mesmo os dons. Porém, desejei do fundo do coração. Entendi que era o que me faltava" (Abib, p. 16).

padre Jonas conta ainda que, nesse mesmo dia, após a missa, o padre Haroldo ofereceu-se para impor as mãos sobre os sacerdotes presentes naquela reunião. Embora reticentes, todos teriam aceitado para não parecerem mal-educados. Então,

> ele simplesmente passou impondo as mãos sobre cada um de nós. O que aconteceu com os outros eu não sei; sei o que aconteceu comigo. Para dizer a verdade, reconheço que naquele momento não senti nada! Porém, naquela noite, comecei a orar como nunca tinha orado antes (...). Eu não saberia explicar. O que eu sabia é que antes me faltava alguma coisa, que eu pensava ser fé; porém, o que me faltava, agora não me faltava mais. O vazio que existia estava inteiramente preenchido (Abib, p. 16).

Essa experiência foi, segundo Abib, o elemento propulsor de sua vida pessoal e da fundação da Canção Nova. Pois foi a partir desse acontecimento que ele começou a promover, na região em que morava e fora dela, encontros e retiros cuja característica era a comunicação da experiência pentecostal carismática. Com essa finalidade, chegou a construir uma casa, chamada *Casa de Maria*, na cidade de Queluz, SP, vizinha à Cachoeira Paulista.

Esses retiros deram origem ao ideal comunitário proposto pelo padre Jonas. Ele afirma que "aquilo foi formando-se dentro de mim" e que

> houve um momento em que, viajando para nossa casa de encontros onde ia ter uma grande reunião com um grupo de jovens que eu acompanhava já há dois anos (...), Deus me deu uma inspiração, que durante aquele encontro eu fizesse aos jovens um apelo, um desafio: quem estava disposto a deixar sua casa, seus trabalhos, seus estudos, até mesmo seu namoro e virmos viver em comunidade para fazermos juntos o trabalho que eu fazia com eles" (Jonas Abib, Entrevista, 2 de maio de 2008).

A proposta foi aceita por alguns jovens que deveriam, segundo orientação do próprio padre Jonas, obter a bênção dos pais, ainda que estes não compreendessem a opção: "Eu dei um tempo para eles, para que resolvessem todas as suas situações (...). E foi justamente meses depois que nós começamos a comunidade" (Jonas Abib, Entrevista, 2 de maio de 2008). Começaram a experiência de vida em comum no dia 2 de fevereiro de 1978: o padre Jonas e mais onze pessoas, entre elas três religiosas salesianas e uma jovem viúva, Luzia Santiago, considerada hoje como cofundadora da Comunidade.

Apesar de ser uma proposição inusitada para a época, a relativa adesão explica-se inicialmente pelo clima de entusiasmo e novidade causado pelo trabalho pastoral do padre Jonas. Sua liderança marca toda a história da Canção Nova até aqui. Abib é considerado pelos membros da Canção Nova, assim como pelos carismáticos de todas as expressões, como um líder espiritual inspirado por Deus. Na realidade, esta é uma característica de quase todas as comunidades de vida no Espírito: trazem a centralidade da figura do fundador. Em uma perspectiva weberiana, o fundador seria um profeta "renovador", que não intenta romper com a instituição nem fundar outra religião, mas apenas reinterpretar a tradição (Weber, 1998). Segundo Carranza & Mariz (2009), os fundadores das novas comunidades suscitam veneração e seguimento, despertam as forças individuais de autorrealização e dinamizam um companheirismo radical.

Na interpretação de seu fundador, assim como de seus membros, a Comunidade Canção Nova é uma inspiração divina. No modo como explicam o surgimento da comunidade predominam as motivações intuitivo-espirituais. O padre Jonas garante que resistiu interiormente àquela inspiração de convocar os jovens para morarem juntos: "eu achei aquilo tão absurdo que eu mesmo dizia pra Deus ali em oração: 'Senhor, ninguém vai aceitar'. Mas Deus foi tão insistente que eu disse: 'Tudo bem, então eu vou fazer o desafio e se realmente é o Senhor que *está inspirando*, haverá quem aceite'" (Jonas Abib, Entrevista, 2 de maio de 2008 – grifo nosso).

Carranza & Mariz (2009, p. 154) afirmam que, "em geral, os relatos fundacionais das novas comunidades registram o chamado 'encantado' do líder, experiência que se estende aos membros quando decidem participar da comunidade". É assim que, ainda segundo as autoras (p. 149), "tal como ocorre no mundo pentecostal protestante, líderes [católicos] criam comunidades, definem o 'carisma' (...) e regras, respondendo a inspirações interpretadas como divinas".

De fato, não há indícios de que na origem da Canção Nova esteja um planejamento racional ou um projeto institucional considerado a partir de estratégias traçadas.[2] Conquanto a dinâmica de interesses e uso da reflexividade não estejam ausentes do processo de nascimento e expansão dessa comunidade, ela se distancia de uma racionalidade moderna, em cujo bojo estão os discernimentos calculados, as aferições e os planejamentos, dando lugar a forças exógenas provindas da comunicação com o divino.

Esse foco de análise privilegia a perspectiva dos próprios sujeitos sociais, ou seja, o modo como estes encaram a ação. As supostas inspirações ocupam lugar central na experiência das comunidades de vida no Espírito, cujos membros acreditam realmente que seguem um projeto divino. No caso da Canção Nova, o fundador admite ter sido necessário emancipar-se de sua "cabeça de padre"[3] para consentir naquilo que estava considerando, ainda que de forma reticente, uma inspiração de Deus (Abib, 1999).

O impacto social causado pela iniciativa do padre Jonas Abib de constituir uma comunidade mista não pode ser aqui desconsiderado. O fato de passarem a morar juntos (um

---

[2] Rodrigo Portella percebeu a mesma coisa em relação à Fraternidade Toca de Assis: "Muito do que a Toca é hoje o é, não por planejamentos racionais, mas por ter sido validado e construído em uma experiência pessoal do padre Roberto com o divino, a partir de inspirações diretas de Deus ao fundador" (PORTELLA, Rodrigo. Medievais e pós-modernos: a Toca de Assis e as novas sensibilidades católicas juvenis. In. MARIZ, Cecília Loreto et al (orgs.). *Novas comunidades católicas*: em busca do espaço pós-moderno. Aparecida (SP): Ideias & Letras, 2009, p. 171-194).

[3] A expressão designa o modo de ponderar as coisas a partir de uma racionalidade instrumental.

padre, três religiosas e oito jovens rapazes e moças) causou estranheza entre os habitantes de uma região marcada pelo catolicismo tradicional.

> Quando começamos a viver em comunidade – narra o padre Jonas – algumas senhoras foram conversar com o bispo. Como se tratava de rapazes e moças vivendo e trabalhando juntos, foram dizer ao bispo que aquilo não era comunidade, era uma bagunça. Ele, depois, contou-me que chegaram a dizer: – Damos nove meses para as moças estarem com bebês no colo (Chalita, 2008, p. 247).

Essa narração do padre Jonas dá uma ideia do modo como reagiram os habitantes de Cachoeira Paulista diante do fato. Por outro lado, o depoimento de Luzia Santiago (Entrevista ao Portal Canção Nova, p. 3) ajuda a explicar como foram as reações das famílias daqueles jovens: "no início foi difícil – diz ela –, porque até os nossos pais tinham grandes preocupações conosco. Meus pais, mineiros tradicionais, sofreram, porque eram jovens saindo de suas casas para morar com um padre, tido por alguns como um louco e que estava largando sua congregação". Ela ainda testemunha na mesma entrevista: "Onde nós começamos a viver em comunidade, na rua dom Bosco 95 (Lorena), os seminaristas salesianos mudavam de calçada quando passavam por ali".

No contexto de uma religiosidade tradicional, a experiência de fundação da Canção Nova constituía-se uma novidade. Na época de seu início, o bispo de Lorena, SP, era dom Antônio

Afonso de Miranda.[4] De acordo com o direito canônico, ele poderia intervir, impedindo o compartilhamento comunitário que se iniciava. Se o tivesse feito, poderia ter interrompido na origem todo o fluxo que isso desencadeou. Entretanto, dom Antônio não o fez, apesar de reconhecer o estranhamento que a experiência causou em sua pessoa. Ele justifica seu proceder da seguinte forma: "na mesma ocasião havia lido o documento de trabalho do Sínodo sobre vida religiosa. Nele havia algo sobre a 'remodelação' da vida religiosa, possibilitando que casais também pertencessem à vida consagrada" (dom Antônio Afonso de Miranda, entrevista ao Portal Canção Nova, p. 2). Essa teria sido a razão pela qual o bispo não emitiu nenhum parecer oral ou escrito sobre a comunidade nascente, limitando-se a fazer algumas recomendações.

A justificativa de dom Antônio Afonso de Miranda, atualmente bispo emérito de Taubaté, SP, procede apenas parcialmente. De fato, os sínodos pós-conciliares haveriam de reconsiderar algumas práticas e conceitos da Igreja. Mas o ponto ressaltado pelo bispo, a rigor, não implica na autorização de experiências como da Canção Nova, inclusive porque *não havia casais* entre seus primeiros membros. Por que, então, dom Antônio autorizou que se continuasse a vida comunitária do grupo?

Em princípio, é preciso esclarecer que a permissão de continuidade da experiência não implica em um reconhecimento da mesma. A autoridade eclesiástica apenas não a

---

[4] Segundo informações colhidas entre os iniciadores da Renovação Carismática no Brasil, dom Antônio foi um dos maiores críticos da RCC em suas origens.

elimina, considerando a *possibilidade* de nela haver algo de novo e significativo para a Igreja. Trata-se de uma prudência pastoral normalmente adotada pelos bispos menos rigorosos nessas matérias.

Contudo, por trás dessa prudência pode haver mecanismos de poder que contem a favor ou contra o grupo que apresente a novidade. No caso da Canção Nova, a presença de um clérigo pode ter intimidado o bispo a intervir de um modo mais contundente. A meu ver, esse elemento tornou possível a manutenção da experiência comunitária iniciante. Muito provavelmente, se ela fosse composta apenas de leigos, teria sido alvo de maiores reticências ou execração. Isso se confirma pela postura do bispo sucessor de dom Antônio, dom João Hipólito, conforme esclarece o padre Jonas: "dom João me chamou, quis saber tudo direitinho de minha boca. Expliquei bem explicado o que estava acontecendo. E dom João disse: está certo. Não entendo, mas confio" (Chalita, 2008, p. 248).[5]

Igualmente, dom Antônio Afonso de Miranda tinha, de certa maneira, provocado aquela situação, quando solicitou do padre Jonas que fizesse alguma coisa com os jovens, em vistas da evangelização proposta pela Encíclica *Evangelli Nuntiandi*, do papa Paulo VI. Essa proposição pode ser considerada o segundo elemento propulsor da origem da Canção Nova (o primeiro é a experiência pessoal de Jonas Abib com a Reno-

[5] A Canção Nova foi reconhecida oficialmente como associação pública de fiéis pelo bispo da diocese de Lorena, dom João Hipólito de Moraes, aprovando seu estatuto no dia 10 de março de 1995. Treze anos depois, em 12 de outubro de 2008, a comunidade receberia o reconhecimento pontifício.

vação Carismática).[6] No ano de 1976, dom Antônio teria dito ao padre Jonas, com a encíclica na mão: "É muito sério, temos de colocar este documento em prática, porque os batizados não são evangelizados. O senhor trabalha com jovens. Então comece com eles, porque com os jovens será mais fácil" (Chalita, 2008, p. 220). "Daí nasceu a Associação Canção Nova", diz Abib (1999, p. 18).

É fato relevante que nesse mesmo dia, o bispo tenha pedido também que o padre Jonas entrasse nos meios de comunicação, pois, segundo afirma, via nele um talento capaz de realizar esse trabalho. Ele não podia prever o que seu pedido provocaria: "eu não pensava que dentro de 30 anos a Igreja teria uma emissora de televisão com tanta influência" (dom Antônio Afonso de Miranda, Entrevista ao Portal Canção Nova, p. 1).

A expansão da Comunidade Canção Nova deu-se principalmente por meio de sua inserção nos meios de comunicação de massa. O processo obedece à mesma lógica presente no começo da vida comunitária: o seguimento às inspirações divinas propostas pelo fundador. A condição de sujeito é sempre atribuída a Deus, com as pessoas sendo seus instrumentos.

padre Jonas, assim como os seus seguidores, interpreta as supostas ordens divinas a partir dos acontecimentos do cotidiano e das intuições motivadas pela oração. Foi assim que, no fim de um evento de evangelização, ele recebeu uma nota de um dólar e afirmou: "*sinto* que esta nota é para o começo da televisão"

---

[6] Jonas Abib afirma: "Defino como momento do nascimento [da Canção Nova] o dia em que dom Antônio (...) chamou-me a seu escritório" (cf. ABIB, Jonas. *Canção Nova*: uma obra de Deus. São Paulo: Canção Nova, Loyola, 1999, p. 28).

(Abib, 1999, p. 91 – grifo nosso). Isso foi no carnaval de 1989. A TV Canção Nova iniciou seus trabalhos em 8 de dezembro do mesmo ano e transformou-se no principal veículo utilizado pela comunidade para disseminar sua mensagem.

A Canção Nova ampliou suas possibilidades de interação com o público católico, constituindo-se a TV católica de maior repercussão no país. Ela atinge todo o território nacional por meio de antenas parabólicas, duzentas operadoras de TV a cabo e quinhentas retransmissoras. O sinal da TVCN chega também a outros países da América, Europa, norte da África, Oriente Médio, oeste da Ásia e Oceania, por meio do sistema de satélites e TVs a cabo (Silva, 2009).

É sobre o trabalho midiático da Canção Nova que se concentram os trabalhos de Antônio Mendes Braga (2003, 2004, 2006). Em artigo publicado na revista *Religião e Sociedade*, Braga (2004) chama a atenção para o binômio "providência e compromisso" que, na Canção Nova, substitui a referência "mercado e consumismo". Consoante esse autor, o fato dessa comunidade não fazer uso de inserções publicitárias em seu canal de televisão,[7] significa uma opção tácita no sentido de não precisar submeter-se às regras do mercado e ter autonomia diante do que possa gerar desconforto em relação ao *ethos* cançãonovista.

No bojo desse *ethos* está, segundo o autor, a ideia de que a comunidade é um projeto imaginado, desenvolvido e mantido pela própria providência divina. Em trabalho apresentado na

[7] O mesmo procedimento é adotado nas emissoras de rádio administradas pela Canção Nova.

XII Jornada sobre Alternativas Religiosas na América Latina da Associação de Cientistas Sociais da Religião do Mercosul, Braga (2003, p. 10) sustenta que as ações humanas realizadas na Comunidade Canção Nova "se dão dentro de uma lógica maior, de uma ordem cósmica transcendente e divina". Os membros da Canção Nova sentem-se dentro de um projeto proveniente de Deus e "encaram a TV não como um fim em si mesma, mas como um meio para a realização de um projeto evangelizador".

Nesse mesmo trabalho, Braga diz que a TV Canção Nova é a que melhor reflete o catolicismo e a Igreja Católica, "desde as pessoas que estão por trás – na produção do canal – até aquelas que aparecem na grade de programação" (p. 8). Justamente pelo fato de ser entendida como um projeto de Deus, é que a TV Canção Nova, embora proceda tecnicamente de modo semelhante ao de qualquer outra televisão, "no que tange às disposições morais e estéticas, à maneira de ver, conceber e apresentar as coisas, tudo tende a ser operado em uma outra ordem de significados do que aquela que habitualmente uma TV comercial, por exemplo, poderia dar a essas coisas" (Braga, 2003, p. 11).

É assim que, consoante Braga, na TV Canção Nova as coisas convergem para que: a) as pessoas façam uma "descoberta" de Deus e da Igreja; b) sintam-se motivadas a se converter ao estilo de vida que ali está sendo proposto; e c) comprometam-se com a comunidade e com aquilo que é ensinado pela Igreja Católica.

A expansão midiática da Canção Nova referendou sua condição de primazia entre as comunidades de vida no Espírito brasileiras. Além disso, fez com que ela se transformasse em sinônimo de renovação carismática e de comunidade de vida. É possível asseverar também que a TV Canção Nova ajudou a popularizar o catolicismo carismático, na medida em que colocou em contato com este, pessoas que não dispunham em sua proximidade de grupos de oração territoriais.

Em grande medida, a TV Canção Nova alterou o perfil do movimento carismático. A dinâmica própria dos programas televisivos, caracterizados pela relação espectador/apresentadores, foi adotada nas orações realizadas nos eventos da comunidade que são transmitidos ao vivo. O modo como conduzem a oração assemelha-se a um programa de auditório, onde os apresentadores são protagonistas e os participantes assumem a postura de espectadores. Essa dinâmica também foi adotada por muitos grupos de oração presenciais.

Historicamente, os grupos de oração da RCC diferenciam-se das outras expressões de culto católico pelo fato de "democratizar" a participação. Embora motivados por um dirigente, a dinâmica carismática presencial sempre se deixou marcar pela participação de todos os presentes. Estes podem fazer uma oração espontânea, iniciar um cântico, proferir uma suposta revelação ou anunciar um trecho bíblico. Essa dinâmica foi neutralizada pelo formato televisivo. A TV Canção Nova fez com que grande parte dos grupos carismáticos adotasse um novo paradigma de participação, agora, marcado pela passividade dos membros que quase que "assistem" à oração, enquanto esperam que o dirigente ou o cantor intermedeie sua relação com Deus. De certa maneira, os grupos carismáticos que adotam esse modelo, aproximam-se mais da dimensão do espetáculo.

De outro lado, os próprios líderes dessas reuniões de oração inspiram-se no modelo midiático, procurando valorizar seus talentos e dons pessoais, sem preocupar-se com a participação da assembleia como sujeito do processo de oração. Durante minha pesquisa, acompanhei vários grupos com esse perfil. Há tentativas do movimento institucionalizado da RCC de manter a identidade original. Mas a mídia é mais forte. Os grupos só conseguem manter essa identidade se reunirem outros elementos que os coloquem em condição relativamente emancipada da influência da Canção Nova, tais como, a força de suas lideranças e a consistência organizacional.

Outra consequência da expansão midiática cançãonovista foi o aumento das tensões entre a Comunidade e o movimento carismático institucionalizado. A TV ampliou a autonomia da Canção Nova, agravando o processo de ruptura já iniciado com a própria constituição da comunidade.[8] Embora se afirme como uma comunidade carismática, indicando nos estatutos que seus membros "participam ativamente da Renovação Carismática Católica",[9] a Canção Nova possui uma estrutura independente, provocando insatisfações em diversas lideranças da RCC em nível nacional ou local.

[8] Luzia Santiago chega a afirmar que no início "houve muito ciúme de alguns líderes, pois muitos queriam que o Monsenhor Jonas desse-lhes assessoria e fosse, simplesmente, um padre da Renovação Carismática Católica" (Entrevista ao Portal Canção Nova, p. 3).

[9] Embora eu tenha tido oportunidade de ter acesso aos estatutos da Canção Nova, assim como a outros textos de uso restrito dos membros, por uma questão de ética optei por não fazê-lo. Ao me referir a seu conteúdo, lanço mão dos trechos citados na tese de doutoramento de SILVA (2009). Silva é membro da Canção Nova e concluiu doutorado em teologia moral pela Pontifícia Universidade Lateranense (Roma-Itália). Os trechos citados em sua tese tornam-se, em decorrência do próprio fato, de uso comum da academia, eximindo-me de qualquer dilema ético ao citá-los.

As insatisfações entre instâncias de governo da RCC e da Canção Nova ocorrem, principalmente devido à dificuldade de os líderes do movimento carismático, especialmente em nível diocesano, reconhecerem a característica própria da comunidade como uma associação de fiéis que, por sua natureza, não se encaixa na estrutura do movimento. De certa maneira, a gradativa autonomia alcançada pela Canção Nova enfraqueceu o movimento carismático institucionalizado, que não exerce mais ingerência sobre ela.

De outro lado, também aumentaram as tensões entre a Canção Nova e as dioceses e paróquias, mas as razões são mais variadas. As estruturas eclesiais tradicionais não sentem a autonomia da Canção Nova como uma perda, pois nunca a tiveram inserida nelas. Nesses casos, os problemas têm a ver com: a) a autonomia *financeira* da Comunidade; b) a ampla campanha de arrecadação que esta realiza, normalmente sentida como uma concorrente do dízimo paroquial; c) o modelo litúrgico impresso pela Canção Nova; d) a interpretação comum de que a programação televisiva condiciona as pessoas à participação midiática, diminuindo a participação presencial. As dioceses e paróquias sentem o trabalho da Canção Nova, predominantemente, como uma *intromissão* pastoral.

Quanto ao debate sobre a possibilidade de "estar na mídia sem ser da mídia" e sobre o regime de espetacularização da religião, como situaríamos a Canção Nova? Consegue ela realmente emancipar-se da lógica de mercado? Manter ileso o conteúdo religioso de suas mensagens e a coerência ética em suas ações midiáticas? Conforme já defendi aqui, a capacidade da mídia institucional de manter esse princípio é apenas relativa. Isso não é diferente em relação à Canção Nova, embora esta apresente a particularidade de não depender de propagandas comerciais.

Assim como os outros canais de televisão, religiosos ou não, a TV Canção Nova necessita de audiência e de gerar consumo. O fato de não veicular propagandas comerciais, sem dúvida alguma deixa a comunidade emancipada das pressões dos patrocinadores, muito comum nos meios de comunicação em geral. Contudo, isso não a isenta da obrigação de oferecer uma programação capaz de alcançar audiência, respondendo, em grande medida, à pressão da cultura da espetacularização enquanto tendência na sociedade atual.[10] A TV depende do respaldo do público para se manter, e isso faz com que, em grande medida, a programação seja determinada pelo público telespectador, este condicionado a buscar na religião a satisfação de necessidades espirituais. O conteúdo veiculado torna-se, em última instância, mercadoria, pois quando a religião serve-se da mídia, não tem outra escolha a não ser adequar-se, ao menos relativamente, às exigências do meio (Ramos, 2005).

Isso pode estar condicionando a própria pregação da Canção Nova, pelo que pude depreender da observação que fiz desta. Assim como em outros contextos, os pregadores da Canção Nova tendem à repetição, recorrendo constantemente a aplicações convencionais e ao emprego de estereótipos, desrespeitando em alguma medida a complexidade da existência

[10] Em 2001, a TVCN chegou a contratar o conhecido publicitário Nizam Guanaes para dirigi-la. Ele reformou a estética da programação, tornando-a mais comercializável.

humana. Em sua maioria, eles adotam um perfil querigmático, procurando responder às demandas de uma religiosidade de massa. Isso faz com que a pregação torne-se pouco profunda e redundante, com certo nível de reducionismo teológico.

A título de exemplo, vou comentar o que vi na "Quinta-feira de adoração" do dia 28 de maio de 2009. Trata-se de um evento regular que ocorre todas as semanas, com adoração à Hóstia Consagrada e com pregação do Evangelho. Nesse dia, o tema da pregação foi: "Maria antecipa a hora de Deus". O cantor Flavinho (missionário da Canção Nova) iniciou sua pregação com uma oração enfatizando a ação de Deus na vida cotidiana. Depois cantou uma canção que dizia: "Deus é capaz de fazer o que prometeu que faria". A oração foi entusiasmada e motivou as pessoas a buscar curas físicas. Ele disse: "Quem sabe você foi desenganada pelos médicos, mas não foi desenganada por Deus. Eu creio que Deus pode mudar a sentença dos médicos".

Durante a fala propriamente dita, Flavinho tentou associar a figura da Mãe de Jesus àquilo que estava dizendo. Mas no tema mesmo, demorou a entrar diretamente. Continuou proclamando supostas revelações: "O Senhor está me revelando que há aqui muitas pessoas que estão sofrendo. O Senhor está acolhendo, fazendo carinho, fazendo cafuné em você". Leu o texto bíblico de *Atos dos Apóstolos* (1,12-14)[11] e começou a dar ênfase à Pessoa do Espírito Santo e à Canção Nova como espaço de manifestação deste mesmo Espírito.

[11] "Deixando então a colina chamada 'monte das oliveiras', eles [os apóstolos de Cristo] voltaram para Jerusalém (...). Subiram à sala superior, onde se reuniram. (...) Todos unânimes eram assíduos à oração, com algumas mulheres, entre as quais Maria, a mãe de Jesus, e com os irmãos de Jesus".

Em seguida, trabalhou a ideia de que a Mãe de Jesus antecipou o derramamento do Espírito Santo, do mesmo modo como antecipou o primeiro milagre de Jesus.[12] Ele afirmou: "ninguém pode garantir que aquele era o momento do derramamento do Espírito". E ainda: "Maria antecipou a cura dos apóstolos. Quem sabe você não esteja com síndrome de pânico". Note-se a dinâmica de relacionar um tema teológico com os temas redundantes do sofrimento humano e da possibilidade de curas. Esse foi o momento em que a pregação mais adquiriu um tom reducionista.

A exegese é vulnerável, mas de bastante aplicabilidade prática. Em certo momento, Flavinho começou a falar do medo e de suas consequências, afirmando que o medo é uma "artimanha do Inimigo". Depois disso, atribuiu ao Diabo a deficiência das estruturas políticas nacionais, ignorando todas as razões históricas que ocasionam problemas sociais: "Eu não acredito na mudança do Brasil – disse. Suas estruturas são corrompidas há mais de quinhentos anos. Precisaria duzentos anos de bons governos para começar a mudar. E isso é impossível, humanamente falando. Mas para Deus não. Eu acredito que pela fé podemos mudar nosso país". No fim da pregação, ele ainda disse: "Eu digo a você: você não vai sair daqui sem obter de Deus aquilo que você veio buscar".

Nessa mesma "Quinta-feira de adoração", a pregação da tarde ficou por conta do cançãonovista Ricardo Sá, sobre o tema: "Maria ao pé da cruz". Ricardo pediu que as pessoas consultassem a Bíblia em *Atos dos Apóstolos* (14,22), no qual se

---

12 Cf. João 2,1-12.

lê que: "É necessário que passemos por muitas tribulações para entrar no Reino de Deus". Enquanto ele aguardava as pessoas abrirem a Escritura, algumas mulheres presentes agruparam-se, pois só havia um exemplar do livro sagrado nas proximidades delas. O missionário percebeu o gesto e passou a supervalorizá-lo. Ele se dirigiu àquelas mulheres e começou a conversar com elas (ao vivo) sobre a "grandeza" daquela atitude. Parecia querer "ganhar tempo". Depois de alguns minutos, retomou a pregação e passou a falar da necessidade do sofrimento como meio de "entrar no Reino de Deus". Sua visão é do sofrimento humano como algo providencial, como expressão da própria vontade de Deus. Aqui aparece um paradoxo: a pregação cançãonovista sai de um polo (ação de Deus para eliminar o sofrimento, conforme defendera Flavinho) para outro polo de compreensão (é Deus que quer o sofrimento, de acordo com a pregação de Ricardo Sá). E isso em um único evento.

Na Canção Nova, o ciclo de orações e pregações é interminável e há pouca progressividade. Externamente, ele se apresenta sempre em torno dos mesmos elementos. Não há "crescimento", no sentido de que novos elementos são acrescentados ao conhecimento religioso do telespectador. A não ser por alguns programas de cunho catequético. Os principais são "Escola da Fé" e "Trocando ideias", muito embora esses programas estejam frequentemente respondendo às mesmas perguntas dos telespectadores.

Poucos pregadores da Canção Nova desenvolvem na pregação um raciocínio suficiente para atrair a atenção do público mediante sua coerência interna. Necessitam de exemplos, testemunhos de milagres e de ênfases emocionais para prender a atenção. Na verdade, o público parece esperar isso. Para gerar certa comoção durante a preleção, fazem acompanhar-se por um fundo musical, que serve para provocar o sentimento religioso e a afetividade das pessoas, de maneira que algumas palavras corriqueiras sejam sentidas como uma novidade ou que pelo menos adquiram nova conotação.

Performances como essas contrariam a previsão de que os sentimentos seriam submersos nas práticas racionais da sociedade secularizada. Aqui, eles se integram à retórica, porque os sentimentos não são fenômenos exclusivamente psicológicos ou fisiológicos, mas, também, fenômenos *sociais.* Eles são como que "obrigatórios", são mais que "meras manifestações, são sinais de expressões entendidas, quer dizer, são linguagens" (Mauss, 1979, p. 153). Com base em Marcel Mauss, podemos afirmar que a pregação cançãonovista é eficaz porque se exprime como uma ação simbólica emocional "entendida" pelos ouvintes, constituindo-se o momento da preleção uma vivência coletiva de expressão desses sentimentos.

Durante a pesquisa, observei várias preleções de ministros ordenados e leigos da Canção Nova. A tonalidade é envolvente. Não é vazia de conteúdo, mas privilegia aqueles aspectos que melhor respondem às demandas consumistas da religiosidade contemporânea: emotividade, ênfase no poder de cura da divindade, respostas para os problemas concretos da vida, entre outros. Por outro lado, os temas propriamente evangélicos (santidade, pecado, graça) são tratados com frequência, convicção e realismo, o que os diferencia dos pregadores neopentecostais.

Em decorrência daquilo que pude observar, minha posição aqui é a de que, realmente, não é possível evangelizar por meio da mídia e ficar isento dos mecanismos que lhe são próprios. Isso não significa que a Canção Nova "se corrompe" ao entrar na mídia. Mas que sua autonomia ética torna-se relativa. A própria dinâmica interna da Comunidade pode ser afetada por essa simbiose. A Canção Nova é hoje uma verdadeira empresa midiática que, assim como outras empresas da mesma natureza, potencialmente oferece a seus membros a possibilidade de adquirir ascensão e visibilidade pública. "Se a comunidade pode reduzir leques de escolha para uns, para outros, contrariamente, amplia" (Carranza & Mariz, 2009, p. 161). O trabalho midiático coloca, assim, um tempero a mais no complexo universo das aspirações humanas e da realização pessoal presentes no interior de uma comunidade.

Nesse ponto, é preciso se perguntar: onde reside a autonomia relativa que a Canção Nova detém em relação à lógica midiática? Pois se por um lado, a TV precisa responder às demandas de mercado, por outro, não abre mão de sua condição de TV católica e do rigor ético que isso implica. Que fatores permitem à TVCN isentar-se, em certa medida, de condicionar sua programação ao regime de espetacularização? Diria que isso se deve, predominantemente, à estratégia por ela utilizada com vistas à manutenção de uma *identidade* original.

Com efeito, a afirmação de uma identidade própria – o "jeito de ser" Canção Nova –[13] favorece a manutenção

[13] A expressão "jeito de ser" é um jargão forjado pela própria Canção Nova, como uma maneira de caracterizá-la frente a seu público telespectador.

da audiência do público católico a partir de uma lógica de compromisso, emancipando a TVCN, ao menos relativamente, da espetacularização de sua programação como recurso indispensável para atrair telespectadores. Ao enfatizar um modo singular de ser católico e demonstrá-lo convictamente, ela consegue fazer com que uma parcela deste mesmo público *identifique-se* com ela e torne-se menos dependente dos atrativos espetaculares. Esse seria, a meu ver, o momento em que a Canção Nova chega mais perto de concretizar o princípio de "estar na mídia sem ser da mídia".

A identidade constantemente afirmada e compartilhada requisita e consegue adesão, adesão esta que extrapola o âmbito do consumo. Por esse motivo, a programação da TVCN é marcada pela constante afirmação do "jeito de ser" Canção Nova. Luzia Santiago, cofundadora da Comunidade, declara que "há outras emissoras cristãs, mas a Canção Nova (...) faz a diferença", acrescentando que "podemos dizer com toda a sinceridade que há um *jeito de ser* Canção Nova" (Luzia Santiago, Entrevista ao Portal Canção Nova, p. 2 – grifo nosso). E o "jeito de ser" Canção Nova nada mais é do que uma expressão pública do estilo de vida inerente à Comunidade no âmbito interno.

As observações da programação da TV Canção Nova entre os dias 25 e 31 de maio de 2009 referendam essa suposição. Na ocasião, fiquei durante sete dias diante da televisão quase ininterruptamente, tentando compreender a estrutura dos programas por ela veiculados e a mensagem a estes subjacente. As constatações que se seguem esclarecem parcialmente o teor dessa mensagem e ajudam a especificar os modos por meio dos quais a Canção Nova procura afirmar sua identidade.

As primeiras horas do dia (entre seis e oito da manhã) são preenchidas com programas cujo perfil evoca elementos do catolicismo tradicional (terço, liturgia das horas, missa). Contudo, o restante da manhã é marcado pelo programa "Sorrindo pra vida", um dos programas-chave na manutenção da relação da Canção Nova com seu público telespectador. O programa, que vai ao ar de segunda a sexta feira, das oito às nove e quinze, conta sempre com apresentadores de destaque entre os cançãonovistas, tais como: Luzia Santiago, Eto, Márcio Mendes, Eliana Ribeiro e Dunga.

"Sorrindo pra vida" é um programa ao vivo, o que elimina a possibilidade de cortes ou seleção de imagens. É conduzido como se fosse um grupo de oração: há música, oração e pregação, embora os apresentadores permaneçam sentados. No momento em que rezam, eles o fazem de olhos fechados, como se estivessem realmente em um momento de oração privado. A mensagem é predominantemente querigmática e os textos bíblicos são escolhidos independentemente da liturgia oficial da Igreja. Durante a oração, pode acontecer proclamação de curas ou mensagens supostamente destinadas a algum ou vários telespectadores, a exemplo do que aconteceu no programa do dia 29 de maio de 2009, em que Eliana Ribeiro fez a seguinte oração: "[Senhor] Toca essa moça que não sabe mais o que fazer", como se soubesse de algo que estava acontecendo naquele momento com uma mulher telespectadora.[14]

É importante destacar que o tom do programa é sempre de entusiasmo e convicção positiva, embora frequentemente os apresentadores estejam visivelmente cansados. Esse tom é necessário não só para favorecer a forma do programa, mas também para motivar as doações financeiras. Igualmente, a ênfase no contato emocional com Deus está sempre presente. No programa do dia 25 de maio de 2009, a pregação durou vinte e cinco minutos e foi seguida de uma oração dirigida pelo comunitário conhecido como Dunga. Antes de rezar, ele disse que ficou "todo arrepiado" e com "os olhos brilhando" enquanto Márcio Mendes falava.

A dinâmica da programação da manhã evidencia uma transição gradativa de práticas tradicionais para práticas carismáticas. Nela, o Terço e a Liturgia das Horas obedecem ao esquema tradicional de oração católica; a missa, por sua vez, reúne elementos litúrgicos oficiais com "metodologia carismática", fazendo a "ponte" para chegar ao jeito carismático de comunicar-se: o programa "Sorrindo pra vida", com seu perfil absolutamente espontâneo e carismático. Aqui se inicia propriamente a afirmação da identidade da Canção Nova. O processo de desvelamento parece intencional: é lento e gradativo, até que, em dado momento, demonstrado com intensidade.

[14] Algo semelhante ocorreu no programa *Revolução Jesus* de 25 de maio de 2009. Neste, os apresentadores entrevistam o padre Hamilton (missionário cançãonovista) a respeito da solenidade de pentecostes. No momento final, eles praticam a glossolalia sem timidez e anunciam curas que supostamente estão acontecendo com pessoas "em casa". O padre Hamilton diz: "Uma moça que está chegando agora em casa e ligou a televisão...". A apresentadora diz: "Você que está nesse quarto, nessa cama...". Esse tipo de oração pode ocorrer em qualquer programa da TVCN.

Após meia hora de programação infantil e uma hora do programa "Manhã viva", entram em sequência outros programas que são chave para a afirmação da identidade cançãonovista.[15] Os programas chave são caracterizados pela apresentação dos produtos e da ideologia da Canção Nova. É neles que, de modo especial, a comunidade "se mostra" e requisita a contrapartida do telespectador. Além de "Sorrindo pra vida", destacam-se nessa matéria os programas *Juntos somos mais*, *Porta a Porta* e *O amor vencerá*.

O amor vencerá é um programa ao vivo ancorado por Luzia Santiago. Repleto de orações que visam, sobretudo, atender as necessidades dos telespectadores em situações-limite da vida. Luzia Santiago depõe: "No programa [O amor vencerá] eu me torno aquele cano por onde a água passa. As emoções não são minhas. A situação dos desempregados me sensibiliza, as questões sociais de nosso país em especial comovem-me, levam-me a orar por esse povo" (Luzia Santiago, Entrevista à Revista Canção Nova, n. 48, p. 25).

O amor vencerá é um dos programas em que as pessoas mais interagem com o apresentador. Elas se comunicam por meio de SMS (49400); as mensagens aparecem na tela, em uma tarja na parte debaixo do vídeo. A maioria delas são pedidos de oração. A título de exemplo, passo a descrever o que aconteceu no programa do dia 26 de maio de 2009.

[15] A programação infantil não foge à regra de afirmação da identidade: histórias bíblicas e recomendações morais se misturam com os valores próprios da Comunidade, em linguagem adaptada ao público infantil. Entre os vários personagens, destaca-se o Janjão, um anjo divertido que satiriza os episódios da Bíblia de maneira criativa e atraente. O anjo procura passar uma imagem alegre e moderna, em acordo com a tendência de dissociar vida religiosa de caretice. Essa é a mesma ideia subjacente na programação destinada à juventude, sendo que nesta observei maior presença de elementos simbólicos relacionados à Canção Nova: imagens de dom Bosco e do padre Jonas, slogans e logotipos dos programas.

Luzia Santiago enfocou a questão da batalha espiritual. Ela disse que "coisas ruins que acontecem em nossa vida" são *em parte* influência do Demônio e, por isso, é preciso que as pessoas lutem contra essas coisas *também* com "armas espirituais". No cenário, havia uma vasilha grande (em forma de barco) cheia de papéis com pedidos de oração. Luzia justificou o formato fazendo analogia com o episódio bíblico da tempestade acalmada:[16] "Jesus é o Senhor das nossas tempestades; e nós trazemos você nesta barca", afirma ela.

A barra de rolagem não cessava de expor os pedidos de oração e as mensagens que chegavam por SMS. Pessoas presentes no estúdio começaram a chorar. Luzia proclamou: "O Senhor me mostra uma pessoa que está com uma enfermidade grave, com câncer". A câmera oscilava entre imagens dos apresentadores, do público presente e da simbologia do cenário, especialmente da imagem de Jesus Crucificado.

Em certo momento, Luzia começou a falar sobre o perdão. O assunto é incluído arbitrariamente, sem relação com o que se falou até ali. Mas isso não tem importância, pois a espontaneidade marca o programa. No ar, ela pediu perdão às pessoas. Em tom emotivo, disse estar perdoando os perseguidores da Canção Nova. Note-se que a Canção Nova entra em foco qualquer que seja o assunto tratado.

Depois de tudo, Luzia retornou à proclamação de curas. Algumas delas são recheadas de detalhes. Como esta: "Você está sentada numa mesa redonda, com quatro cadeiras, com a TV ligada. Para você saber que é você". Ou esta: "O Senhor

[16] Mateus 8,23-27.

me mostra uma mulher lavando uma vasilha de leite". Ora-se em línguas sem temor.

A programação da tarde é mais diversificada e sofre variações. Mas os programas cujo perfil obedece àquele de que estou falando não desaparecem. O fim da tarde se deixa caracterizar pela programação infantil e jovem. O horário nobre é ocupado de segunda a sexta pelo "Canção Nova Notícias" (19h30) e, a partir das 20h, por uma programação bastante diversificada. Nos fins de semana, em geral a TV Canção Nova transmite os "acampamentos de oração" que se realizam em Cachoeira Paulista.

Portanto, de maneira geral, a programação privilegia a identidade própria da Canção Nova, mediante exposição prioritária de seus pregadores, cantores e autores, assim como, em certa medida, de sua vida interna. A opção parece consciente, embora não esteja fechada a propagar outras experiências eclesiais, a TV procura afirmar a comunidade diante do público católico. Reitero que esta é a principal estratégia de fidelização tanto de clientes como de sócios para a Canção Nova, constituindo-se também em um elemento que ajuda a TVCN a emancipar-se relativamente da lógica do mercado religioso midiático.

Esse aparato subjacente conduz o telespectador a não perder de vista o ideal comunitário da Canção Nova (seu "jeito de ser"). O objetivo é alcançado também mediante a propagação de *slogans*, entre os quais o mais comum é: "Ser Canção Nova é bom demais". O telespectador da Canção Nova não tem chance de pensar em outra coisa. Envolvendo-os nessa dinâmica, a TV consegue imprimir uma identidade em muitos telespectadores (que é a própria identidade da comunidade), em um processo semelhante àquele em que as TVs seculares constroem ou impõem valores.

Na verdade, "ser Canção Nova" é um jeito específico de ser católico. A clareza quanto a essa identidade contribui para que a TV Canção Nova lidere o "mercado interno" do catolicismo, adquirindo mais audiência e fidelização do que os outros canais católicos. Isso a torna relativamente emancipada da espetacularização de sua mensagem, uma vez que os telespectadores identificam-se com esse "jeito de ser", dedicando audiência à TV independentemente de sua capacidade de prender a atenção do público mediante estratégias de entretenimento.

5

O *ethos* interno da Comunidade Canção Nova

A partir da observação da programação, não tenho dúvidas de que a afirmação da identidade é a principal estratégia até aqui utilizada pela Canção Nova para fidelizar clientes e angariar os sócios com os quais estabelece aquilo que pode ser denominado "relações comunitárias midiáticas". Do ponto de vista qualitativo, o estabelecimento dessas relações é o ponto ápice de uma investida midiática religiosa. São elas que fazem da Canção Nova uma "comunidade midiática".

Para compreender o modo como a Canção Nova constitui-se uma "comunidade midiática" é necessário, antes, oferecer uma visão de sua constituição interna, ou seja, caracterizar a experiência vivida pelos comunitários consagrados, especialmente quanto aos valores que são compartilhados em âmbito presencial e que fazem da Canção Nova uma "comunidade".

Cumpre-me, portanto, em primeiro lugar, apresentar aquilo que qualifico como o *ethos* interno da Comunidade Canção Nova. Por "ethos interno" entendo a consciência atuante e objetivada do grupo social, onde se manifesta a instância de regulação das identidades individuais (Sodré, 2009). Ou seja, a ideologia institucional, o estilo de vida e os padrões de comportamento adotados no interior da comunidade. Esse *ethos* existe enquanto expectativa ideal de comportamento e concretiza-se em maior ou menor medida, dependendo do contexto e das condições criadas pela estrutura comunitária e pelos indivíduos.

A caracterização desse perfil interior permite confrontar a ideologia interna da Comunidade Canção Nova com o conteúdo da mensagem que ela veicula pela televisão. Para isso, tomei por base em primeiro lugar a minha "observação participante" durante os anos de 2008 e 2009. As visitas frequentes à sede em Cachoeira Paulista, SP, permitiram-me conhecer de perto o ambiente de trabalho e os espaços de convivência dos comunitários. Em razão de minha pertença a outra comunidade de vida no Espírito, o acesso às residências, reuniões e ambientes internos foram facilitados.[1] Durante a pesquisa, privilegiei a objetividade científica, porém, na redação, tomei precauções para não expor nada que pudesse constranger os comunitários ou que não se relacionasse diretamente com os meus objetivos científicos.

Na elaboração das análises desta seção, utilizei também a literatura cançãonovista e as constatações de outros pesquisadores, especialmente a tese doutoral de Wagner Ferreira da Silva (2009), sobre a contribuição dos atuais movimentos eclesiais na formação da consciência moral dos indivíduos. A referida tese, de cunho teológico, foi defendida na *Pontifícia Universitas Lateranensis* (Roma – Itália) e serviu-me como referência privilegiada porque seu autor, além de ser sacerdote e formador geral da Canção Nova,[2] utilizou a comunidade à qual per-

[1] Os espaços de convivência da comunidade de vida são distintos dos ambientes de trabalho; nestes, convivem comunitários e funcionários.

[2] O formador geral é a pessoa responsável por todo o processo de formação de membros, desde as etapas que postulam a entrada na comunidade até a formação

tence como objeto empírico de análise, dispondo de amplo acesso aos documentos internos e aos instrumentos utilizados pela comunidade para a formação dos membros.

Os comunitários da Canção Nova percorrem diversas etapas formativas até celebrarem "compromissos para sempre", ou seja, até se tornarem membros efetivos em caráter definitivo. A formação considera cinco dimensões (comunitária, espiritual, humana, doutrinal-catequética e carismática), sendo que durante uma das etapas iniciais – chamada "discipulado" – acrescenta-se a dimensão "profissional". Desde cedo, aqueles que postulam a consagração na comunidade conhecem os seus diversos setores (jurídico, financeiro, comercial, recursos humanos etc.) e são familiarizados com o trabalho midiático (editora, TV, rádio, internet, entre outros). Dessa maneira, "além do conhecimento teórico, o formando [também] tem aulas laboratoriais, de modo a perceber em que área poderá melhor contribuir para a realização da missão da agregação eclesial" (Silva, 2009, p. 249).

Pleiteia-se que o resultado final do processo seja a formação de "homens novos para um mundo novo". Com essa formulação, a Canção Nova alude a seu objetivo tanto interno como externo, pois considera que a mudança social só é possível mediante pessoas renovadas espiritualmente: "Formar homens novos, renová-los, transformá-los, fazê-los chegar à santidade original. É para um mundo novo: novas estruturas, novo sistema de vida, nova ordem".[3]

continuada. Isso implica no trato direto com os elementos teóricos e pedagógicos utilizados para imprimir o perfil dos comunitários.

[3] Esse trecho é do escrito cançãonovista *Nossos Documentos,* citado por OLIVEIRA, Eliane Martins de. A "vida no Espírito" e o dom de ser "Canção Nova". In.

O processo formativo interno é responsável, em grande medida, pela formulação da ideologia institucional que se faz a partir de valores compartilhados e redunda em um estilo de vida próprio (o *ethos* da Canção Nova). Cinco preceitos fundamentais caracterizam esse *ethos*: sadia convivência, depender da providência, viver no Espírito, santidade moral e perspectiva escatológica. Discorrerei sobre eles pontuadamente.[4]

A "*sadia convivência*" é o princípio comportamental que, segundo a ideologia da Canção Nova, deve marcar as relações interpessoais. Ele decorre imediatamente do caráter misto da comunidade, uma das especificidades das comunidades de vida no Espírito. O padre Jonas Abib (1999, p. 58) declara que "desde o início, Deus quis que [a Canção Nova] fosse feita de homens e mulheres, casados e solteiros, sacerdotes e leigos em *sadia convivência*" (grifo nosso). Consoante o fundador da Canção Nova, homens e mulheres morando juntos significa um testemunho cabal da possibilidade de viver castamente mesmo em um mundo marcado pelo erotismo: "Deus quer provar que é possível viver a pureza, viver sem malícia e em sadia convivência, homens e mulheres" (Abib, p. 58).

Pelo que pude perceber mediante a observação e por meio de

MARIZ, Cecília Loreto et al (orgs.). *Novas comunidades católicas*: em busca do espaço pós-moderno. Aparecida (SP): Ideias & Letras, 2009, p. 195-222. Ignoro o meio através do qual Oliveira teve acesso a esses documentos de uso restrito dos membros da Canção Nova.

[4] Obviamente, esse tipo de recorte pode induzir à percepção da comunidade apenas a partir de alguns de seus aspectos. Contudo, só podemos tornar a realidade inteligível utilizando-se de abstrações conceituais. Estou consciente do risco de reducionismo que corro. Todavia, trata-se de um olhar a partir de tendências majoritárias, ou seja, apresento aqui aqueles valores que, segundo minha investigação, emergem mais fortemente na pregação e no dia a dia dos comunitários da Canção Nova.

diálogos com os comunitários, a castidade nas relações é o aspecto mais ressaltado que se sobressai na compreensão do que seja a "sadia convivência". Para eles, esta se concretiza principalmente por meio do equilíbrio afetivo e da disciplina sexual. Obviamente, isso demanda muito esforço ascético, dada a complexidade das relações mistas nos mesmos espaços de convivência.[5] Os comunitários da Canção Nova querem demonstrar que as relações humanas não estão necessariamente condicionadas pela dimensão afetiva sexual, o que representaria um protesto implícito contra a erotização exacerbada, característica da sociedade atual.

A heterogeneidade interna se traduz não apenas pela presença de pessoas de ambos os sexos, mas também por causa dos diferentes "estados de vida" dos comunitários.[6] Assim, há ainda duas polarizações importantes, além daquela referente ao sexo. Trata-se dos binômios: sacerdotes/leigos e casados/solteiros (ou celibatários).[7] Conquanto as comunidades de vida no Espírito reduzam a assimetria entre o clero e o laicato, na Canção Nova, essa dimensão revolucionária reveste-se de certa opacidade, pois a compreensão tradicio-

---

[5] Por ocasião do reconhecimento pontifício da Canção Nova, o Vaticano proibiu que rapazes e moças morassem em uma mesma casa. Contudo, esse fato não impede que os comunitários tenham em comum outros espaços de convivência, como: refeitório, sala de TV, área de lazer etc.

[6] No ambiente das comunidades de vida no Espírito, por "estado de vida" se entende a opção religiosa/civil através da qual o comunitário é identificado na comunidade, normalmente compreendido como uma destas três formas: casado, celibatário ou sacerdote.

[7] Civilmente, os celibatários são também solteiros, mas se distinguem destes porque se afirmam publicamente como pessoas que optaram por não se casarem para se dedicarem mais intensamente ao ideal da comunidade; a rigor, os solteiros não celibatários permanecem abertos a relacionamentos afetivos, embora isso só possa ocorrer, por força de regra da comunidade, com pessoas que também pertencem à Canção Nova.

nal, segundo a qual o sacerdote tem primazia sobre o leigo, tende a ser mantida nas relações interpessoais dos cançãonovistas. Na Canção Nova, desenha-se a possibilidade de que ocorra fenômeno parecido com o que ocorreu na vida religiosa tradicional, conhecido como "clericalização". Isso não é possível do ponto de vista quantitativo, dado o grande número de mulheres e de pessoas casadas na comunidade. Mas pode ocorrer uma clericalização *qualitativa*, pela qual os padres formariam uma casta interna, com primazia (inclusive jurídica) sobre os outros consagrados.

O risco de que se constituam facções com interesses diferenciados e classistas no interior da comunidade é real, muito embora isso não se faça sentir em grande intensidade no momento. Além da possibilidade de que o clero se constitua uma casta privilegiada em relação aos comunitários leigos, articula-se hoje outro embate gerador de tensões: aquele que resulta da polarização casados/solteiros. Isso porque na Canção Nova, assim como na maioria das comunidades de vida no Espírito, existe a possibilidade – inédita no catolicismo – de integrar vida religiosa comunitária à vida em família (Mariz & Aguilar, 2009). Porém, isso não ocorre sem dificuldades.

Como é possível para pessoas casadas assumirem uma vida de pobreza sem transcurar os deveres para com os filhos? Ao professarem obediência aos superiores da comunidade, até que ponto isso tem repercussões na vida familiar e na educação da prole?[8] O que significa o voto de castidade para pessoas

[8] Nas comunidades com as quais tenho contato, identifiquei vários problemas

casadas?[9] Essas e outras questões trazem à tona a nem sempre fácil conciliação entre as exigências da vida comunitária e a autonomia familiar.

Pessoas casadas não se inserem em uma comunidade consagrada com a mesma facilidade que as solteiras. Os encargos da vida matrimonial reduzem a disponibilidade dos casados para os trabalhos missionários, estando estes não raras vezes condicionados ao tempo e à realidade familiar, especialmente ao cuidado com os filhos. Além disso, a natureza da vida em família exige certo grau de privacidade e autonomia nas decisões. Isso obriga o governo da comunidade a permitir maior liberdade para os casados, situação que frequentemente incomoda os solteiros. Estes últimos são mais intensamente submetidos ao rigor disciplinar das regras comunitárias, enquanto que os casais dispõem de sua própria casa e de seu salário ou ajuda de custo (pago pela própria comunidade para custeio e manutenção das despesas com os filhos). Essa relativa assimetria põe em xeque o princípio da sadia convivência.

De qualquer modo, ao defender esse princípio os cançãonovistas não intentam eliminar as tensões no interior da comunidade, apenas promover um comportamento capaz de superá-las. Convivendo com os comunitários, pude constatar

---

decorrentes dessa matéria, especialmente aqueles relacionados à excessiva intromissão dos superiores na vida privada dos membros casados ou, de outra parte, frequentes angústias vividas por estes diante das expectativas de vida dos filhos que vão atingindo a adolescência.

[9] Não identifiquei em nenhuma comunidade de vida no Espírito nada que pudesse distinguir o "voto" de castidade dos comunitários das exigências morais nessa matéria que são feitas pela Igreja *para todos* os católicos; as orientações de pureza, fidelidade e respeito (aludidas como expressões da castidade conjugal) são preceitos gerais da Igreja para os casais batizados. A meu ver, portanto, a castidade nessas comunidades (a não ser para os celibatários) não se constitui em um "voto".

o modo como eles consideram necessária a "sadia convivência" e como se esforçam para promover relacionamentos que, embora longe do ideal pensado, estão bem próximos daquilo que dentro das possibilidades humanas poderia ser considerado desejável. Dessa maneira, eles conseguem externar um testemunho de convivência capaz de atrair pessoas desejosas de uma experiência de vinculação comunitária afetiva forte. Esse é um dos mecanismos de atração da Canção Nova.

Olhando de fora, a impressão que os comunitários causam é de que são iguais em tudo. É essa a percepção daqueles que são atraídos. Entretanto, isso existe apenas enquanto fenômeno (em sentido filosófico). Na base dessa "sadia convivência" estão as diferenças individuais e classistas, sobre as quais se constrói um panorama que aparece para quem está fora da comunidade como uma verdadeira comunhão. O que ocorre é que *a comunidade transcende sua diversificação*, fazendo emergir uma unidade que não pode ser considerada apenas aparente. Ela existe de fato. Mas as diferenças continuam ali e são experimentadas como uma realidade intrínseca à própria vida comunitária (Sousa, 2009).

O segundo preceito do *ethos* interno cançãonovista é "*depender da providência*". Os comunitários acreditam que o próprio Deus é quem os sustenta materialmente, assim como aos projetos e obras empreitadas pela instituição: "Para que a missão da Canção Nova se realizasse, desde o início Deus já mostrava que Ele providenciaria todo o necessário. Íamos depender unicamente da Providência" (Abib, 1999, p. 44). Essa atitude frente à subsistência é considerada a melhor expressão do compromisso de pobreza celebrada pelos cançãonovistas (Silva, 2009).

Os *Estatutos* da Canção Nova indicam que, com isso, os membros da comunidade estão colocando em prática o texto evangélico de Mateus 6, 24-34, que adverte que "não se pode servir a Deus e ao dinheiro" e requisita do fiel viver sem preocupações excessivas em relação a seu sustento material. Isso representaria uma contraproposta aos valores seculares de busca por riquezas: "Num mundo que luta para conquistar segurança econômica, Deus nos impulsiona a arriscar nossa vida no Evangelho: viver uma total dependência da Providência amorosa do Pai. Nossa segurança é Ele. Em cada situação, confiamos: Deus proverá" (Silva, p. 229).

Isso não significa que os comunitários são passivos e acomodados em relação à luta pela subsistência. Pelo contrário, durante uma de minhas convivências com eles, surpreenderam-me o ritmo e a quantidade de trabalho a que se submetem. Em Cachoeira Paulista, são oito horas diárias, além dos muitos compromissos espirituais e reuniões em que precisam estar. Os que trabalham na TV são particularmente exigidos. Os fins de semana também são marcados por muito trabalho, por causa dos "acampamentos de oração".[10] Apesar de todo esse ritmo, os cançãonovistas parecem convencidos de que o sustento material pessoal e da instituição não provém de seus esforços, mas é uma espécie de "acréscimo" decorrente de sua dedicação ao anúncio do Evangelho.

[10] Os cançãonovistas acreditam que têm uma graça sobrenatural para resistirem a esse ritmo e, por causa disso, a disposição para o trabalho está entre os critérios de discernimento vocacional.

O compromisso de "depender da providência" traz consigo um apelo ético capaz de influenciar o modo como os membros da Canção Nova relacionam-se com os bens materiais (Silva, 2009). O ideal de viver apenas daquilo que a divindade pode prover demarca a renúncia às fontes racionais de sustentação, apelando para um estilo de vida livre de compromissos sociais convencionais e, em princípio, antimaterialista: "Isso pode ser interpretado como renúncia à sociedade de consumo ou como um romantismo anticapitalista" (Portella, 2009, p. 176).

Contudo, esse princípio comportamental não é suficiente para emancipar radicalmente os comunitários das expectativas quanto ao futuro e garantias materiais, especialmente quando atingem a idade adulta. O medo de não dispor dos meios necessários para uma vida digna em situação de velhice ou de doença só é minimizado pela segurança proporcionada pela pertença comunitária. Sob essa ótica, os comunitários "vivem da providência" tanto quanto mais estiverem em harmonia ("sadia convivência") uns com outros, situação que lhes confere segurança grupal.

Conforme defende Portella (2009, p. 182):

> viver da providência teria dois lados: um de risco, do viver sem seguranças pré-determinadas, e outro, paradoxalmente, de segurança, de certa segurança ontológica que a *comunitas* dá, que o grupo, envolvido emocionalmente numa mesma causa e numa mesma fé na providência, proporciona, inclusive criando um sentimento de pertença (...) que, talvez, alguns jovens não sentissem em seus lares de origem.

No caso da Canção Nova, a sensação de segurança quanto ao futuro deve-se também a sua (pelo menos aparente) solidez estrutural e financeira. Mantida por uma Fundação que movimenta muitos recursos e que é dona de um patrimônio significativo, os membros da comunidade de vida podem vislumbrar um suporte material maior até mesmo do que aquele de que dispunham em situação de vida secular. Esse elemento pode fazer com que, na vivência de alguns, o "depender da providência" seja mais um padrão *ideal* de comportamento do que uma realidade prática.

O princípio "depender da providência" pode também ser interpretado como o correspondente cançãonovista da "prosperidade" neopentecostal. Frequentemente, os comunitários recorrem a ocasiões em que necessidades materiais foram supridas instantânea e imprevisivelmente, para caracterizarem aquilo que entendem como sendo a "providência de Deus". Esse é o aspecto que mais ressaltam e que (ao que parece) melhor expressa para eles a ação divina nessa matéria. Aquilo que os neopentecostais entenderiam como bênção resultante de um "desafio" a Deus (de *algo* que lhe foi entregue), os membros da Canção Nova percebem como uma intervenção providente da divindade em decorrência de sua fidelidade para com aqueles que a ela se entregam. Trata-se de duas interpretações diferentes (e relativamente assemelhadas) para eventos da mesma natureza.

No programa *Sorrindo pra vida* de 28 de maio de 2009, o depoimento de uma mulher (por email) diz que seu filho estava endividado e tornou-se sócio da Canção Nova. Após isso, ele teria saudado todas as suas dívidas e comprado um carro novo. Subjacente ao testemunho está a ideia de prosperidade tal como verificamos no neopentecostalismo (como fruto da oferta), sendo que, nesse caso, o investimento foi feito na Canção Nova. Na ocasião, Luzia Santiago (apresentadora do programa) não refutou a mulher diretamente, mas atribuiu o milagre à providência de Deus, em uma sutil forma de afirmar o princípio comportamental cançãonovista e opor-se à mentalidade neopentecostal.

Na verdade, a associação oferta/milagre é muito comum na religião. Exemplos disso são as *promessas* aos santos do catolicismo popular. Com a "teologia da prosperidade" essa lógica sacrifical foi ressignificada e levada às últimas consequências. A "providência de Deus" encontra-se entre essas duas posturas. Por meio dela, o fiel espera que a divindade supra suas necessidades materiais, uma vez que ele está a seu serviço: "Buscai em primeiro lugar o reino de Deus e sua justiça e todas as coisas vos serão dadas em acréscimo" (Mt 6, 33). A não concretização da providência divina em determinadas situações pode deixar o fiel confuso em suas convicções.

A "*vida no Espírito*" é outro preceito do *ethos* cançãonovista. Já discorri aqui sobre o significado dessa expressão, advertindo que os membros da Canção Nova não moram juntos apenas porque valorizam a vida comunitária em si mesma. Eles desejam viver, em comunidade, a "vida no Espírito", ou seja, dispor-se à condução imprevisível do Espírito de Deus em um ato de entrega, abandono, intimidade e confiança, oferecendo-se totalmente à missão de evangelizar o mundo (Oliveira, 2009).

Isso implica acomodar-se constantemente às inspirações do Deus Espírito Santo, procurando abdicar do planejamento racional para a vida pessoal e para o serviço apostólico que desempenham. Os membros da Canção Nova buscam fazer tudo "no Espírito", pautando suas escolhas antes nesse princípio do que em um julgamento lógico. É assim que, quando a lógica humana e as supostas inspirações opõem-se uma à outra, não hesitam em optar por aquilo que entendem como sendo a vontade de Deus inspirada.

Contudo, no que diz respeito à ação institucional, esse "abandono" não exclui o planejamento e a execução técnica, por meio de um aparato administrativo maior do que o de muitas empresas comerciais ou mesmo industriais. A Fundação João Paulo II dispõe de uma estrutura cuja manutenção demanda a mão de obra de aproximadamente mil missionários e mais de quinhentos funcionários só em Cachoeira Paulista. Toda essa estrutura está a serviço, sobretudo, da arrecadação de recursos para a manutenção da TV.

A proposição de "viver no Espírito" contém, por outro lado, uma conotação moral. Os cançãonovistas opõem a vida "no Espírito" à vida "na carne", criando na prática o dualismo teórico bíblico de Gálatas 5,19-25.[11] Por causa disso, pleiteiam uma "*santidade moral*" cuja base são os preceitos do catolicismo tradicional. E esse é o quarto preceito do *ethos* cançãonovista que pontuo aqui.

[11] "Ora, as obras da carne são estas: fornicação, impureza, libertinagem, idolatria, superstição, inimizades, brigas, ciúmes, ódio, ambição, discórdias, partidos, invejas, bebedeiras, orgias e outras coisas semelhantes (...). Ao contrário, o fruto do Espírito é caridade, alegria, paz, paciência, afabilidade, bondade, fidelidade, brandura, temperança (...). Se vivemos pelo Espírito, andemos também de acordo com o Espírito".

Por influência de seu fundador, a Canção Nova propalou durante muito tempo o jargão bíblico: "sede santos".[12] O modo como compreendem essa santidade leva em conta, sobretudo, o aspecto moral, especialmente quanto à moral sexual. Isso foi o que pude depreender a partir de minha observação tanto presencial como midiática.

Silva (2009, p. 329) indica que esse é um dos limites do projeto formativo dos membros da comunidade, ou seja, a "preocupação de apregoar a moral católica, sem o devido cultivo do diálogo com a cultura contemporânea" e, nesse ponto, "uma preocupação excessiva com a moral sexual, ressaltando a categoria pecado, como se fosse a única questão inerente a esta dimensão do humano". Em outras palavras, o fato de privilegiar a dimensão erótico-afetiva e enfatizar o controle dessas áreas como expressão de santidade, induz as pessoas, especialmente jovens, a pensar que, cumpridos os preceitos da moral sexual católica, ter-se-á chegado à santificação pessoal. Essa percepção reduz a definição de santidade individual cristã a apenas uma de suas dimensões.

Um exemplo disso é aquilo que entre os comunitários se convencionou chamar de "namoro santo". Trata-se de uma terminologia usada pelos jovens que significa *namoro casto*, ou seja, um relacionamento afetivo no qual o rapaz e a moça procuram não praticar relações sexuais pré-matrimoniais. Em um escrito intitulado *Namorados e noivos na comunidade*, publicado em 2009, o padre Jonas Abib diz que é a vontade de Deus que na Canção Nova se cultivem "namoros santos" ou que os con-

---

[12] Cf. Mateus 5,48.

sagrados "namorem realmente como consagrados". Para isso, Abib propõe diversos meios com os quais os namorados da comunidade devem "se armar na luta contra o pecado": oração, confissão sacramental, comunhão do corpo de Cristo, adoração ao Santíssimo Sacramento, *lectio divina*, partilha com os casais da comunidade, entre outros. Esse comportamento os colocaria em condições de terem não só o "namoro santo", mas também um matrimônio e uma família santificada (Silva, 2009).

Embora a visão de santidade a partir da retidão moral sexual seja reducionista, essa ênfase pode estar sendo motivada pelo excessivo relevo da dimensão erótica na sociedade atual como possibilidade de afirmação da pessoa, independente de qualquer consideração ética a respeito. Sob esse aspecto, o enfoque cançãonovista justifica-se pela necessidade de se contrapor a um princípio comportamental já interiorizado pelos indivíduos que repercute de algum modo na vida interna da comunidade.

Não é de hoje que se constata uma tendência neoconservadora nos movimentos e novas comunidades católicas. Esse neoconservadorismo, interpretado inicialmente como parte de um arquitetado plano do Vaticano que visava conter os avanços da Teologia da Libertação no Brasil, não se revela predominantemente nas tentativas de alinhamento com as orientações de Roma, mas está presente principalmente no aspecto moral. Silva (2009) admite que a Comunidade Canção Nova também se afina com as características dos grupos neoconservadores e que esta oferece um conteúdo doutrinal que é simples reprodução da moral católica, carecendo de uma comunicação em postura de diálogo com a cultura atual.

Outra consequência desse conservadorismo moral é a reprodução de certo patriarcalismo, na medida em que a submissão feminina é reforçada enquanto valor. Embora contribua para a quebra da lógica de dominação masculina ao possibilitar à mulher exercício de funções distintas daquelas do ambiente doméstico (Campos & Caminha, 2009), a Canção Nova não questiona a assimetria homem/mulher. Em matéria de "gênero", esta comunidade pode ser considerada a mais conservadora de todas as grandes comunidades carismáticas brasileiras.

Por fim, vou me referir à *perspectiva escatológica* presente no *ethos* interno da Canção Nova. De maneira singular em relação a outros setores da Igreja, esta comunidade reconhece no mundo contemporâneo sinais visíveis da iminência da segunda vinda de Cristo e consequente consumação da história (Oliveira, 2009). Ela atualiza o discurso teleológico cristão, chamando a atenção para a fase última dessa teleologia.

A perspectiva foi formulada, sobretudo, no escrito *Céus novos e uma terra nova* (1997), do padre Jonas Abib, publicado pela própria editora da Canção Nova e que teve ampla repercussão nos setores carismáticos do catolicismo brasileiro. A visão de Abib nesse livro assume contornos que se distinguem da catequese escatológica comumente explicitada pela Igreja Católica. Ele defende a ideia de que o mundo é dominado pelo Diabo, pois outrora Deus teria enviado o anjo Lúcifer a terra para aprontar a humanidade para a implantação do "Reino de Deus". Esse reino se concretizaria mediante o envio do Filho de Deus ao mundo, que seria rei em um lugar preparado para tal pelo anjo de luz. Nesse sentido, Lúcifer seria uma espécie de precursor de Jesus. No dizer de Abib (p. 27), "a missão de Lúcifer era preparar esta terra para receber o Filho de Deus".

Ainda segundo Abib (p. 27-29), Lúcifer cumpriu sua missão ignorando a intenção de Deus de enviar seu Filho ao mundo. Quando lhe foi revelado "essa parte do plano", o anjo negou-se a continuar servindo a Deus, pois isso implicaria em servir também a um homem e a uma mulher (criaturas inferiores), a saber: Jesus Cristo e a Virgem Maria. Lúcifer teria dito: "[Deus] não vai implantar aqui seu reino! Eu sou o príncipe deste mundo. Tenho um reino aqui. Ele me foi dado". Abib afirma que Deus poderia tê-lo destruído nessa mesma ocasião, mas não o fez porque "tinha constituído Lúcifer príncipe deste mundo, não voltou atrás em sua escolha".

Abib usa o texto bíblico de Lucas 4,5-6 para justificar sua posição.[13] Para ele, o sofrimento de pessoas boas e a prosperidade dos maus têm a ver com o fato de o Diabo ter o domínio do mundo: "porque o príncipe do mundo favorece e dá tudo o que tem a seus súditos" (Abib, p. 30). E ainda: "É importante saber que quem trouxe a dor, o sofrimento, a doença, a miséria, a fome, a morte para este mundo foi o demônio. (...) O mesmo príncipe deste mundo que dá as coisas gostosas causa também toda essa desgraça" (Abib, p. 53).

O fundador da Canção Nova defende que essa situação é provisória, pois "nestes últimos tempos o que está para acon-

[13] "O diabo o conduziu [Jesus] mais alto, mostrou-lhe em um instante todos os reinos da terra e lhe disse: 'Eu te darei todo esse poder com a glória desses reinos, porque é a mim que ele foi entregue e eu o dou a quem eu quiser'".

tecer é a segunda vinda do Filho de Deus" (Abib, p. 32). Abib chega a dizer que *a geração atual* verá o cumprimento das profecias apocalípticas: "Nós e nossa geração veremos isso acontecer. O que está no livro do Apocalipse, capitulo 20, realizar-se-á. O anjo do Senhor virá, acorrentará o inimigo, jogará de novo Lúcifer e todos os seus anjos rebeldes no abismo. (...) Teremos um mundo livre do inimigo e Jesus virá e estabelecerá seu Reino nesta terra" (Abib, p. 37).

Abib entende que a Canção Nova foi escolhida para preparar essa segunda vinda de Cristo. Na *Revista Canção Nova* (n. 52, abril de 2005, p. 3), ele afirma, "com todo o peso da responsabilidade que isso acarreta", que Jesus diz à Canção Nova: "Amo a Canção Nova de maneira especial e se ela for obediente a minha vontade, eu a elevarei em poder e santidade. Ela preparará o mundo para a minha vinda derradeira".

Imbuído dessa missão outorgada pelo próprio Deus à Canção Nova, Jonas Abib desenvolve sua catequese escatológica. Para ele, o "fim do mundo" é o momento histórico em que não sobrará nada: haverá somente céu e inferno. Mas antes deve ocorrer o "fim dos tempos", uma espécie de restabelecimento do Reino de Deus aqui na terra durante um "milênio". Baseado no texto de Apocalipse 20, 4-10,[14] o fundador da

[14] "Vi, também, tronos. Aos que neles se sentaram foi concedido que exercessem o julgamento. Vi ainda as almas dos que tinham sido decapitados por causa do testemunho de Jesus e da palavra de Deus, e os que não tinham adorado a besta nem sua imagem e não tinham recebido a marca na fronte nem sobre a mão. Eles tornaram à vida e reinaram com Cristo durante mil anos. Os outros mortos não tornaram à vida antes que se completassem os mil anos. Esta é a primeira ressurreição. (...) Quando se tiverem completado os mil anos, Satanás será solto de sua prisão e sairá para seduzir as nações que estão nos quatro cantos da terra (...). Mas desceu um fogo do céu e os devorou. E o diabo, seu sedutor, foi precipitado no lago de fogo e enxofre, junto à besta e ao falso profeta. E eles serão atormentados dia e noite pelos séculos dos séculos."

Canção Nova afirma que o "milênio" será "um longo tempo: uma era da história humana" e que não se pode negar que isso ocorrerá: "o que devemos negar são os exageros que alguns, no passado, cometeram. Esse exagero chama-se 'milenarismo' (...). O milenarismo é um erro. A existência de um 'milênio' é uma verdade bíblica. Não se pode jogar fora toda a linda realidade do 'milênio' por causa do erro do 'milenarismo'" (Abib, p. 85). Abib não esclarece a diferença que postula existir entre essas duas interpretações.

Curiosamente, toda essa visão é respaldada por um dos maiores biblistas do Brasil, o bispo emérito de Brasília dom João Evangelista Martins Terra, que escreveu no preâmbulo do livro de Abib (p. 8): "É uma grande consolação poder ouvir a palavra de um Mestre como o padre Jonas, plenamente dócil ao Espírito Santo, abrindo-nos as portas das Escrituras para levar-nos ao cerne da revelação cristã". Dom Terra chega a qualificar a obra *Céus novos e uma terra nova* de "magistral" e comparar o padre Jonas com Santo Inácio de Loyola (Abib, p. 10 e 22).

Os cançãonovistas absorveram muito dessa visão do padre Jonas. Internamente, há um consenso em torno da iminência da segunda vinda de Cristo. Eles seguem a voz de seu fundador que adverte com veemência: "O dia do Senhor está se aproximando. Ele está mais próximo hoje que no mês passado. O Senhor está muito mais perto neste momento do que há um ano. E o tempo está voando" (Abib, p. 99). Antes, porém, Abib diz que deve vir o "anticristo", alguém que se proporá a si mesmo como governador do mundo inteiro e opor-se-á à Igreja. Por causa dessa possibilidade do estabelecimento de um governo mundial contrário ao cristianismo, os cançãonovistas veem com reservas qualquer coisa que denote "globalização".

Frequentemente, a ideia de globalismo aparece associada ao movimento Nova Era. Em algumas de suas pregações, consideradas na comunidade como voz profética e corajosa, o padre Jonas defende que o mundo está caminhando para a concretização do "Reino do Maitreia", uma espécie de predomínio político e religioso de forças anticristãs em proporções mundiais. Esse reino se constituiria, em última análise, em um domínio de Satanás. O surgimento do movimento Nova Era e o processo de globalização seriam sintomas dessa tendência (Oliveira, 2003).

Para se precaver contra esse reino, Jonas Abib aponta a vida em comunidade. Consoante o fundador da Canção Nova, os cristãos devem preparar-se para viver em um mundo dominado por forças anticristãs, acostumando-se a "viver da providência", pois nesse mundo não será possível sobreviver sem aderir ao sistema político e econômico vigente que será, em si mesmo, contrário ao cristianismo. A comunidade representaria uma espécie de "treino" para não depender desse sistema, uma vez que ela acostuma o indivíduo a viver com pobreza, simplicidade e recorrendo apenas ao necessário.

Eliane Oliveira (p. 173) esclarece:

> o padre Jonas Abib e, por conseguinte, a Canção Nova entende que o movimento Nova Era é o disfarce do demônio (...): ele quer acabar com o cristianismo, ser

> cultuado através de uma religião única (...) que será imposta por um único governo mundial, no qual o demônio é o governante. Todos estarão a ele submetidos se quiserem sobreviver na Terra. Ao negarem as estruturas do anticristo, os cristãos sofrerão privações das suas necessidades básicas já que, para ter a assistência do Estado demoníaco, precisavam aceitá-lo. Além disso, serão perseguidos por essa recusa. Tentarão sobreviver em comunidades autossustentáveis até a vinda de Jesus Cristo, que os recompensará e os libertará do poder do demônio.

Essa visão identifica a comunidade como "tábua de salvação", espaço privilegiado de vida espiritual e guardiã do cristianismo autêntico. As comunidades seriam, para usar a expressão de Castells (1999), verdadeiros "paraísos comunais" capazes de resistir à globalização e defender fontes autônomas de conhecimento. Além disso, a comunidade outorgaria a segurança que o sistema econômico não é capaz de fazê-lo, especialmente para aqueles que não compartilham de seus valores. A comunidade seria uma espécie de "precursora da parusia", preparando os cristãos para a consumação da história.

6

O conteúdo da mensagem da TV Canção Nova

O conteúdo da mensagem veiculada por meio da TV Canção Nova não difere substancialmente daquele difundido no interior da comunidade. São os mesmos valores compartilhados internamente que assumem um invólucro midiático e são transmitidos aos telespectadores. Nesse sentido, argumento que a eficácia da TV na vinculação de membros que adquirem sentido de pertença decorre, sobretudo, deste elemento: a Canção Nova comunica aquilo que realmente é, ou seja, os valores e princípios comportamentais adquiridos por convicção e perseguidos como estilo de vida próprio (seu "jeito de ser", com o qual milhares de telespectadores se identificam).

Com efeito, os assuntos tratados e aludidos pelos programas da TV Canção Nova refletem os próprios valores internos ou são seus desdobramentos. Minha observação da programação televisiva mostrou que o *ethos* cançãonovista está explícita ou implicitamente inserido naquilo que veiculam pela TV. Às vezes, subjacente. E, embora revestida de linguagem relativamente espetacularizada, o conteúdo veiculado pela TV é substancialmente o mesmo partilhado internamente pelos comunitários.

Obviamente, o invólucro midiático promove certa mitificação da comunidade, causando a impressão de que ela é completamente harmônica em todas as suas expressões, o que não reflete a realidade. O padre Jonas Abib declarou que "nós somos sabedores disso" (Entrevista, 2 de maio de 2008). Contudo, não há uma ruptura radical entre aquilo que a Canção Nova persegue internamente como estilo de vida e aquilo que ela transmite mediante a TV. A TV Canção Nova não fabrica artificialmente uma mensagem para ser veiculada, mas retira de sua própria experiência comunitária o conteúdo a ser transmitido, ainda que este seja revestido pela linguagem midiática parcialmente espetacularizada.

Conforme minha observação da programação, a "perspectiva escatológica" é o elemento do *ethos* cançãonovista que menos aparece na televisão. Tudo indica que se trata de um assunto que, posto publicamente, poderia trazer constrangimentos e problemas institucionais para a comunidade. Conforme adverti anteriormente, a catequese escatológica do padre Jonas Abib apresenta aspectos que se distinguem do que normalmente é ensinado pela hierarquia da Igreja.

Já o princípio de "depender da providência" é manifestado por meio do próprio modo como os cançãonovistas se organizam e conduzem a programação da televisão. Optando por manter o canal mediante doações, eles procuram fazer crer que a aquisição de recursos é obra da providência divina. Motivam os sócios não apenas a fazer doações, mas também a conduzirem suas vidas com base nesse princípio. Os sócios da Canção Nova devem esperar do alto (embora não passivamente) os dons necessários a sua sobrevivência e sustento.

Igualmente, "viver no Espírito" também aparece como um princípio comportamental não somente interno, mas externado mediante a TV. Nesse caso, o escopo dos cançãonovistas é fazer com que os seus telespectadores adotem o mesmo estilo de vida religiosa e moral que eles, ou seja, que "se entreguem" ao Deus Espírito Santo e dele recebam virtudes e dons. Para isso, os telespectadores contam, sobretudo, com a pregação e com os depoimentos dos comunitários. Embora redundante, o conteúdo e a forma da mensagem cançãonovista exalam convicção, conseguindo influenciar pessoas carentes de uma religiosidade mais vivencial, menos discursiva e ritualística.

Entretanto, do que qualifiquei como *ethos* interno da Canção Nova, talvez o elemento mais presente na programação da TV seja a ideia de santidade moral. A Canção Nova põe em relevo os preceitos morais do catolicismo e tende a privilegiar seu aspecto afetivo-sexual. Silva (2009) indica isso como "outro limite a ser superado" no conjunto da programação televisiva da Canção Nova. Para ele, quando transmite os conteúdos da moral católica, a TV preocupa-se excessivamente com os pecados inerentes à sexualidade humana.

Com efeito, em diversos programas pude observar essa preocupação. A título de exemplo, cito o programa *Minha família é assim*, ancorado pelo casal Nelsinho e Marta Correia. Na terça feira dia 26 de maio de 2009, eles abordaram o tema "Família e sexualidade". Entre comentários diretos e diálogos com os telespectadores por meio do telefone ou da internet, eles reforçaram os princípios da moral sexual católica, descendo a pormenores sobre o assunto. Falaram sobre "a alegria do ato sexual" e afirmaram que a relação fora do casamento não contém essa alegria, pois se trata de um prazer momentâneo. A maneira "aberta" como discutiram o assunto poderia causar constrangimento às pessoas mais escrupulosas na matéria.

Algo semelhante observei no programa *Manhã viva* do dia 29 de maio de 2009. Uma comunitária chamada Edivânia era uma das entrevistadas naquele dia. O assunto era "namoro e noivado". Sua fala expressou a ideologia interna da Canção Nova: "Namoro é conhecimento. Não para conhecer o corpo, mas a pessoa, a alma. No primeiro dia de formação para namorados eu digo isso". No decorrer da fala, ficou evidente que a visão dos cançãonovistas sobre sexualidade não é mitificada nem puritana. Contudo, eles não abrem mão dos princípios católicos, nem mesmo dos mais exigentes como a proibição do uso de métodos anticonceptivos artificiais. "Casamento são filhos", diz Glória Amaral. Ela defende a ideia de que os filhos são constitutivos do matrimônio e aproveita para falar dos métodos naturais de planejamento familiar aceitos pela Igreja. O programa expôs ainda um VT cujo tema foi fidelidade matrimonial.

A meu ver, o maior "limite a ser superado" pela TV Canção Nova talvez não seja a ênfase atribuída à sexualidade e sim a disseminação da ideia de santidade cristã como o resultado de ações negativas, ou seja, daquelas que seriam fruto do "não pecado". Essa visão coloca o mal como *sujeito* e não como uma carência de bem. Na teologia católica, o pecado é uma carência de amor. Diversas expressões religiosas tradicionais, entretanto, propagam-no como se ele fosse um sujeito, diante do qual o indivíduo precisa posicionar-se negativamente, reduzindo a possibilidade de que este construa seu próprio projeto de vida, para além da negação do pecado e como afirmação de sua individualidade e de sua própria fé perante o mundo.

No programa *Sorrindo pra vida* de 29 de maio de 2009, uma pregação de Wellington Silva Jardim (Eto), considerado um dos cofundadores da Canção Nova, ilustra o que estou falando e também exemplifica o modo como essa ideologia é transmitida pela TV. Eto lê um texto do livro bíblico de Eclesiástico e, a partir dele, propõe-se a falar sobre o pecado. Inicia dizendo que toda pessoa deve *fugir do pecado,* pois se não o fizer "é suicídio". A maneira como inicia o discurso revela o que subjaz em sua compreensão a respeito do mal. A partir desse fundamento, ele segue a fala utilizando-se de metáforas para explicar a maleficência do pecado, concluindo que dele provêm muitas doenças: "quantos milhares de pessoas nós conhecemos que está doente porque peca", diz.

A pregação de Eto é emblemática e reflete o conteúdo oratório de várias outras preleções por mim observadas. Porém, nada expressa melhor essa visão de santidade resultada de ações negativas do que o "PHN". O PHN é uma linha de evangelização dentro da própria Canção Nova, destinada especialmente à juventude. Trata-se de uma espécie de filosofia de vida, cujo princípio fundamental é "Por Hoje Não [vou mais pecar]". Concebida, promovida e liderada pelo comunitário Dunga, o sucesso do PHN pode ser atribuído a sua capacidade de atrair jovens com dificuldades de assumir compromissos duradouros e preferindo trabalhar com opções abertas.

Eliane Oliveira (2003, p. 94) considera que a "filosofia PHN" propala que "se é difícil converter-se de uma vez por todas, converta-se aos poucos, a cada dia". Ela sugere ainda que "a proposta PHN, recomendando o estabelecimento de um processo de aprendizado ético-espiritual diário, tende a estimular a tolerância e o perdão de si e dos outros, amenizando a culpa, ressentimento e ansiedade – os quais seriam gerados caso o passado e o futuro fossem os parâmetros temporais absolutos reguladores do cotidiano" (Oliveira, 2003, p. 95).

Dunga é um dos comunitários mais visibilizados na TV Canção Nova, fazendo participações diversificadas em vários programas, além de shows e matérias externas. Mas tem também seu próprio programa (o *PHN*), uma vez por semana, ao vivo, no qual entrevista pessoas que se converteram saindo das drogas, prostituição e outros comportamentos considerados desviantes. Além disso, é principalmente por meio de seu programa que ele promove a ideia de "por hoje não pecar". Chamou-me a atenção uma fala sua no programa do dia 26 de maio de 2009. Ele disse ainda no começo: "Falta apenas uma hora e quarenta minutos para você encostar a cabeça em seu travesseiro e dormir em paz". Era cerca de dez e vinte da noite. Meia noite é a hora em que termina o programa. Dunga tranquiliza os telespectadores: "Foi mais um dia sem pecar".

Segundo Carranza (2005, p. 184), a campanha para educar a geração PHN é um esforço que a Canção Nova realiza para preencher a lacuna entre adesão do fiel às práticas religiosas oferecidas pela comunidade e sua efetivação na vida cotidiana, especialmente em matéria moral. Isso porque "o indivíduo das massas modernas sente-se atingido emocionalmente nelas, mas não obrigado a responder eticamente, a ser afetado existencialmente pelas mensagens nelas proferidas".

Para essa autora, "os dispositivos normativos e doutrinais são frágeis perante a racionalidade, cientificidade, laicização social. Por isso, o apelo a um engajamento pessoal que testemunhe em sentido de vida (por hoje não peco mais!), permite criar uma aura de plausibilidade do cristianismo" (Carranza, 2005, p. 184).

O esforço cançãonovista parece relativamente bem sucedido, uma vez que a filosofia PHN, considerada por Dunga como uma inspiração divina, expandiu-se bastante entre a juventude carismática, propagando-se não só por meio da TV, mas também mediante os "acampamentos PHN" realizados em várias partes do país com ou sem a presença de seu mentor. Além disso, a Canção Nova a divulga por meio do SMS: os jovens podem receber pelo celular uma dica diária de como viver o PHN.

Apesar do sucesso, essa linha de evangelização corre o risco evidente de ser uma proposta construída a partir de uma postura de negação perante algo, podendo conduzir facilmente a um tipo de comportamento baseado em regras que estão fora do indivíduo e que a ele se impõe, sem que este sinta a importância e o valor de tais regras para seu crescimento humano. Nisso reside a fragilidade do PHN, pois é próprio do ser humano fazer renúncias pessoais mas em vista de um bem positivo que, nesse caso, seria a santidade. Caso o indivíduo não consiga conter-se algum dia, o comportamento baseado na "fuga" do pecado pode ocasionar um retorno ainda mais intenso às situações de relaxamento moral, como uma maneira de compensar o tempo em que se esforçou para resistir e que a realidade como que desmentiu ser possível.

A ideia de santidade como negação do pecado é subjacente ao conjunto da mensagem midiática cançãonovista. Silva (2009, p. 312) ressalta o fato quando observa a programação da TV:

> tivemos a oportunidade de acompanhar os programas televisivos produzidos pelos membros da Canção Nova (...). Mesmo sendo produzidos com muita arte e profissionalismo, o conteúdo doutrinal oferecido é simples reprodução da moral católica, o que sem dúvida é louvável. Entretanto, acreditamos que a evangelização e a formação cristã das consciências não dizem respeito à simples doutrinação moral, mas ao encontro com Jesus Cristo. Tal aspecto poderia ser mais evidenciado.

O fato de privilegiar a luta contra o pecado pode estar conduzindo a mensagem midiática da Canção Nova a identificar a ação do Diabo como o principal elemento presente na base dos males ocorridos na vida humana. Observando a programação da TV, pareceu-me evidente esse relevo. Alguns apresentadores e pregadores fazem sua mensagem circular em torno destes componentes: santidade, pecado, diabo.

Em última análise, essa ênfase pode ser entendida como um desdobramento da perspectiva escatológica presente no *ethos* da Canção Nova. Uma vez que os cançãonovistas partilham a expectativa de que o sistema político e econômico do mundo torne-se anticristão, sendo essa nova ordem o resultado da ação demoníaca, é muito provável que daí decorra a natural importância que lhe é dada.

Explicar os males a partir de sua personificação não é algo completamente novo no catolicismo: "Basta lembrar que foi sob o pretexto de possessão demoníaca que a Inquisição alastrou terror e desolação na Europa e Além Mar, desencadeando uma perseguição atroz a todos aqueles, crentes ou não, que, influenciados pelo espírito renascentista, aderissem ou simpatizassem com os valores pregados pela modernidade" (CARRANZA, 2005, p. 350).

A Canção Nova, assim como outros setores do carismatismo católico, resgata essa visão de que existe uma batalha espiritual por trás dos embates humanos cotidianos.[1] Contudo, o modo como a compreende distingue-se da perspectiva do neopentecostalismo protestante. Neste, a luta contra o Demônio obedece a um ciclo de: manifestação do mal, exibição do poder do pastor, nova situação do ex-possesso. Esses três acontecimentos subsequentes colocam o Diabo como causador de todos os males e requisitam a ação da igreja para livrar o indivíduo e colocá-lo em situação de prosperidade. Trata-se de um "ritual performático padronizado" concretizado nas sessões de exorcismo que são constantes nos cultos neopentecostais.

A visão da Canção Nova nessa matéria privilegia a "libertação" em vez dos exorcismos.[2] Além disso, a ação do Demônio

---

[1] Na "Palavra do Fundador" da *Revista Canção Nova* (n. 69, setembro de 2006, p. 3), padre Jonas Abib trata a eleição nacional como "uma tremenda batalha espiritual": "As forças do mal" escreve ele "que foram se estabelecendo e se alastrando por toda a parte, não querem que o Brasil seja a Terra de Santa Cruz. Não querem que os projetos de Deus se realizem em nossa nação".

[2] O exorcismo é uma oração para livrar a pessoa que está supostamente possuída pelo Diabo. No catolicismo, somente sacerdotes formalmente autorizados podem fazer exorcismos. Por sua vez, a "libertação" é um procedimento feito nas ocasiões em que o indivíduo sofre outros níveis de influência do mal: tentação, obsessão ou opressão. No catolicismo, a "libertação" requisita um ato de vontade do sujeito influenciado e pode ser livremente ministrada por leigos.

é vista pelos cançãonovistas como algo subjacente ao cotidiano e à história, não se descartando completamente a influência de outros fatores causadores do sofrimento humano. Os rituais de exorcismos estiveram bastante presentes no início da Renovação Carismática, mas foram diminuindo gradativamente por força do controle hierárquico ou pelo próprio amadurecimento teológico do movimento. Na TV Canção Nova são muitas e variadas as orações de libertação, mas não há exorcismos explícitos oficiados por padres ou leigos.

Por fim, cumpre-me indicar como o princípio comportamental "sadia convivência" aparece na programação da TV Canção Nova. Esse elemento destaca-se por ser importante para atrair pessoas que têm expectativas em relação à vida comunitária ou buscam a segurança que ela pode proporcionar-lhes. Os valores comunitários são reforçados por meio de um discurso em que a Canção Nova é apresentada como um espaço de convivência harmônico e fraterno. "Sou Canção Nova", "Ser Canção Nova é bom demais" e "Faço parte dessa família" são alguns dos jargões utilizados com frequência pelos apresentadores e pregadores da Comunidade. A ênfase constante nesses aspectos positivos do convívio termina por contaminar os telespectadores desejosos de viver essa experiência.

A julgar pela quantidade e pelo teor das mensagens enviadas ao vivo para os programas, os telespectadores parecem captados por essa teia de sentimento de pertença transmitido por via midiática pelos cançãonovistas. Muitas pessoas chegam a manifestar o desejo de morar na Comunidade, ainda que não disponham de condições objetivas para concretizar seu desejo. São variadas as maneiras de fazê-lo: SMS, carta, telefone, questionários de pesquisa etc. Encontrei várias dessas manifestações explícitas nos resultados das pesquisas realizadas por ocasião dos eventos, observando a programação da TV ou durante nosso trabalho no setor de marketing da Fundação João Paulo II, onde, frequentemente testemunhava diálogos dos funcionários entre si, comentando o teor dos e-mails e das correspondências recebidas.

Procurei ainda conversar sobre isso com vários participantes dos eventos ou sócios, muitos dos quais externavam o modo harmônico como concebem a vida na Comunidade Canção Nova. Alguns reagem nitidamente por meio de um sorriso, brilho nos olhos ou suspiro. No limite, soube de casos em que as pessoas simplesmente chegam a Cachoeira Paulista, com bagagem, dizendo que vieram morar na comunidade. Durante minha observação, vi uma mulher bastante aflita sendo atendida por uma comunitária. Quando procurei informar-me sobre as razões daquela tensão na conversa, fui avisado que aquela mulher havia deixado o marido e vindo para Cachoeira Paulista com os filhos, na intenção de morar com os cançãonovistas.

Isso chega a se constituir um problema para os comunitários que, nesses casos extremos, precisam desdobrar-se para convencer as pessoas de que elas estão equivocadas em suas intenções. Todavia, é preciso reconhecer que essas atitudes são geradas pelo próprio conteúdo comunicado via TV, absorvido por algumas pessoas em maior intensidade. Isso porque os apresentadores da Canção Nova exploram o desejo de seus sócios e telespectadores de viverem uma experiência comunitária emocionalmente envolvente, motivando frequentemente as pessoas a virem provar desse "pedacinho do céu".[3] Obviamente, eles se referem aos eventos, mas as pessoas captam aquilo que transmitem a mais: a "sadia convivência" como um estilo de vida atraente.

No fim das contas, os elementos que pertencem ao *ethos* interno cançãonovista aparecem em toda a sua intensidade na programação da TV Canção Nova. Sob o invólucro midiático, esses valores são veiculados com a finalidade de adquirir adeptos, doutriná-los e fidelizá-los mediante a doação financeira. Sobre a *forma* como esses elementos aparecem na TV tratarei a seguir.

[3] "Pedacinho do céu" é uma expressão bastante utilizada por pessoas participantes dos eventos para designarem o que sentem quando estão em Cachoeira Paulista. A terminologia foi incorporada à linguagem dos apresentadores da TV.

7

A *performance* midiática da Canção Nova

Embora não haja uma diferença substancial entre a ideologia interna da Canção Nova e o conteúdo de sua mensagem midiática, este é apresentado em uma linguagem apropriada às demandas televisivas. O conteúdo, portanto, encontra-se revestido de uma *performance*, por meio da qual se explora a subjetividade, a emoção e a espetacularização. Na seção anterior, discorri sobre a mensagem da TV Canção Nova. Nesta, intento apresentar sua *performance,* que entendo como sendo o modo como os apresentadores, pregadores e cantores cançãonovistas comunicam essa mesma mensagem. Alhures, privilegiei o conteúdo; aqui, a forma.

Na entrevista que me concedeu, o padre Jonas Abib reconhece a existência desse invólucro com o qual a Canção Nova procura revestir sua mensagem:

> nossa televisão é evangelizadora, mas ela é uma televisão. (...) O objetivo é evangelizar, mas nós evangelizamos usando aquilo que nós chamamos de linguagem televisiva. Portanto, os nossos programas são formatados televisivamente. (...) Graças a Deus, nossa televisão não perde em qualidade para as outras televisões. Fazemos questão de manter isso. Também tecnicamente, hoje estamos muito bem equipados (Jonas Abib, Entrevista, 2 de maio de 2008).

Nesse particular, quatro aspectos dessa *performance* parecem-me essenciais, são eles: estilo e linguagem familiar, tonalidade vibrante e emocionada das pregações, cotidianização dos milagres e ênfase nos depoimentos.

Durante a observação da programação da TV, impressionou-me a maneira como os cançãonovistas inserem o público no dia a dia da comunidade, colocando no ar não só o que foi "produzido", mas também acontecimentos internos corriqueiros, relacionados com a vida pessoal dos comunitários ou com os projetos institucionais. Os apresentadores trazem para seus programas assuntos e acontecimentos que pertencem ao cotidiano da comunidade, chegando a externar experiências íntimas vividas comunitária ou individualmente. Sem dúvida alguma, isso faz parte de um estilo "familiar" de comunicação capaz de aproximar emissores e receptores e que, na TV Canção Nova, atinge seu grau máximo.

A título de exemplo, cito as falas de Eliana Sá e Dunga em programas exibidos no dia 26 de maio de 2009. Eliana partilhou um grave problema de saúde de que foi vítima, referindo-se, entre outras coisas, à pessoa que cuidou dela quando estava com câncer. Além disso, relatou com detalhes uma recente viagem sua a Fortaleza. Por sua vez, Dunga não teve nenhum receio em declarar em rede nacional: "Ontem à noite, fui à casa de minhas irmãs de comunidade tomar um caldinho".[1]

Outro exemplo aconteceu na missa do dia 29 de maio de 2009, transmitida às 7 da manhã e presidida pelo padre José Augusto (missionário cançãonovista). Naquele dia, a leitura

---

[1] Em outro programa, ele chegou a exprimir reações do foro íntimo.

bíblica fazia referência ao encontro do apóstolo Pedro com Jesus após sua ressurreição. O padre focou a homilia no perdão e na reconciliação, dizendo que "não há reconciliação sem abraço". Em certo momento, ele começa a falar de si e de suas experiências com a raiva e o perdão, testemunhando que "não estava bem nessa semana" por causa de uma indisposição com alguém, mas que na noite anterior tinha ido abraçar a pessoa.

Chamou-me maior atenção o que transcorreu no programa *Manhã viva* do dia 29 de maio de 2009. A apresentadora Glória Amaral conversava com duas moças da comunidade que estavam noivas. O diálogo se inicia a partir do depoimento das duas a respeito do modo como vivenciaram a fase de namoro, para elas o "namoro em Deus". Desenvolvem um raciocínio que privilegia os preceitos católicos quanto à moral sexual, mas acabam admitindo que é importante que o casal sinta atração física antes mesmo do casamento. Nesse ponto, a conversa fica extremamente espontânea e as afirmações passam a ser bastante detalhadas. A impressão que causam é que se esqueceram de que estão na televisão e não na sala de casa.

Essas referências ao cotidiano individual ou comunitário não são eventuais e esparsas, mas uma constante na programação. Quando entrevistam pessoas da própria comunidade, estas falam sem receios daquilo que pertence a seu dia a dia: funções que exercem, onde moram, quem namoram ou com quem são casadas, quem são seus filhos ou familiares, para onde viajarão no fim de semana, entre outras coisas. Informações que não deixam de representar risco para elas próprias, uma vez que o público geral toma conhecimento da vida íntima dos moradores da comunidade. Aliado aos comunicados que fazem a respeito dos recursos financeiros arrecadados, isso oferece um conjunto de informações que coloca em risco a própria segurança dos comunitários, especialmente daqueles que estão em maior evidência. Pelo menos um episódio já ocorreu na Canção Nova, envolvendo uma tentativa de assalto que resultou na morte de um segurança.

Segundo Carranza (2000, p. 264), "esse estilo familiar e não requintado é uma opção da própria produtora, que se propõe a atingir um público popular e simples como alvo". Mas a Canção Nova leva às últimas consequências esse estilo, que se constitui também em uma estratégia de fidelização, uma vez que ele coloca o telespectador em contato com a vida interna e com os ideais da comunidade. Embora a distância, as pessoas vivem as alegrias e os sofrimentos da Canção Nova, fazendo suas as expectativas institucionais.

Essa maneira de comunicar-se é facilitada pelo fato de que a maioria dos programas é produzida ao vivo. Assim, os telespectadores frequentemente entram no ar pelo telefone ou pela internet e dão depoimentos, partilhando sua realidade pessoal e seus sofrimentos. Várias vezes os apresentadores procuram responder e animar o participante, apresentando aspectos de sua própria vida que se assemelham à situação pela qual passa o interlocutor. Dessa maneira, eles criam um vínculo emocional que aproxima o fiel da realidade comunitária concreta.

A exemplo do que aconteceu no programa *O amor vencerá* do dia 29 de maio de 2009. Primeiramente, a apresentadora Luzia Santiago acolhe as pessoas presentes no estúdio.

Ao iniciar a oração com um salmo bíblico, ela diz: "Ontem eu cheguei a casa e encontrei minha geladeira quebrada". Volta-se para a câmera e pergunta: "O que aconteceu hoje que te deixou chateado?" Considera a possibilidade de que tenha sido uma situação de desemprego ou problemas familiares e convida todos a louvarem a Deus. Esclarece ainda que aquela oração não se trata de uma fórmula mágica para resolver os problemas, mas de uma maneira de submetê-los a Deus. O programa segue com orações e, na barra de rolagem, inúmeros pedidos de oração que são feitos pelos telespectadores em tempo real.

A capacidade da TV Canção Nova de produzir programas esteticamente atrativos é menor do que a dos canais seculares. Inclusive porque, conforme adverte Carranza (2005, p. 308), "mesmo que existam os programas de entretenimento nas emissoras religiosas, o que realmente pesa na programação é o componente doutrinal e catequético". Essa limitação obriga os cançãonovistas a lançarem mão da criatividade para espetacularizar sua mensagem. É então que envolvem suas pregações em tonalidade vibrante e emocionada, sendo este outro elemento da *performance* midiática da Canção Nova que destaco aqui.

Como se sabe, a televisão elimina a interface pessoal, mas provoca um contato emocional. Esse contato pode ser mais ou menos intenso, dependendo do nível de envolvimento subjetivo entre o público e os apresentadores do veículo midiático. Entre as comunidades de vida no Espírito que se utilizam da mídia, a Canção Nova é quem melhor promove esse envolvimento emocional. Trata-se de uma expressão performática, pela qual o catolicismo midiático acessa a tradição, porém pela via da experiência subjetiva e não mais por uma imperiosa imposição atávica (Camurça, 2009).

Os pregadores da Canção Nova atraem o público por seu estilo comunicacional vibrante e cheio de emoção. Esse é o invólucro com o qual oferecem um conteúdo doutrinal baseado nos ensinamentos da Igreja e nas inspirações do fundador-profeta da comunidade, o padre Jonas Abib. É interessante que seja o mesmo conteúdo do catolicismo tradicional rejeitado pela sociedade moderna que, revestido de tom emocional, adquira plausibilidade e aceitação. Dessa maneira, os cançãonovistas comunicam aquilo que os preletores tradicionais do catolicismo, com seus discursos racionais e maçantes, não conseguem comunicar, confirmando a hipótese de que os crentes hoje "se deixam mobilizar muito mais pelo sensível e pela emoção do que pelos dogmas e verdades de fé" (Steil, 2001, p. 123).

Para enfatizar *a forma* da pregação cançãonovista, optei aqui por trazer o exemplo de um de seus pregadores mais evidenciados midiaticamente: Márcio Mendes. Leigo casado e formado em teologia, Márcio procura pautar sua pregação no confronto entre a espiritualidade e a realidade concreta do sofrimento humano. Um de seus livros, cujo título é *Quando só Deus é a resposta* (2004), já vendeu mais de 100 mil exemplares.

Consideremos sua pregação no programa *Sorrindo pra vida* do dia 27 de maio de 2009. Ele lê o texto bíblico de Atos dos

Apóstolos 1,6-8[2] e, contextualizando o episódio narrado, faz foco no estado de decepção em que se encontravam os discípulos de Cristo após sua morte. Em seguida, compara esse estado às situações cotidianas de decepções. Essa preocupação de vincular os acontecimentos bíblicos àqueles da vida concreta é uma constante na pregação dos cançãonovistas e responde à necessidade das pessoas de encontrar soluções imediatas para os problemas concretos.

Márcio usa comparações e metáforas, fazendo ênfases discursivas nos pontos em que sua pregação aproxima-se mais da realidade cotidiana das pessoas. Sua fala é envolvente, tanto mais pelo fato de ser acompanhada por um fundo musical suave. Ele diz que as reuniões da Renovação Carismática, onde ocorrem curas e milagres, são emotivas e gostosas porque isso é uma consequência de algo "mais profundo": o batismo no Espírito Santo.

A pregação é seguida de orações, cantos e proclamações de curas. Essas práticas exprimem a tentativa de comprovar, imediatamente após o anúncio, que aquilo que foi dito a respeito da ação do poder de Deus é realmente verdade. Dizer que Deus faz milagres não é suficiente para os cançãonovistas. É necessário provar isso por meio da realização de sinais. Assim, também fazem parte de sua *performance* midiática a oração por curas e milagres e uma atitude expectante diante da possi-

---

2 "Os apóstolos estavam reunidos e lhe fizeram esta pergunta: 'Senhor, será que é agora o tempo em que vais restabelecer o Reino para Israel?'. Ele lhes disse: 'Não vos compete conhecer os tempos e os momentos que o Pai fixou por sua própria autoridade; mas recebereis uma força, a força do Espírito Santo que virá sobre vós; e sereis então minhas testemunhas em Jerusalém, em toda a Judeia e Samaria, até as extremidades da terra'."

bilidade de que Deus intervenha na vida cotidiana deles próprios e dos telespectadores.

Alguns autores consideram que a Canção Nova, assim como outras instituições religiosas, transforma aquilo que seria em princípio intervenções extraordinárias do poder divino, em algo rotineiro, que faz parte da vida cotidiana (Carranza, 2005; Birman & Lehmann, 1999). De fato, os cançãonovistas frequentemente se referem a acontecimentos corriqueiros como sendo "milagres". A meu ver, esse é o invólucro midiático com o qual a Canção Nova transmite a ideia da ação da "providência de Deus". Ela tem origem na pregação do padre Jonas Abib, que considera seu próprio nascimento como "um milagre". Em sua autobiografia, ele escreve: "Milagres. Pequenos ou grandes. Milagres. A consciência de estar vivo todos os dias. A consciência de conseguir driblar as adversidades. Os pequenos acidentes que podem ser fatais. Os grandes acidentes dos quais saímos intactos. Sobreviver. Viver!" (Chalita, 2008, p. 51).[3]

É também na autobiografia do padre Jonas, intitulada *Eu acredito em milagres* (2008), que vários fatos da história da comunidade são referidos como "milagres". O sacerdote fundador da Canção Nova chega a afirmar: "A cada semana era praticamente um milagre que acontecia" (Chalita, p. 242). O próprio conhecimento filosófico é interpretado como um caminho para dar maior crédito aos milagres: "Filosofia é um rico caminho pelo conhecimento, a busca da razão, um instrumento essen-

[3] Na realidade, a autobiografia do padre Jonas foi escrita pelo filósofo e educador Gabriel Chalita; porém, Chalita escreveu tudo em primeira pessoa, como se fosse o próprio padre narrando.

cial para fundamentar melhor o nosso repertório. Era preciso conhecer mais, para acreditar ainda mais nos milagres que nos rondavam todos os dias" (Chalita, p. 94).

A oração por curas e a expectativa por milagres acompanham todo o trabalho evangelizador midiático da Canção Nova. Os temas religiosos são abordados geralmente à luz dessa possibilidade. As pessoas que interagem na maioria dos programas pedem graças ou dão depoimentos sobre como as alcançaram por meio da TV. A própria dimensão da conversão religiosa aparece frequentemente associada a esses supostos sinais.

Carranza (2005, p. 336) adverte que esse tipo de comportamento torna os milagres coisas banais, pois uma vez corriqueiros, "podem ser controlados segundo a fidelidade do crente; com isso a imprevisibilidade, a surpresa, o extraordinário fica de lado, perdendo-se na retórica discursiva". Além disso, a meu ver, a divulgação de milagres funciona como demonstração de força, ao que sucede a requisição de que isso ocorra com a máxima frequência possível, sob pena de comprometer a veracidade religiosa da instituição. Esse tipo de situação pode fazer com que os acontecimentos sejam supervalorizados, para se tornarem extraordinários, uma vez que a publicidade de acontecimentos assim se torna mais necessária do que sua própria ocorrência.

Os cançãonovistas preocupam-se em atestar esses milagres mediante os *depoimentos*. A eles se dá particular ênfase, sendo grande o número de testemunhos divulgados pela televisão. O modo como esses depoimentos vão ao ar denota mais um aspecto da *performance* cançãonovista, o último ao qual me referirei aqui.

Segundo Carranza (2005), a exibição de sentimentos espetacularizados é um caminho que a televisão encontrou para fazer do público o protagonista, com a diferença de que quem participa não representa, mas *apresenta* sua própria realidade. Sob essa ótica, os telespectadores transformam-se em apresentadores de seu próprio drama e essa espetacularização da dor e da aflição seria uma estratégia performática pertencente à própria lógica interna dos programas religiosos.

Mas não é apenas o drama do telespectador que sofre certa dose de espetacularização. A própria ação da divindade recebe o mesmo invólucro. A maneira como se coloca em relevo, bem como a tonalidade com que se faz alusão ao milagre e ao *momento exato* em que Deus age, podem transformar um evento corriqueiro em um espetáculo agradável aos olhos e aos ouvidos. Nesse caso, conta não só a fala do telespectador, mas o modo como o apresentador conduz esse depoimento mediante perguntas e ênfases. Por meio desses depoimentos é também reforçada a legitimidade da instituição como "obra de Deus", não raras vezes servindo de ponte para a requisição de doações financeiras.

Carranza (p. 330) chega a dizer que "a dramatização da dor não deixa de ser um entretenimento barato, esteticamente pobre, ideologicamente conformista". Sua visão é contundente e, sob algum aspecto, pessimista, pois se por um lado esses testemunhos podem provocar ilusões quanto à realidade, por outro, podem funcionar como instrumentos de motivação capazes de encorajar as pessoas a vencerem suas próprias dificuldades. Esse tipo de desempenho responderia à demanda presente na sociedade contemporânea que requisita soluções pontuais em vez de proposições de mudanças estruturais.

Ainda assim, a espetacularização dos depoimentos na TV Canção Nova é menos explorada do que nos programas televisivos neopentecostais. A forma como manipulam ou direcionam os fatos é sóbria, embora procurem sempre destacar os aspectos que reforçam a visão de mundo da instituição. Além disso, enquanto nos depoimentos neopentecostais a prosperidade financeira é o objeto preferido, na Canção Nova são privilegiadas as curas, graças alcançadas e supostas conversões. Os apresentadores também dão destaque às ações de telespectadores em benefício da manutenção da TV.

Alguns autores têm visto nesse comportamento religioso, uma prática assemelhada com o catolicismo popular, uma espécie de pentecostalização desse tipo de catolicismo. Segundo eles, nas experiências religiosas como as da Canção Nova estariam reemergindo um catolicismo laical, milagreiro e não teologizado, que se expressa também por meio das diversas publicações com a intenção de ajudar o povo católico a manter viva a identidade do catolicismo devocional. A centralidade da emoção também perpassaria esses dois universos religiosos (Carranza, 2009; Silva, 2009; Steil, 2001).

Em minha percepção, as práticas da Canção Nova aproximam-se do catolicismo popular na medida em que lançam mão das tradições, simbologias e recursos inerentes a este. As orações de terços, novenas e pedidos de milagres seriam sintomas dessa proximidade. Contudo, para afirmar que existe uma maior semelhança seria necessário medir as expectativas de quem consome os serviços religiosos da Comunidade, especialmente daqueles que contribuem financeiramente para com ela. Isso porque um dos recursos que melhor expressam a religiosidade popular católica são as "promessas" feitas para se obter graças. Perguntaríamos, então: aqueles que contribuem com a Canção Nova o fazem esperando obter retorno em forma de graças? Até onde pude observar, essa não seria a maior motivação dos sócios para contribuir financeiramente com a TV. Além disso, ao contrário do catolicismo popular, o carismatismo da Canção Nova dispensa a intermediação dos santos.

Enfim, explorando esses e outros elementos performáticos, diria que a TV Canção Nova envolve em linguagem midiática relativamente espetacularizada a mensagem da qual é portadora. Essa mensagem é percebida pelos telespectadores, especialmente por aqueles que se tornam sócios, como algo realmente vivido e com o qual se identificam. A forma virtual de vivenciar a espiritualidade por ela estabelecida pode, legitimamente, ser qualificada como "relações comunitárias midiáticas". É exatamente sobre isso que discutirei a seguir.

8

A Canção Nova como comunidade midiática

A Comunidade Canção Nova conta hoje (2010) com cerca de 600 mil sócios.[1] Esse contingente de pessoas distingue-se substancialmente daquilo que poderíamos qualificar de "público consumidor" da Canção Nova.[2] Enquanto este se caracteriza pela efemeridade e fragilidade dos laços, aquele adquire "sentido de pertença" e compartilha, maiormente, dos valores comunitários veiculados pela TV.

O público consumidor da Canção Nova compõe-se em larga medida de pessoas não sócias e conta com um percentual de jovens bastante significativo. Por outro lado, os sócios são em sua maioria adultos cujo consumo de eventos tende a ser mais moderado e a compra de produtos mais motivada pelo desejo de contribuir com a missão institucional da comunidade.

Os sócios da Canção Nova estão fidelizados a ela mediante outra lógica, que é a lógica do *compromisso.* Esse compromisso é com Deus e com a comunidade como "um projeto de Deus". O compromisso é um princípio comportamental mais próximo das relações de tipo comunitário, que exigem maior nível

---

[1] A *Revista Canção Nova* de novembro de 2008 informa que são exatamente 671.356 sócios. No mesmo ano, a própria Fundação forneceu-se o número 567.641. Tudo indica que há oscilações que giram atualmente em torno de 600 mil.

[2] Denomino "consumidor" aquele que usufrui dos serviços religiosos oferecidos pela Comunidade Canção Nova, mantendo com a instituição uma relação marcadamente frouxa de compromisso.

de envolvimento subjetivo e sentido de pertença, para além de uma afinidade meramente consumista.

A respeito da distinção entre público consumidor e sócios da Canção Nova, é possível fazer o seguinte paralelo:

TABELA I – Distinção entre sócios e consumidores da Canção Nova

	Consumidor	**Sócios**
Perfil etário	Maioria jovem	Maioria adulta
Motivação de consumo	Benefício pessoal	Contribuição
Relação predominante	Consumo Efemeridade	Sentido de pertença Compromisso
Meio predominante	Eventos	TV

Não é com o público consumidor que a Canção Nova se constitui uma "comunidade midiática" e sim com seus sócios. Por essa razão, em minha pesquisa, preocupei-me principalmente com esse segmento e com ele apliquei uma pesquisa postal, cujo objetivo principal era caracterizar os tipos de relação estabelecidos com a comunidade. Em agosto de 2009, enviei 25 mil questionários encartados na *Revista Canção Nova*, dos quais retornaram cerca de 1500. Optei por trabalhar com uma amostra de 1.111 questionários, amplitude que assegura uma margem de erro de apenas três pontos percentuais para mais ou para menos.[3]

Os questionários foram enviados para sócios dos seguintes estados: São Paulo, Rio de Janeiro, Minas Gerais, Distrito Fe-

[3] Cf. ARKIN, H. COLTON, R. Tables for statisticians. In. FELIPPE JUNIOR, Bernardo de. *Marketing*. 2 ed., rev., ampl. Brasília: SEBRAE, 1995, p. 21.

deral, Espírito Santo, Goiás e Ceará. O contingente de sócios presentes nesses Estados representa 66% do número total. Os estados foram escolhidos conjugando os seguintes critérios: número de sócios, proximidade/distância geográfica e facilidade de encarte. Aludirei a essa pesquisa utilizando a terminologia "Pesquisa UFCG sócios".

Na *Pesquisa UFCG sócios*, perguntei como cada sócio conheceu a Canção Nova e quantas vezes já a visitou em Cachoeira Paulista. Minha intenção era verificar por qual via principal a comunidade tornou-se conhecida e se as relações presenciais com os sócios são determinantes no processo de envolvimento destes com ela. Vejamos os resultados:

TABELA II – Como os sócios conheceram a Canção Nova

Como você conheceu a Canção Nova:		
TV CN	543	48,9%
Rádio CN	150	13,5%
Portal CN	6	0,5%
Revista	45	4,1%
amigos	269	24,2%
casa de missão	16	1,4%
igreja	33	3,0%
Grupo de oração	121	10,9%
outro	82	7,4%
TOTAL	1111	

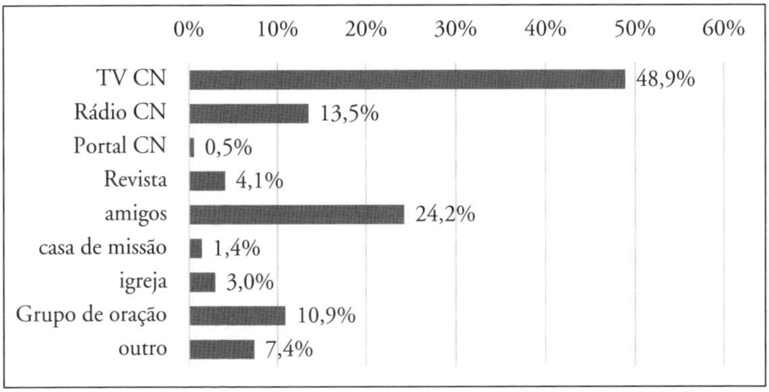

TABELA III – Visitas dos sócios à Canção Nova

Visitas dos sócios a Canção Nova:		
1 vez	179	16,2%
2 vezes	93	8,4%
3 vezes	60	5,4%
4 vezes	48	4,3%
Mais de 4 vezes	160	14,5%
Nunca visitei	567	51,2%
TOTAL	1107	100,0%

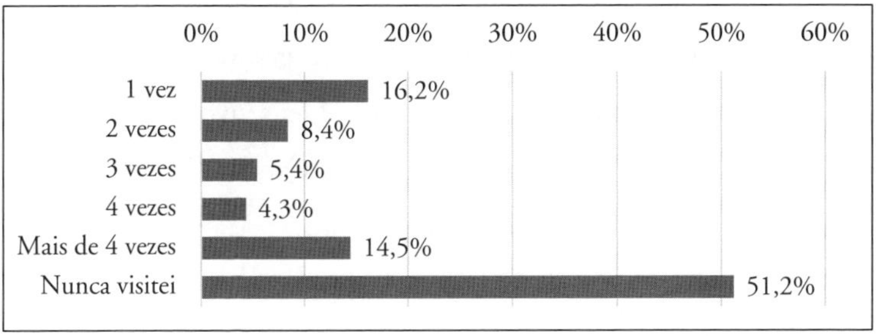

A relação entre a Comunidade Canção Nova e seus sócios é construída predominantemente por via midiática, visto que metade deles nunca visitou a sede em Cachoeira Paulista e a maioria conheceu-a por meio da TV. É de se supor que a comunidade midiática Canção Nova responda às expectativas não correspondidas pela comunidade territorial e/ou pelas expressões religiosas presenciais, pois ao conhecê-la, muitas pessoas *se identificam* com seu "jeito de ser".

Quando comparamos as televisões católicas entre si, observamos que a TV Canção Nova distingue-se de suas similares justamente por conseguir de seus telespectadores um maior nível de identificação. Na entrevista que me concedeu, o padre Jonas declara enxergar essa maior projeção da TVCN, acrescentando o seguinte comentário:

> Um *expert* em marketing esteve conosco dando um curso de marketing. No final, ele perguntava: o que vocês têm de mais precioso? Usando sua nomenclatura, ele perguntava qual era o nosso 'produto'. Nós fomos falando. Quando terminamos, ele disse: "Tudo o que vocês disseram é belo. Mas [o grande produto de vocês] é que vocês oferecem um Deus vivo e vivido por vocês. A comunidade de vocês vive isso'" (Jonas Abib, Entrevista, 2 de maio de 2008).

A percepção daquele especialista em marketing é a mesma que tive ao observar a Comunidade Canção Nova em sua vida interna e por meio da televisão: o que ela apresenta midiaticamente é aquilo que é "vivido" internamente. Esse elemento possibilita que a interação com os telespectadores seja mais intensa. Segundo o padre Jonas, as pessoas absorvem aquilo que é *partilhado* pela comunidade por meio da televisão e isso as atrai.

A *identificação* que os sócios adquirem com a comunidade é o primeiro elemento que os converte em "membros midiáticos".[4] Ela se manifesta por meio da intensidade com que esses sócios absorvem a ideologia da Canção Nova em suas vidas particulares. Embora não controle as vidas de seus sócios, a TV Canção Nova as influencia significativamente, conforme também pude verificar na *Pesquisa UFCG sócios,* na qual inseri duas perguntas com a intenção de medir o nível de influência da TVCN na vida religiosa e pessoal dos sócios. Os resultados foram os seguintes:

TABELA IV – Influência da TV Canção Nova na vida religiosa dos sócios

Concorda com a afirmação "A TV CN influencia minha vida religiosa"?		
Concordo totalmente	892	84,4%
Concordo parcialmente	130	12,3%
Não concordo nem discordo	30	2,8%
Discordo parcialmente	2	0,2%
Discordo totalmente	3	0,3%
TOTAL	1057	100,0%

[4] Os outros dois são o "sentido de pertença" e o "compromisso fidelizado", sobre os quais me referirei mais adiante.

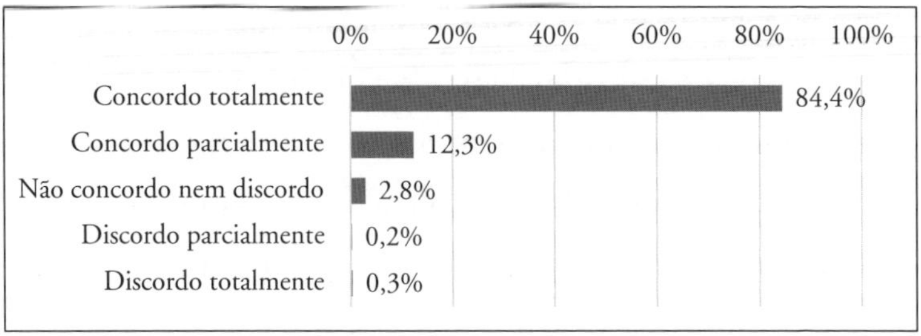

TABELA V – Influência da TV Canção Nova na vida pessoal dos sócios

Para minha vida pessoal, familiar e comunitária, a TV CN é:		
Fundamental	589	56,1%
Importante	429	40,9%
Acessória	25	2,4%
Dispensável	2	0,2%
Indiferente	5	0,5%
TOTAL	1050	100,0%

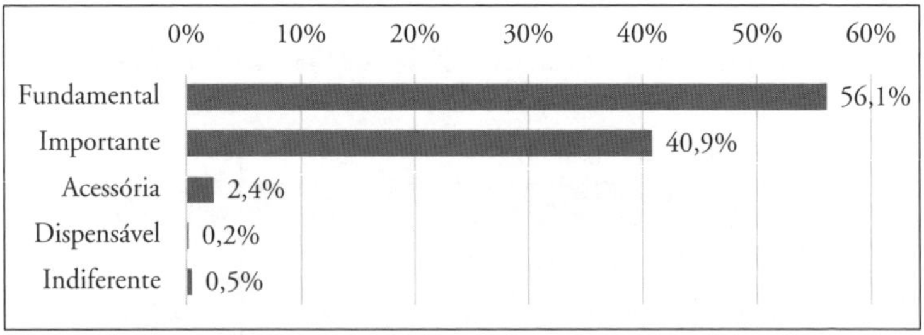

Quase 85% dos sócios concordam *totalmente* com a afirmação de que a TV Canção Nova influencia sua vida religiosa. No que concerne à vida pessoal, familiar e comunitária, 56,1% dos sócios consideram a TVCN *fundamental*. A concentração maciça das respostas nessas expressões pode denotar a intensidade de suas relações com a Canção Nova. Em meu entender, isso pode ser considerado um sinal de que se trata de uma forma de identificação incomum para uma relação midiática.

Nos vários programas ao vivo que acompanhei, os telespectadores (especialmente sócios) entram em contato em tempo real por meio do SMS e frequentemente fazem afirmações veementes a respeito da importância da TV Canção Nova para suas vidas. A exemplo do que ocorreu em uma das vezes em que assistimos ao programa *Revolução Jesus:* alguém encaminhou uma mensagem com o seguinte teor: "Deus me sustenta e me alimenta por meio dessa TV. *Não sei mais viver* sem a Canção Nova" (grifo meu).

Poderia referir-me a diversas ocasiões semelhantes, uma vez que a tônica da programação é sempre a mesma. Se fosse possível, inseriria um vídeo neste livro. Escolheria um programa observado na manhã do dia 28 de abril de 2010, em que um homem de aproximadamente 30 anos foi entrevistado. Ele falou sobre o modo como conheceu a Canção Nova por meio da TV e declarou que "'chorava de alegria', pois teria encontrado algo com o que se identificou profundamente". Segundo seu próprio depoimento, após conhecer a TVCN, passou a conduzir sua vida pessoal em conformidade com os princípios cançãonovistas e testemunhou, ao lado da esposa, o modo como "Deus providenciou" seu casamento. A apresentadora aproveitou para reforçar: "Isso também é providência", disse ela e recomendou aos telespectadores que quisessem casar-se que recorressem a essa mesma providência.[5]

---

[5] Um jargão bastante utilizado na TV é: "Na Canção Nova, nada é coincidência, tudo é providência" (cf. CHALITA, Gabriel. *Eu acredito em milagres*: a história de padre Jonas Abib. 6 ed. Cachoeira Paulista-SP: Canção Nova, 2008, p. 220).

A capacidade que a Comunidade Canção Nova tem de influenciar a vida pessoal dos sócios não é fruto do contato presencial. A tabela abaixo, que cruza dados colhidos em dois diferentes quesitos da *Pesquisa UFCG Sócios*, mostra exatamente isto: que a influência da Canção Nova na vida pessoal dos sócios dá-se predominantemente por via midiática.

TABELA VI – Visitas à CN/Influência na vida pessoal

	Visitas à CN						
TV CN é na minha vida:	1 vez	2 vezes	3 vezes	4 vezes	Mais de 4 vezes	Nunca visitei	TOTAL
Fundamental	56,5%	60,0%	63,6%	51,1%	60,3%	53,9%	56,1%
Importante	41,2%	36,5%	34,6%	44,7%	37,2%	42,8%	40,8%
Acessória	2,4%	2,4%	1,8%	2,1%	2,6%	2,4%	2,4%
Dispensável	0,0%	0,0%	0,0%	0,0%	0,0%	0,4%	0,2%
Indiferente	0,0%	1,2%	0,0%	2,1%	0,0%	0,6%	0,5%
TOTAL	100%	100%	100%	100%	100%	100%	100%

Note-se que os índices de avaliação da importância da TV para a vida pessoal não variam substancialmente quando comparadas as respostas daqueles que já visitaram a Canção Nova (independente do número de vezes) e daqueles que nunca o fizeram. Considero que se o contato presencial tivesse importância substancial nessa matéria, as respostas "fundamental" e "importante" sofreriam variações para mais quanto mais vezes a pessoa visitasse Cachoeira Paulista. Entre as pessoas que nunca visitaram a sede da Canção Nova, 53,9% do total de entrevistados consideram a TV Canção Nova algo "fundamental" e 42,8% "importante" para sua vida pessoal, familiar e comunitária (totalizando 96,7% dos entrevistados que nunca visitaram a Canção Nova).

A aquisição de tal nível de influência sobre a vida dos telespectadores faz com que a mídia religiosa da Canção Nova conquiste uma espécie de "rebanho virtual". Por sua característica, o principal "instrumento de poder" sobre esse "rebanho" é o próprio aparato midiático e seus recursos imagéticos, mediante os quais os telespectadores alimentam sua subjetividade a partir dos modelos interpretativos da realidade que lhes são propostos na TV. Por meio desta, os sócios da Canção Nova fazem um processo de ressignificação religiosa subjetiva de elementos do próprio catolicismo (Oliveira, 2003).

As imagens sempre foram utilizadas pelo catolicismo como instrumentos de evangelização. No contexto atual, aquelas de cunho pictórico parecem estar sendo substituídas pelas imagens televisivas, sendo estas mais atraentes e persuasivas (Schmidt, 2008). A televisão não apenas amplia os efeitos da palavra falada, como, além disso, permite a transmissão de outros efeitos estéticos não verbais (Schaff, 1990) e de sensações que, pelo menos no caso em que estudei, fazem com que os valores transmitidos sejam referenciados pelos indivíduos de modo a transformarem-se em uma de suas principais referências de vida.

Para a Comunidade Canção Nova, a utilização desse recurso midiático significou a ampliação de suas possibilidades de comunicar a experiência comunitária da qual é portadora.

O fato de não depender de empresas patrocinadoras torna a TV Canção Nova ainda mais livre para comunicar sua ideologia tal como ela é, o estilo de vida realmente vivido pela comunidade religiosa presencial. Midiaticamente, os cançãonovistas manipulam elementos subjetivos capazes de criar um ambiente virtual envolvente por meio do qual os telespectadores compartilham dessa experiência. A vivência torna-se "midiática", transformando o espaço televisivo em um espaço privilegiado de experiência do sagrado e de identificação comunitária. Para muitas pessoas, as relações estabelecidas com a TVCN constituem-se um mundo em si mesmo, mundo que se constrói em um ponto entre o real e o imaginário, entre o abstrato e o concreto.

A TV Canção Nova procura criar elos com o telespectador para além do vínculo ídolo/fã, traduzindo-se em uma relação de intimidade. Sua meta final é evangelizar, mas para isso, precisa atrair o telespectador por meio de um modo de comunicação carinhoso e convincente, pois dele depende a continuidade de seu trabalho. A TVCN desenvolveu um padrão específico de atuação midiática que na prática, traduz-se em uma verdadeira relação de *intimidade* com o telespectador.

É interessante escutar, como o fiz durante minhas viagens a Cachoeira Paulista e outras regiões do país, os telespectadores sócios falarem de seus apresentadores preferidos. Referem-se a eles como se fossem seus amigos pessoais. Isso decorre do tipo de interação construída entre a TV Canção Nova e seus sócios. Uma vez que os apresentadores, literalmente, "estão na casa" dos telespectadores diuturnamente e, de certa forma, *partilham* de sua realidade pessoal interagindo diretamente com cada um deles a partir de uma relação de confiança mútua, um forte sentimento de proximidade familiar desenvolve-se nestes últimos, que veem os apresentadores como se fossem realmente "amigos íntimos". Por essa razão, para alguns, visitar a Canção Nova é como visitar um parente.

A intenção da TV Canção Nova é criar laços duradouros com os telespectadores e, se possível, despertar neles um sentimento de pertença. Nesse sentido, posso dizer que a TVCN atingiu plenamente sua meta, ao despertar tais sentimentos e emoções nos telespectadores que são seu principal alvo.

Segundo os estudiosos, uma das características da relação midiática em geral, é sua duração efêmera, pois só existe plenamente no momento do contato. Geralmente, sua duração é proporcional ao tempo em que se permanece no ar. Pois quando a comunicação é interrompida, o contato também o é, e com ele, as emoções mútuas que despertam. No caso da TV Canção Nova, esta já conseguiu uma grande façanha, que é uma comunidade midiática permanentemente ligada por meio de laços duradouros em diferentes partes do Brasil e do mundo.

As relações iniciadas por meio de uma *identificação* com a mensagem televisiva da Canção Nova em geral progridem para um *sentido de pertença*, ou seja, para a noção que os indivíduos têm de que são parte de um todo ou o sentimento de comunhão que cultivam com relação à unidade comunitária pelo qual se consideram de algum modo "semelhantes". Esse é o segundo elemento que alavanca a constituição da "comunidade midiática".

Braga (2006) já havia percebido que a relação que certos telespectadores estabelecem com a TV Canção Nova é algo que vai além do hábito de assistir à programação. Argumento que se trata de um "sentido de pertença" motivado pelo modo como os sócios absorvem e se identificam com a ideologia interna da Canção Nova, a mesma que é comunicada pela televisão. Esse viés foi também identificado pelo padre Jonas Abib. Quando o interroguei a respeito dos vínculos estabelecidos entre a TVCN e seu público, sua resposta foi enfática: "Esse é o *plus* que nós temos. Quando falamos de 'família canção nova', não estamos usando um slogan, mas estamos falando de uma realidade" (Jonas Abib, Entrevista, 2 de maio de 2008).

Considerando o tamanho da população brasileira, o grupo de sócios da TV Canção Nova ainda é pequeno. Ele é composto por um segmento do catolicismo formado por pessoas com um tipo específico de predisposição religiosa que buscavam uma vinculação comunitária mais emocional e repleta de convicção.[6] A TV Canção Nova preenche essa lacuna, além do que, traz a boa nova a sua casa, sem exigir esforços de deslocamento, tão conveniente no corre-corre contemporâneo.

Apesar de pequeno numericamente, o grupo de sócios da Canção Nova dedica à TV particular devoção, conforme pude constatar por meio da *Pesquisa UFCG sócios.* Vejamos as tabelas dos quesitos relativos à frequência com que assistem a ela:

---

[6] Sobre o perfil dos sócios da Canção Nova, cf. SOUSA, Ronaldo José de. *Comunidade e sociedade informacional*: o fenômeno comunitário contemporâneo a partir da Comunidade Midiática Canção Nova. Campina Grande, 2010. Tese (Doutorado em Ciências Sociais). Universidade Federal de Campina Grande, p. 158-161.

TABELA VII – Frequência com que os sócios assistem à TV Canção Nova

Com que frequência assiste à TVCN?		
Todos os dias	639	61,9%
De 4 a 6 dias na semana	109	10,6%
De 1 a 3 dias na semana	198	19,2%
De 1 a 2 dias na semana	50	4,8%
Menos de 1 vez por mês	37	3,6%
TOTAL	1033	100,0%

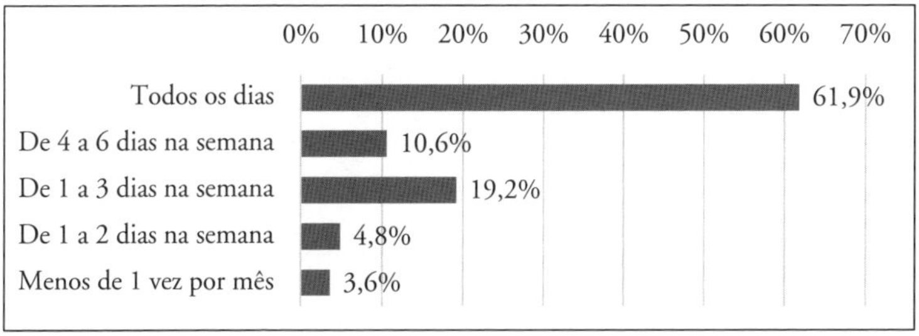

TABELA VIII – Quantidade de horas que os sócios assistem diariamente à TVCN

De maneira geral, quanto tempo por dia assiste a CN?		
Até 1h	208	20,4%
de 1 a 3h	399	39,2%
de 3 a 6h	130	12,8%
mais de 6h	116	11,4%
não assisto todo dia	166	16,3%
TOTAL	1019	100,0%

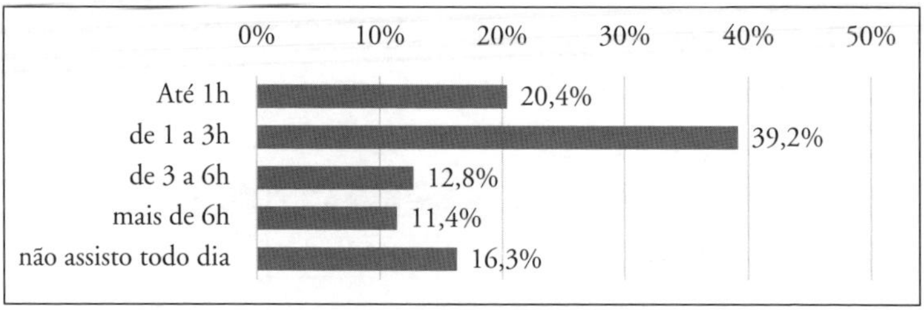

O percentual de sócios que vê a TV Canção Nova todos os dias é de 61,9%. Somados com aqueles que assistem pelo menos quatro vezes por semana temos 72,5% e com aqueles que assistem pelo menos uma vez por semana chegamos a 91,7%. Percebemos, portanto, que a vinculação dos sócios com a TV é muito intensa. Na fase da observação, tanto em Cachoeira Paulista como por meio da TV, ouvi várias pessoas dizerem que, em suas casas, a TV é ligada o dia todo na Canção Nova. Outras afirmam que *só* assistem à TVCN. Dizem isso com veemência, como se quisessem exprimir seu sentido de pertença à comunidade.

É impressionante o índice daqueles que declaram assistir à TV Canção Nova, dedicando-lhe mais de três horas por dia (24, 2%). Além destes, 39,3% assistem entre uma e três horas diariamente e 11,4% chegam a ficar diante da TVCN por mais de seis horas todos os dias. Isso representa um tempo de exposição à mensagem da comunidade suficiente para que se criem os laços comunitários midiáticos. A TVCN angaria um público pequeno, mas que a ela se vincula com sentido de pertença.

As duas informações conjugadas indicam que, embora a audiência da TV Canção Nova seja pequena em relação às grandes redes nacionais, seus sócios dedicam-lhe atenção incomum. É a partir das tabelas VII e VIII que posso afirmar que a TVCN exerce grande poder de formação de opinião sobre seu público, talvez maior do que aquele exercido pelos grandes veículos de massa.

Em relação à concorrência, a Canção Nova não representa nem de longe uma ameaça a qualquer canal secular. Contudo, podemos afirmar que o público que lhe dedica audiência o faz de modo exclusivo ou pelo menos predominante, de maneira que *junto a esse público* a Canção Nova tem maior poder de formação de opinião do que as grandes TVs seculares. É como se ele fosse realmente *seu*, pois a maioria das pessoas que assiste à TVCN é motivada não pelo desejo de entretenimento e sim pela identificação com o ideal da comunidade e pelo sentido de pertença que adquire com relação a ela.

Ser sócio da Canção Nova implica na possibilidade de pertencer a ela, fazer parte dessa "família", sentir-se membro percebido em sua individualidade. Pelo menos é essa a sensação que os cançãonovistas conseguem passar a seus membros midiáticos.

O indivíduo "carrega" consigo a comunidade, exprimindo certo orgulho de a ela pertencer. Oliveira (2002) refere-se ao depoimento de uma participante nos eventos em Cachoeira Paulista que, segundo ela mesma, é elucidativo esse tipo de relação na qual o fiel conduz consigo a proposta comunitária que absorveu mediante a TV e tenta aplicá-la em sua vida pública e privada. Uma mulher teria dito: "Eu não posso ir morar lá na Canção Nova, mas eu e minha família procuramos viver o dia a dia com a filosofia da Canção Nova".

Luzia Santiago (Entrevista ao Portal Canção Nova, p. 2) afirmou que a programação da TVCN "tem feito uma mentalidade, tem construído um povo". Sobre esse "povo", a TV não exerce controle absoluto, porém dispõe de um poder de *influência* incomum, por meio da capacidade de persuadi-lo a aderir a sua proposta comunitária midiática. E isso ocorre também por causa da grande quantidade de tempo que os sócios dedicam à televisão.

Uma vez *identificados* com sua proposta e imbuídos do *sentido de pertença* que a inspira, o passo seguinte para os telespectadores é a *fidelização* como sócios. Os valores comunitários são interiorizados a tal ponto que as relações estabelecidas passam a ser de *compromisso.* Esse compromisso é "emocionado" porque resulta de uma relação que se estabelece com alto grau de envolvimento subjetivo, dado o invólucro midiático com o qual a Canção Nova reveste sua mensagem. Completa-se assim o percurso que os torna verdadeiros *adeptos* da Canção Nova, constituindo com ela uma "comunidade midiática".

A dificuldade de medir objetivamente os níveis de compromisso entre os indivíduos e a instituição é muito grande. Aqui, optei por fazê-lo por meio da contribuição financeira. Entendo que a doação material é representativa da intensidade com que os sócios encontram-se comprometidos com a Comunidade, importando não somente a quantidade de recursos doados mas, sobretudo, as motivações desses sócios para contribuir.

O caso em questão é bastante significativo, uma vez que, mais do que qualquer outra instituição católica brasileira, a

Canção Nova prosperou na arregimentação de sócios contribuintes, chegando já em 2003 a quase 350 mil, o que propiciou uma arrecadação mensal de aproximadamente R$ 6 milhões (Souza, 2008). Em 2010, a arrecadação atingiu aproximadamente 13 milhões mensais. Luzia Santiago não tem receios em afirmar que: "milhões e milhões de reais passam pela Fundação João Paulo II" (Luzia Santiago, entrevista ao Portal Canção Nova, p. 3). O padre Jonas Abib também não: "Pelas minhas mãos passaram milhões, mas eu, graças a Deus, não possuo nada" (Abib, 1999, p. 39).

De maneira geral, as pessoas têm três motivações para fazer doações financeiras, que aqui associei propositadamente à tipologia weberiana das ações sociais. A primeira é puramente emocional, o *encantamento*. Para contribuir financeiramente, as pessoas precisam estar encantadas com o objeto ou com sua finalidade. No caso específico da Canção Nova, trata-se de um encantamento religioso fruto de uma experiência mística que muitas vezes se dá por meio da própria televisão.

Uma característica do encantamento é que ele não tem perenidade, pois dificilmente alguém fica encantado com o mesmo objeto a vida toda. Em uma lógica de consumo ordinária, manter o encantamento exigiria que o produtor estivesse sempre se acomodando às novas demandas que seu público requisita. Isso parece não ocorrer no caso da TV Canção Nova, pois apesar de variar sua programação, ela não se afasta de um eixo fundamental de conteúdo e forma. Além disso, a TVCN está muito longe da capacidade de variação de que dispõem os canais comerciais.

A segunda motivação para contribuir financeiramente são as *razões* utilitaristas. As pessoas devem estar convencidas de que ao fazer doações financeiras obtêm vantagens, ainda que essas vantagens sejam de caráter espiritual. Uma relação utilitarista também se dissipa com certa facilidade, tão logo as pessoas se sintam inclinadas a outras ações racionais referentes a fins. Como se verá mais adiante, os motivos mercenários não são os principais alavancadores das contribuições destinadas à Canção Nova.

A terceira e última motivação para que alguém faça doações financeiras a projetos religiosos (ou não) é a identificação, que neste caso pode transformar-se em *sentido de pertença*. Esse elemento é tipicamente comunitário e acontece quando as pessoas tomam parte na missão da instituição para a qual contribuem. Elas se sentem sujeitos daquela ação e cooperam decisivamente para ela. Nesses casos, as pessoas estão relativamente convencidas de que protagonizam o trabalho institucional, colocando-o entre suas prioridades.

Defendo que essa terceira modalidade – *o sentido de pertença* – é a mais duradoura de todas e que a contribuição fiel dos sócios cançãonovistas resulta, prioritariamente, da perenidade do sentimento de pertença. É a partir dele que se gera o *compromisso fidelizado*. Os sócios fiéis podem ser considerados verdadeiros adeptos da Comunidade Canção Nova, seus membros midiáticos, porque aceitaram esse compromisso com relação a valores.

A TV Canção Nova é o único caso no Brasil de um canal de televisão que é sustentado exclusivamente por seu expectador de forma direta, sem intermediação comercial. Quando perguntado sobre as razões que as pessoas têm para contribuir com a

Canção Nova, o padre Jonas responde: "Porque as pessoas são beneficiadas, elas se dispõem a contribuir. (...) Elas ajudam porque estão sendo beneficiadas e veem o benefício que está fazendo em seus familiares, nas pessoas com quem elas têm contato. Por aquilo mesmo que nós exibimos na televisão (...) elas veem muitas pessoas sendo beneficiadas e é isso que as faz contribuir" (Jonas Abib, Entrevista, 2 de maio de 2008).

A intuição do padre Jonas é baseada na experiência. Contudo, os dados colhidos por mim na *Pesquisa UFCG sócios* apontam para outra direção. Vejamos:

TABELA IX – Razões para contribuir financeiramente com a Canção Nova

Você contribui para a Canção Nova porque:		
É uma obra de Deus	986	34,3%
Evangeliza minha casa	574	20,0%
Sinto-me parte dessa obra	608	21,1%
Sou simpático ao trabalho	299	10,4%
Recebi uma graça através dela	295	10,3%
Outro	113	3,9%
TOTAL	2875	100,0%

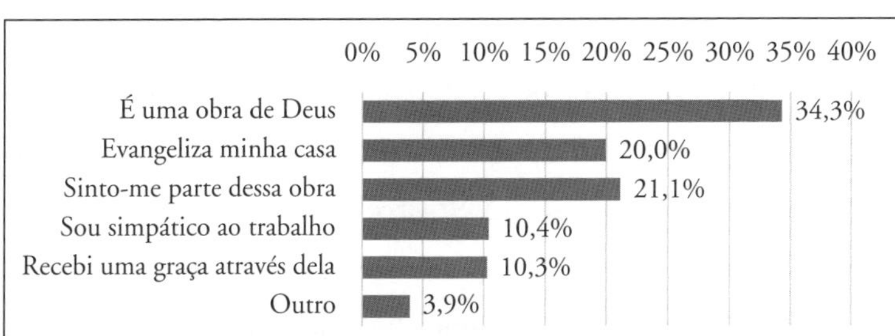

Os dados indicam que as motivações dos sócios da Canção Nova para contribuírem financeiramente vão muito além da expectativa por benefícios ou de uma forma de retribuir aquilo que receberam dela. Note-se que o percentual dos que contribuem porque a consideram "uma obra de Deus" (quase 90%) ou porque "sinto-me parte dessa obra" (54,7%) excede o daqueles que justificam sua contribuição com o fato de que a TV "evangeliza sua casa" (51,7%) ou por "ter recebido uma graça" (26,6%). Essas duas últimas respostas indicam motivos mais próximos da ideia de recompensa, enquanto que as duas primeiras manifestam motivações mais altruístas.

A credibilidade que a Canção Nova tem junto aos sócios, manifestada na resposta "é uma obra de Deus", é surpreendente. Nas condições atuais, em que diversas expressões religiosas, especialmente midiáticas, são rotuladas de "aproveitadoras", essa credibilidade adquirida pela comunidade revela que os laços estabelecidos entre esta e seus sócios extrapolam o âmbito de uma comunicação superficial. Posso afirmar que os sócios não só a identificam como sendo uma obra de Deus, mas também se sentem parte dela, compartilhando do trabalho institucional como se ele fosse uma missão *pessoal*. Esse tipo de relação aproxima-se das relações caracteristicamente comunitárias.

Nos questionários recebidos, frequentemente encontrei para essa mesma pergunta a resposta escrita: "porque ela *evangeliza*". Essa expressão denota o compromisso que os sócios têm com a missão da Canção Nova, exprimindo sua convicção de que, ajudando à TVCN, estão sendo evangelizadores em potencial. Portanto, a estratégia que visa criar nos associados a consciência de que são protagonistas da evangelização tem sido, até o momento, bem-sucedida.

Os dados colhidos em minha pesquisa me fazem crer que as razões que levam um número significativo de pessoas a contribuir com a Canção Nova estão além de fins utilitaristas. Dizem respeito, sobretudo, ao nível de pertença e de compromisso entre os sócios e a comunidade por meio de uma corresponsabilidade partilhada de vida e da missão da qual o sócio sente-se partícipe. A manutenção de uma TV diretamente, sem a intermediação do patrocínio comercial, só é possível porque há uma relação para além da mediação produtor/consumidor.

Entre as TVs católicas, a que mais se sobressai na insistência e na criatividade para arrecadar recursos é a TV Canção Nova. Durante a pesquisa, encontrei várias pessoas de setores carismáticos da Igreja que manifestaram certo desconforto diante da intensidade com que se dão as solicitações de recursos. Alguns acham que seria preferível veicular propaganda comercial a ter que dar tamanha ênfase à arrecadação financeira.

Pelo que pude constatar, optar pela inserção comercial nesse momento (ainda que de forma gradativa) poderia ocasionar um colapso financeiro na Canção Nova. Isso porque a capacidade da TVCN de atrair patrocinadores é mínima, dada sua pequena audiência. Sua força na captação de recursos reside nos vínculos comunitários midiáticos que ela consegue criar com seus sócios. Inserir propaganda comercial poderia intimidar a contribuição desses sócios, uma vez que eles passariam a supor que apenas os recursos advindos de patrocinadores seriam suficientes. A meu ver, a inserção da propaganda com certeza diminuiria sensivelmente (diria mesmo, perigosamente) a contribuição dos sócios, e essa lacuna dificilmente seria suprida pelos dividendos comerciais, uma vez que a audiência da TV Canção Nova é, relativamente, limitada.

É interessante também observar a maneira criativa como a Canção Nova explora novas possibilidades de arrecadação para projetos de expansão. Em março de 2009 iniciaram a construção de uma grande Igreja, chamada "Igreja do Pai das Misericórdias", com capacidade de abrigar 10 mil pessoas. A obra é imensa e demanda muito dinheiro. Para conseguir doações, eles montaram a "campanha do ouro", que consiste em motivar as pessoas a doarem suas peças de ouro para serem revertidas em recursos.

A forma como as pessoas a ela aderem manifesta todo sentido de pertença que dedicam à Canção Nova, sendo os sócios capazes de se desfazerem inclusive de objetos de alto valor subjetivo para contribuírem com o projeto institucional de sua "comunidade midiática".[7] Vejamos esses depoimentos colhidos em diferentes exemplares da *Revista Canção Nova*:

> É com prazer que lhe envio a única peça de ouro que possuo para ajudá-los, uma vez que a Canção Nova tem sido para mim uma fonte de graça e aprendizado (MLZ, Piacatu, SP, n. 72, p. 6).

[7] A "campanha do ouro" já tinha sido utilizada anteriormente para a construção do Centro de Evangelização dom João Hipólito, um espaço de eventos com capacidade para aproximadamente 100 mil pessoas.

> Envio à Canção Nova esses dois pingentes de ouro que simbolizam os dois filhos que tenho. (...) Foi através da Canção Nova que aprendi a rezar, a arrepender-me de meus pecados e a seguir Jesus Misericordioso (JDB, Piracicaba, SP, n. 76, p. 4).

> Assim como a Canção Nova, o nosso casamento também é uma bênção de Deus. (...) Queremos agradecer a Deus pela família maravilhosa que Ele nos permitiu construir deixando aqui nossas alianças (MJR, Montes Claros, MG, n. 77, p. 4).

> Esse anel de formatura tem um valor muito grande para mim, mas meu coração fica muito feliz em poder doá-lo para essa obra (AP, Piquete, SP, n. 82, p. 4)

O nível de comprometimento que esses depoimentos manifestam me permite afirmar que a "campanha do ouro" é não somente um mecanismo de arrecadação de recursos, mas também uma maneira de estabelecer com os sócios relações de ainda maior intimidade. Os depoimentos exprimem a intensidade com que a Canção Nova entra na vida das pessoas, tornando-se uma referência comunitária capaz de redimensionar até os laços familiares, como mostra o depoimento abaixo:

> Estou enviando com muita alegria dois *presentes que foram muito importantes para mim*: uma pulseirinha quando fiz 18 anos e *meu anel de formatura comprado*

com muito sacrifício pelo meu pai quando me formei no magistério. (...) Sou muito feliz *por fazer parte desta família* (SES, Divinópolis, MG, Revista Canção Nova n. 79, p. 4 – grifo nosso).

Para esse depoente, desfazer-se de objetos familiares importantes só adquire significado porque eles estão sendo destinados a pessoas consideradas também de sua família. Esse é um momento em que as relações comunitárias chegam a se sobrepor àquelas que pertencem aos vínculos originários.

De maneira geral, a estratégia de fidelização é recorrer a atitudes altruístas, características de relações de compromisso. A estratégia é permeada pelo compartilhamento da realidade interna, visando aproximar os sócios da vida e da missão da comunidade. Conforme já adverti, os assuntos tratados e aludidos pelos programas da TV Canção Nova refletem os valores internos da comunidade ou são desdobramentos destes. A meu ver, isso torna possível que a Canção Nova não só comunique algo, mas apresente-se como uma opção de engajamento comunitário midiático, diferenciando-se dos outros canais católicos. Isso porque ela consegue atrair pessoas para além de uma relação de consumo, uma vez que estas se comprometem com a missão institucional da Canção Nova a partir de uma identificação inicial que, posteriormente, pode transformar-se em um sentimento de pertença.

O maior crescimento da TV Canção Nova em relação aos outros canais católicos é visível e não pode ser negado nem mesmo pelos cançãonovistas. O fato de a TVCN seguir uma linha exclusivamente evangelizadora seria o maior motivo desse crescimento, bem como seu principal diferenciador em relação aos outros canais católicos. A Rede Vida, a Século XXI e a TV Aparecida procuram fazer um misto de programação religiosa, cultural e de entretenimento. Ora, uma vez que os canais católicos são predominantemente "para católicos", a Canção Nova acaba apresentando-se como uma opção melhor, em razão da intensidade da experiência religiosa encantada que ela comunica. Além disso, as televisões católicas não estão em condições de competir de igual para igual com os grandes canais seculares em matéria de programação cultural e de entretenimento. Quem procura unicamente esse tipo de programação tende a não optar por canais religiosos.

A TV Canção Nova tem uma identidade própria, identidade marcadamente impressa no conjunto de sua programação. Os outros canais católicos não conseguiram imprimir essa característica com a mesma intensidade e clareza. Eles são muito heterogêneos em seus programas, enquanto que a Canção Nova privilegia seu próprio carisma comunitário. A identidade da Canção Nova não é somente uma marca comunicacional, mas uma identidade *religiosa* e *comunitária* adquirida e transmitida com variadas nuances.

Além disso, a Canção Nova é real e presencialmente uma *comunidade.* Os seus membros vivem uma experiência comunitária e a exprimem midiaticamente. A Canção Nova é uma comunidade que se comunica a si mesma em invólucro midiático. Por causa disso, ela adquire *adeptos* e não apenas audientes.

Não é de hoje que a reflexão sociológica ressalta a possibilidade de que a TV funcione também como espaço de socialização e não de isolamento. Alguns autores são enfáticos ao afirmar que, particularmente no Brasil, a televisão tornou-se um espaço de participação na vida conjunta (inclusive política), uma porta para a conexão com a sociedade. Para eles, estar em casa não significa necessariamente ausentar-se do mundo; quando alguém assiste à televisão, pode sentir-se participante da comunidade nacional e universal, adquirindo para si uma identidade que o torna igual aos demais (Martin-Barbero, 1997; Hartmann, 2000; Schmidt, 2008).

Essa possibilidade atinge as últimas consequências no caso da TV Canção Nova. Os apresentadores conseguem irmanar um número significativo de pessoas em torno dos valores da comunidade, de maneira que elas se sentem verdadeiras protagonistas da missão institucional. E ainda que a cooperação dos associados se restrinja, na maioria dos casos, à contribuição financeira, o fato de se sentirem "indispensáveis" à missão indica que eles introjetaram a "identidade Canção Nova" e o sentimento de pertença, vinculando-se a esta também em nível religioso e comunitário.

Isso ocorre também porque a Canção Nova oferece algo que as comunidades territoriais católicas, especialmente as paróquias, não disponibilizam: um ambiente, ainda que midiático, emocionalmente envolvente que contrasta com as estruturas frias e anônimas das comunidades religiosas territoriais. Esse elemento acaba por tornar a comunidade midiática Canção Nova uma alternativa mais viável do que as comunidades territoriais, sob diversos aspectos: maior nível de envolvimento emocional, mais calor nas relações e serviço religioso mais eficiente, uma vez que a TV está presente na vida das pessoas vinte e quatro horas por dia. A Canção Nova "não tem hora, não tem tempo" (Luzia Santiago, Entrevista ao Portal Canção Nova, p. 2). É quase uma onipresença na vida do fiel, situação que dificilmente pode ser alcançada pela comunidade territorial.

Há, portanto, uma substituição (ao menos relativa) da referência comunitária territorial por parte daqueles que se tornam sócios da Canção Nova, como indica este depoimento:

> *Já participávamos de grupos de oração*, mas tínhamos sede em servir a Deus de maneira mais intensa. (...) Ao ouvirmos as pregações do Monsenhor Jonas, *acendeu em nós o desejo* de buscar uma vida de santidade. (...) Viemos em vários acampamentos seguidos e, a partir daí, iniciamos nosso *compromisso fiel*, como associados, e pudemos colher os frutos desta fidelidade. Tivemos nossos quatro filhos, todos educados nos princípios católicos que *aprendemos* com a TV Canção Nova, que entra em nossa casa como *prioridade* desde quando foi adquirida a geradora de Aracaju. Passamos por vários períodos de dificuldades financeiras neste tempo e, através do Terço da Misericórdia e da *Divina Providência*, rezados fielmente junto à TV, foram superadas (CAB, *Revista Canção Nova,* n. 92, p. 6 – grifos nossos).

O depoimento desse casal é emblemático. Note-se que eles já participavam de um grupo de oração, ou seja, já tinham vinculações com uma comunidade territorial. Contudo, essa comunidade parece não oferecer as condições necessárias à otimização da experiência religiosa deles. Esta parece ser fria e sem encanto, ao contrário das pregações do padre Jonas Abib, que lhes despertou "o desejo de buscar uma vida de santidade".

A partir desse e de outros depoimentos, pudemos constatar que o contato entre os sócios e a TV Canção Nova não se limita apenas ao nível subjetivo. Quase sempre esses são levados a assumir um "compromisso de fidelidade", mediante o qual a TVCN passa a constituir-se uma "prioridade" em suas vidas, tornando-se a principal referência de doutrinação da família. No final do depoimento acima vemos ainda um dos mais fortes elementos do *ethos* da Canção Nova: a fé na divina providência, que tudo pode para aquele que nela acredita. No caso do referido casal, teria sido "através do Terço da Misericórdia e da Divina Providência, rezados fielmente junto à TV" que seus problemas financeiros foram superados.

Ora, tudo isso exprime não apenas a confiança e a aceitação incondicional das crenças e valores da Canção Nova, mas também um verdadeiro sentido de pertença a esta comunidade midiática. Posso afirmar que ele resulta de um percurso de conhecimento que os telespectadores fazem com a comunidade, por meio do qual encontram, ao menos parcialmente, a segurança existencial de que não dispõem na sociedade moderna.

Estabelecendo relações que se aproximam do tipo "comunitário", dado o alto grau de sentido de compartilhamento de valores, os sócios da Canção Nova resgatam a pertença comunitária de uma maneira "adaptada" à vida social contemporânea e minimizam os efeitos desestabilizantes oriundos do esfacelamento do sistema comunitário tradicional e das condições criadas pelas novas tecnologias da informação.

Não restam dúvidas de que a interação midiática provoca forte impacto nas tradições religiosas estabelecidas, em alguns casos promovendo um verdadeiro redimensionamento nas práticas das pessoas que aderem às comunidades midiáticas. A meu ver, um dos impactos mais significativos é o rompimento relativo com os laços comunitários territoriais. Segundo Thompson (1999), em termos de participação ritual, o fiel passa a depender cada vez mais da mídia e a diminuir sua participação presencial nas igrejas.

Não estou afirmando que a vinculação com a Canção Nova signifique, obrigatoriamente, a total separação entre o sócio e a Igreja territorial. Em alguns casos por mim observados, o contato com a TV até aproximou a pessoa da comunidade local. A verdade, porém, é que um canal como a TV Canção Nova, oferece ao fiel um modo efetivo de pertencimento de forma mais condizente com as condições do mundo contemporâneo. Por exemplo, ela oferece ao adepto a possibilidade de "ser católico" sem sair de casa, proporcionando aos telespectadores uma espécie de catolicização do cotidiano (Braga, 2006). Do ponto de vista do receptor, a televisão é uma espécie de templo religioso aberto todos os dias em tempo integral. Enquanto na cosmogonia religiosa, o templo é um lugar de ruptura com o cotidiano (ELIADE, 1996), na televisão ele se insere no dia a dia das pessoas.[8]

Ao adquirir a identidade Canção Nova, as pessoas engajadas em comunidades territoriais estabelecem padrões de comparação entre estas e aquela, tendendo a privilegiar e priorizar uma delas, precisamente aquela com a qual se sentem mais envolvidas emocionalmente. No caso em questão, dependendo da consistência ou fragilidade dos laços comunitários territoriais, tudo parece indicar que, para a maioria dos sócios, é com a comunidade midiática que se sentem mais irmanados do que com a comunidade territorial à qual pertencem originalmente.

A Canção Nova procura minimizar o impacto causado pela introdução de sua mensagem na vida dos católicos, pois esse é um dos pontos nevrálgicos de tensão com a hierarquia da Igreja. A TV é acusada de afastar os fiéis das paróquias e redirecionar os seus dízimos. Por isso, os apresentadores evitam confrontar-se com as comunidades territoriais, motivando os telespectadores a frequentarem os templos e pagarem o dízimo em suas paróquias.

Porém, esse incentivo é discreto, uma vez que a comunidade midiática necessita da adesão dos fiéis a seus projetos e eventos. Por causa disso, a recomendação de que as pessoas se engajem em suas paróquias torna-se insipiente diante do entusiasmo gerado em torno das promoções da Canção Nova. A tensão fica velada porque os apresentadores não se opõem explicitamente

---

[8] De fato, em diversas ocasiões em que ligamos a TV para observar a programação da Canção Nova, deparamo-nos com o Santíssimo Sacramento exposto para ser adorado, muito embora estivéssemos no sofá da sala de casa e sem os trajes adequados para uma cerimônia religiosa daquele porte.

às estruturas tradicionais do catolicismo. Dada a situação por mim relatada, não pode ser de outro jeito. A necessidade de firmar a identidade da Canção Nova e de obter *para ela* a adesão de pessoas conduz à elaboração de um discurso que privilegia a participação na comunidade midiática. Mesmo não sendo essa sua intenção, a Canção Nova acaba por se estabelecer como uma concorrente das comunidades territoriais.

Na entrevista que me concedeu, o padre Jonas Abib fez o seguinte comentário a respeito da relação entre a comunidade territorial e a TV Canção Nova:

> Uma vez que nós favorecemos para que as pessoas tenham um encontro pessoal com Deus, elas, voltando para a Igreja, tornam-se capazes de relevar as fragilidades que ela tem. Se não encontrarem ali , na comunidade territorial, tudo o que elas encontram na televisão, elas são capazes de tornarem-se membros participantes da comunidade em que estão. (...) Eu percebo que isso está ajudando as nossas paróquias, as nossas comunidades e as nossas pastorais (Jonas Abib, Entrevista, 2 de maio de 2008).

A percepção do fundador da Canção Nova não está de todo equivocada. De fato, observei pessoas que reavivam sua experiência religiosa mediante a TV e procuram reaproximar-se da Igreja territorial. Contudo, o contraste entre essas duas unidades comunitárias (a midiática e a territorial) é, na maioria das vezes, muito grande. Por isso, de modo geral, em vez de se estabelecer uma relação de complementaridade, passa a existir, pelo contrário, uma tensão entre aquilo que é experimentado mediante a TV e o que se vive na paróquia ou comunidade local. As comparações são inevitáveis e, com elas, os ciúmes e os conflitos de parte a parte.

Por meio da *Pesquisa UFCG sócios* procurei medir os níveis de vinculação dos sócios com as comunidades territoriais. Já sabemos, mediante as tabelas apresentadas anteriormente, que suas relações com a TV Canção Nova são de compromisso e pertença. Qual seria, então, o tipo de vínculo que liga esses sócios a suas paróquias ou comunidades locais? Escolhi três variáveis que podem servir para medir o nível de engajamento dos sócios com suas paróquias. São eles: frequência, atuação pastoral e contribuição financeira.

Apresento em primeiro lugar a questão que diz respeito à frequência dos sócios à Igreja local:

TABELA IX – Frequência dos sócios da Canção Nova à Igreja territorial

Com que frequência vai a igreja?		
"Somente em datas especiais (Natal, páscoa...)"	27	2,5%
Menos de 1 vez por mês	26	2,4%
De 1 a 3 vezes no mês	84	7,7%
Pelo menos 1 vez por semana	427	39,1%
Mais de uma vez por semana	527	48,3%
TOTAL	1091	100,0%

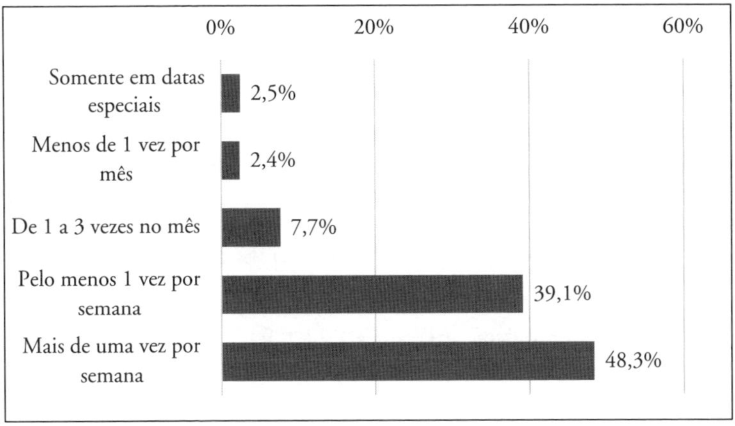

A maioria dos sócios da Canção Nova tem algum tipo de relação com a Igreja local, ou seja, com a unidade comunitária territorial, normalmente representada pela paróquia. 87,4% frequentam a Igreja pelo menos uma vez por semana e quase metade o fazem mais de uma vez semanalmente. Podemos supor que a maior parte dessas pessoas já frequentava suas paróquias antes mesmo de conhecerem a TV Canção Nova, uma vez que 77,9% dos sócios já eram católicos praticantes. Provavelmente, uma pequena parcela de pessoas (cerca de 10% dos sócios) reaproximou-se da Igreja após ter reavivada sua experiência religiosa mediante a TV.

Esses dados induzem a pensar que a Canção Nova não afasta as pessoas de suas práticas religiosas territoriais, chegando a relativizar a ideia de que a TV promove uma religiosidade privada e intimista. Entretanto, a frequência não significa necessariamente participação ativa ou comprometimento. Daqueles que vão à Igreja toda semana, não se pode afirmar nem mesmo que vão *à mesma* Igreja. Daí a precaução que tomei acrescentando as variáveis "atuação pastoral" e "dízimo". Vejamos os dados referentes à primeira:

TABELA X – Atuação pastoral dos sócios da Canção Nova

De qual movimento ou pastoral da igreja participa?		
Renovação Carismática	320	22,9%
Comunidade carismática	94	6,7%
pastorais	256	18,3%
Apostolado da oração	151	10,8%
Grupo de jovens	34	2,4%
focolares	3	0,2%
ECC	67	4,8%
não participo	345	24,7%
outros	126	9,0%
TOTAL	1396	100,0%

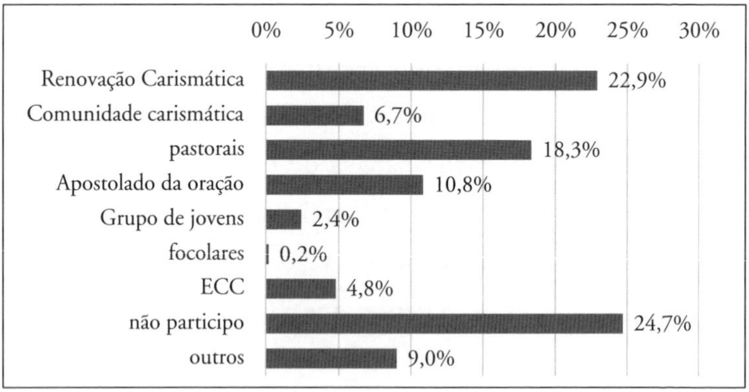

Há um percentual significativo de pessoas que não atuam em nenhuma pastoral ou movimento, indicando que pelo menos uma parcela dos sócios da Canção Nova (31,1%) não está propriamente engajada em uma unidade comunitária territorial, embora possa frequentar o templo regularmente. Podemos supor que essas pessoas alimentam sua vida religiosa predominantemente pela TV. Com base nas tabelas IX e X, é possível afirmar que a relação midiática com a Canção Nova não induz, necessariamente, à ruptura da relação do sócio com a unidade comunitária territorial, contudo, pode contribuir para intimidar seu engajamento pastoral.

Quanto à contribuição financeira dos fiéis em suas comunidades territoriais, a *Pesquisa UFCG sócios* revela um índice relativamente alto de sócios não dizimistas:

TABELA XI – Sócios da Canção Nova dizimistas

Você é dizimista em sua paróquia?		
Sim	792	78,6%
Não	215	21,4%
TOTAL	1007	100%

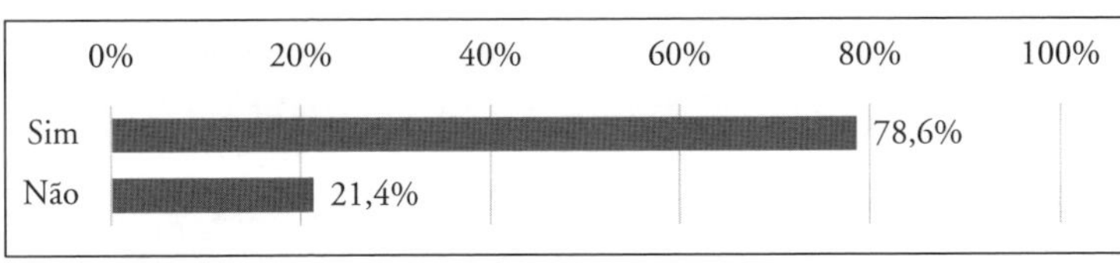

O índice de sócios não dizimistas (21,4%) também aponta para um relativo afastamento dos sócios de certas obrigações para com suas comunidades territoriais, uma vez que aproximadamente 1/4 se sente desobrigado de contribuir financeiramente com suas paróquias. Contudo, a vinculação com a Canção Nova, por si só, não seria o único fator responsável pelo desinteresse dos católicos de contribuir financeiramente com as unidades comunitárias territoriais. Tudo leva a crer que é a fragilidade dos laços que os unem a estas comunidades que os induz a privilegiar a Canção Nova em detrimento de suas paróquias. No trabalho de campo, várias pessoas declararam que suas doações à TVCN são bastante superiores numericamente ao montante destinado à Igreja local.

Na sociedade contemporânea, as pessoas tendem a contribuir financeiramente não por tradição e sim quando se sentem motivadas para tal. A doação financeira será cada vez mais um sintoma de pertença. Os membros de uma comunidade territorial que não encontram nela o ambiente comunitário favorável a sua experiência religiosa, após adquirirem sentido de pertença à Canção Nova, rompem relativamente com a comunidade local. E o reflexo disso é o redimensionamento ao menos parcial de suas doações.

Estou convencido de que há uma relação de conflito entre a comunidade midiática e a comunidade territorial. No caso da Canção Nova, o sócio pode até tentar conciliar, mas não tem como se eximir dos contrastes. A comunidade midiática Canção Nova constitui-se, portanto, em uma espécie de referência comunitária com a qual os seus sócios mantêm uma relação que, embora não exclusiva, afeta as relações comunitárias locais.

Com isso, completa-se a função dos programas religiosos de serem uma comunidade "enquanto conjunto de operações complexas que envolvem interesses, objetivos, pessoas, projetos, interações sociais e mediações de comunicabilidade" (Carranza, 2005, p. 302).

Quando falo da Canção Nova como "comunidade midiática", estou referindo-me à natureza das relações estabelecidas entre a instituição e seus sócios, que são relações de compromisso e pertença que se aproximam do tipo "comunitárias" e que são sustentadas predominantemente por meio da televisão e independentemente das relações presenciais. Não estou defendendo que a comunidade se constrói em um ambiente virtual abstrato, sem que os sócios a referenciem levando em conta também seu espaço territorial, sobretudo, sua sede em Cachoeira Paulista.[9]

O fato de as relações estabelecidas entre a Canção Nova e seus sócios serem predominantemente midiáticas não significa que as relações presenciais e o espaço territorial não tenham importância na construção do sentido de pertença comunitária. Assim como não entendem a Comunidade independente de sua ação televisiva, os sócios da Canção Nova também não a compreendem separada de seu elemento territorial.[10]

Sinteticamente, podemos caracterizar o percurso feito pela Canção Nova para estabelecimento da "comunidade midiática" da seguinte maneira: em primeiro lugar, ela se constitui como "comunidade", transmitindo pela televisão a experiência comunitária vivida internamente (e não outra) sob um invólucro midiático. Nesse particular, a Canção Nova não eco-

---

[9] Até porque é *da sede* em Cachoeira Paulista que a Canção Nova emite sua mensagem, apresentando o estilo de vida dos cançãonovistas *ali* residentes.

[10] Sobre as relações dos sócios com o território da Comunidade Canção Nova, cf. SOUSA, Ronaldo José de. *Comunidade e sociedade informacional*: o fenômeno comunitário contemporâneo a partir da Comunidade Midiática Canção Nova. Campina Grande, 2010. Tese (Doutorado em Ciências Sociais). Universidade Federal de Campina Grande, p. 201-202.

nomiza na *performance*, lançando mão dos recursos imagéticos da TV e criando uma espécie de ambiente virtual emocionalmente envolvente. Com isso, ela introduz seu público no dia a dia da comunidade e coloca os telespectadores em contato com seu *ethos* interno.

Por sua vez, os telespectadores (pelo menos uma parte deles) *identificam-se* com esse estilo de vida, a ponto de construírem com a comunidade uma relação que não se caracteriza como uma relação de consumo, mas de pertença. Esse público se associa à Canção Nova e interage com ela por meio das mídias conectadas. Nela encontra um ambiente comunitário, ainda que midiático, que contrasta com a frieza das relações comunitárias religiosas territoriais.

Uma vez que os sócios adquirem *sentido de pertença*, a Canção Nova requisita deles um *compromisso fidelizado,* ou seja, a corresponsabilidade para com sua missão, que deve manifestar-se especialmente por meio da doação financeira. Motivados pelo entendimento de que a Canção Nova é "uma obra de Deus", os sócios aderem prontamente ao apelo cançãonovista e sentem-se protagonistas de sua missão institucional. O percurso é, portanto: identificação, sentido de pertença e compromisso fidelizado (que plenifica a adesão comunitária).

A adesão é emocionada e fiel. Estabelece-se, então, uma interação bastante intensa, mediante a qual os valores cançãonovistas são absorvidos em certa medida pelos seus sócios e por eles propalados. Esses rompem relativamente com as unidades comunitárias territoriais e colocam a Canção Nova entre suas prioridades, uma vez que a consideram algo fundamental em suas vidas.

O que existe entre a Canção Nova e seus sócios são relações que se aproximam do tipo "comunitárias" porque: a) um conjunto de valores é compartilhando por comunitários e sócios; b) existe interação, ou pelo menos uma "quase-interação"; c) as relações são relativamente estáveis e outorgam certa segurança existencial, embora não haja instrumentos de controle; d) os sócios são *adeptos* e não apenas contribuintes ou consumidores.

Igualmente, essas relações são "midiáticas" porque: a) estabelecem-se predominantemente por meio de mídias, especialmente a televisão; b) a comunidade é relativamente desterritorializada, pois os membros estão dispersos em várias partes e unidos entre si por meio de um ponto comum midiático; c) permitem ao indivíduo manter um raio de autonomia individual, podendo ele a qualquer momento escolher continuar ou não na comunidade.

Essa interação dá origem à "comunidade midiática", caracterizada como uma rede de pessoas unidas entre si por meio de uma mídia. "Comunidade midiática" pode ser conceituada como um agrupamento humano cujos membros estabelecem relações sociais próximas do tipo "comunidade" por meio de um meio de comunicação moderno. Esse tipo de comunidade está fundamentado em vínculos de pertença que se sustentam midiaticamente, independente das relações presenciais. A mídia por meio da qual se estabelecem os contatos não é um simples suplemento das relações sociais preexistentes, mas algo que possibilita a criação de novas maneiras de interagir e compartilhar valores.

Contudo, a pertença midiática não deve ser entendida em sentido tradicional. Ela se traduz em *compromisso* que depende da mídia para se manter. O caráter "midiático" da relação confere ao adepto um grau de autonomia muito maior do que teria se estivesse inserido em uma comunidade territorial. Além disso, a adesão à nova comunidade comporta um processo prévio de identificação com a ideologia do grupo, processo este que cumpre um postulado fundamental da modernidade segundo o qual uma identidade deve ser *escolhida* pelo indivíduo.

Na comunidade midiática, o pertencimento desenvolve-se no interior da própria interação mediada tecnologicamente e responde, possivelmente, ao desejo simultâneo que tem o indivíduo contemporâneo de pertencer a uma comunidade delimitada e, ao mesmo tempo, vivenciar uma experiência religiosa subjetiva e desinstitucionalizada. Essa tendência híbrida tem sido demonstrada por alguns autores, que apontam para o anseio das pessoas por segurança existencial e autoproteção em meio à fragmentação provocada pela globalização e pela virtualização cultural (Castells, 1999; Maffesoli, 1996).

Para alguns autores, a esperança de que uma rede midiática possa criar comunidades mais eficazes e úteis do que as antigas comunidades geográficas é um equívoco (Casalegno & Kavanaugh, 1998). Na verdade, não trabalho aqui com essa hipótese. A comunidade midiática não é uma superação ou ressignificação da comunidade tradicional, nem mais útil ou mais eficaz do que esta. Ela é uma experiência diferente, que proporciona maior autonomia aos indivíduos, mantendo-os relativamente livres do controle comunitário tradicional. Ao mesmo tempo em que concentra relações humanas intensas, oferece, em certa medida, a sensação de segurança tão requerida pelo indivíduo moderno.

A comunidade religiosa midiática televisiva conjuga liberdade e segurança. O fato de pertencer a uma unidade comunitária que disponibiliza uma quantidade razoável de serviços vinte e quatro horas por dia, oferece aos membros virtuais um bom nível de confiança e segurança, pois estes sabem que a qualquer momento a ela podem recorrer quando afetados pelas intempéries da vida. Ela se constitui em uma comunidade de toda hora. Por outro lado, a relativa fluidez dos laços criados via televisão atribui a esse mesmo indivíduo a capacidade de decidir até que ponto deseja submeter-se às exigências da comunidade e aderir a suas propostas.

Em princípio identificada como desinstitucionalizante, a religiosidade contemporânea parece, na verdade, conter novas formas de organização e/ou transformações nas instituições tradicionais (Mariz, 2003). Pelo menos no caso da Canção Nova, a religiosidade midiática é em grande medida institucionalizadora, uma vez que não apenas promove práticas privadas, mas origina uma rede comunitária midiática. Esse tipo de comunidade é exemplar do modo como se apresenta o fenômeno comunitário contemporâneo, sobre o qual discorro no capítulo seguinte.

Capítulo III

O Fenômeno Comunitário Contemporâneo

1

Características do fenômeno comunitário contemporâneo

A sociedade contemporânea apresenta um paradoxo quanto às expectativas dos indivíduos: se por um lado, eles afluem para experiências comunitárias em busca de segurança existencial, por outro, não parecem dispostos a renunciar radicalmente a liberdade conquistada a duras penas e que os mantém isentos de um rigoroso controle social. O anonimato da vida moderna resguarda os indivíduos das convenções estritas e da censura comunal (Scherer, 1973). Os fundamentalismos religiosos, por exemplo, costumam amedrontar porque assumem ares de oposição às liberdades individuais.

Esse paradoxo ratifica a opinião de que o fenômeno comunitário atual não pode ser qualificado de um "retorno à comunidade", quiçá, nem mesmo aquelas experiências marcadas por elementos tradicionais e ideologias conservadoras. Hervieu-Léger (2008) afirma que, apesar das guerras, catástrofes econômicas e experiências totalitárias vistas ao longo do século vinte, supostamente como fruto da visão de progresso da modernidade, os valores fundadores dessa mesma modernidade ainda permanecem muito vivos nas sociedades atuais. Diria que a autonomia individual é uma conquista social que não pode ser suprimida em favor do resgate de um protótipo comunitário praticamente superado historicamente.

Então, como responder aos indivíduos que demandam novas formas de agregação comunitária sem renunciar à individualidade? Como resolver esse paradoxo da atualidade? Melhor dizendo: como esse dilema *está sendo resolvido* na sociedade contemporânea? O que caracteriza a experiência comunitária que os indivíduos estão vivenciando, uma vez que não estão dispostos a se submeterem completamente ao controle grupal? No que segue, procurarei responder a essas perguntas.

De acordo com a minha percepção, as experiências de vida comunitária da contemporaneidade não reproduzem o modelo do passado, mas procuram oferecer aos indivíduos aquilo de que eles sentem faltam – a saber: segurança existencial e sentido de pertença – sem exigir de tudo que abram mão de suas conquistas históricas: autonomia e individualidade. Como isso é possível? Pela configuração de um quadro híbrido, às vezes ambíguo, em que o controle e a incidência da comunidade sobre a vida pessoal são apenas relativos, influência que é proporcional ao nível de compromisso que a comunidade conseguir angariar de seu partícipe em relação a ela.

Essa é, por assim dizer, a principal característica do fenômeno comunitário contemporâneo: as agregações comunitárias *restringem apenas parcialmente a autonomia dos indivíduos.* A despeito das análises que pleiteiam um retorno às formas estruturais do passado, seria ingênuo pensar que essa grande conquista da modernidade (a autonomia pessoal) pudesse ser posteriormente descartada como algo inadequado ao homem e à sociedade.

As comunidades contemporâneas estão como que obrigadas a oferecer segurança sem eliminar completamente as liberdades individuais. Na situação social de hoje, os indivíduos sentir-se-iam agredidos, caso lhes fosse negada por completo sua condição de sujeitos. As comunidades que optam por submeter totalmente a elas as vontades de seus membros contraem para si um ponto vulnerável. Ainda que adquiram adeptos incondicionais em um primeiro momento, mais cedo ou mais tarde, eles poderão sentir falta de sua autonomia, momento em que a tensão entre ambos voltará com vigor incontrolável.

As comunidades do passado não eram apenas coercitivas, mas também intrometidas (Drucker, 1998). Elas podem ser descritas como "comunidades compulsórias". Esse tipo de comunidade só tem funcionalidade em contextos sociais nos quais as pessoas possuem poucas alternativas. O mesmo estilo pode ser um desastre nas situações em que os membros da comunidade estabelecem relações fora de seus limites e podem abandoná-la sem aviso e com pouco custo pessoal.

No passado, quando uma pessoa era rejeitada por sua comunidade, ela corria o risco de sentir-se perdida em sua própria identidade e ter dificuldades de reencaixe social. No mundo atual, a possibilidade de se desfazer de uma identidade e adquirir outra foi ampliada, muito embora, no caso de uma identidade *comunitária,* isso dependa de um percurso nem sempre fácil de ser reiniciado. Conquanto possa ser adquirida ou descartada, a identificação não é automática, depende de um trajeto de conhecimento.

De qualquer modo, essa possibilidade foi ampliada devido às relações que os membros inevitavelmente estabelecem para além dos limites simbólicos da comunidade, obviamente facilitadas pelas tecnologias da informação. Tais vínculos externos funcionam como uma espécie de reserva, para o caso de os membros serem voluntária ou compulsoriamente excluídos da comunidade em que vivem. Na sociedade contemporânea, para manter seus membros, a comunidade deve provar seu valor tanto quanto, ou mais que, estes devem mostrar seu valor a ela (Goldsmith, 1998).

A relação assimétrica que havia entre comunidade e indivíduo foi em certa medida invertida. Ou pelo menos foram criadas as condições para que se estabeleça um equilíbrio. Isso ocorre não só porque os indivíduos estão em condições de deixar, a qualquer momento, a comunidade à qual pertencem, mas também porque podem questionar sua estrutura e seu governo, uma vez que dispõem de capital de conhecimento suficiente para isso, capital este, em grande parte, adquirido mediante os contatos midiáticos.

Com efeito, uma situação menos assimétrica entre comunidade e indivíduo tende a provocar maiores conflitos internos. Todavia, esses conflitos podem ser considerados como algo positivo, que concorre para o próprio estabelecimento da unidade grupal, pois certa quantidade de discordância interna está organicamente vinculada aos elementos que, em última instância, mantêm o grupo ligado (Simmel, 1983).

As comunidades contemporâneas são comunidades com "portas abertas e poucas trancas" (Covey, 1998). Isso torna compulsório que elas mesmas, enquanto comunidades, sistematizam suas crenças e valores de modo a torná-los plausíveis aos indivíduos. Uma vez que não podem mais se legitimar mediante a autoridade predeterminada por Deus ou pela tradição, elas se tornam, nesse sentido, mais reflexivas e menos autoritárias.

As comunidades contemporâneas não estão em condições de eliminar radicalmente a individualidade de seus membros. Pelo contrário, elas precisam constituir-se de modo que os indivíduos sejam valorizados *enquanto indivíduos*: "Os membros que se sentem desvalorizados ou não apreciados partirão. Os membros que se sentirem altamente valorizados, aceitos e reconhecidos atrairão outros membros para a comunidade" (Goldsmith, p. 119).

Essa necessidade de que os indivíduos sejam reconhecidos em suas singularidades nas redes de relações é um aspecto já sinalizado por Norbert Elias (1994) no início do século vinte. Esse autor já apontava para o fato de que, na sociedade moderna, as comunidades não são autoridades inquestionáveis. Mesmo as comunidades religiosas não escapam da necessidade de resolver a contradição entre a afirmação do direito individual à subjetividade e a necessidade de vivência comunitária.

Quando observei a Comunidade Canção Nova, esse caráter híbrido foi um dos principais aspectos que emergiu diante de meus olhos. A Canção Nova e, muito provavelmente, a maioria das comunidades de vida no Espírito, é uma comunidade que retoma apenas parcialmente a autonomia individual de seus membros, mesmo daqueles que têm vínculos formais com a instituição, a saber, os comunitários consagrados. Também estes estão em condições de deixar a comunidade (e até a ela se opor) caso discordem de sua postura em relação aos seus anseios individuais. Mesmo tendo interrompido seus projetos seculares para se dedicarem à missão da comunidade, na maioria das vezes, os membros têm a possibilidade de retomá-los mediante o restabelecimento ou reforço de vínculos externos.

Já adverti que, para diversas pessoas, a Canção Nova oportuniza ascensão social em vez de impedi-la. Isso ocorre quando os consagrados são visibilizados pela mídia e adquirem fama e *status* religioso midiático junto ao público católico. Uma vez conhecidos e admirados por esse público, os consagrados, em questão, estão ainda em melhores condições de abandonar a comunidade, caso ela não corresponda a seus anseios de afirmação pessoal. Durante a fase de pesquisa, soube de vários casos de pessoas que renunciaram seus vínculos formais com a comunidade e passaram a viver como pregadores ou cantores *free lance,* adquirindo daí inclusive o sustento financeiro.[1]

Ora, se até os membros formais, que se supõem mais integrados, estão vulneráveis à possibilidade de emancipação, o que se pode esperar dos membros ligados apenas por vínculos midiáticos? Estes, maiormente, podem preservar sua autonomia individual diante da experiência comunitária. O sucesso da Canção Nova enquanto empreendimento midiático parece residir nessa capacidade de oferecer a seus telespectadores a possibilidade de vivenciarem uma experiência comunitária sem que para isso tenham que preterir sua autonomia pessoal.

Assim posto, nas comunidades contemporâneas a tensão entre liberdade e segurança pode estar sendo resolvida de um

[1] Também soube de membros que não só abandonaram a comunidade, mas também cobraram judicialmente indenização pelo tempo de serviço prestado a ela, serviço este que, no início da experiência encantada, era interpretado pelo próprio indivíduo consagrado como uma expressão de sua doação gratuita a Deus.

modo criativo. Conquanto alguns considerem que "nenhuma receita foi inventada até hoje para esse ajuste" (Baumann, 2003, p. 10), minha opinião é a de que a sociedade contemporânea criou as condições que permitem equilibrar essas duas dimensões da vida humana, antes incompatíveis. Em lugar do conflito anterior, foi estabelecida uma espécie de complementaridade entre o controle (ou a influência) exercido pela comunidade e a liberdade individual.

Acredito que a sociedade contemporânea criou as condições para a existência de um modelo que não é nem egocêntrico nem koinocêntrico, possibilitando uma relativa relação harmônica entre liberdade e segurança. Bauman (p. 11) afirma que "não seremos humanos sem segurança ou sem liberdade, mas não podemos ter as duas coisas ao mesmo tempo". Donde se conclui que, na opinião desse autor, jamais seremos "humanos". Discordo dessa visão pessimista. Não concordo também com a opinião de Bauman (p. 17) segundo a qual a comunidade "não pode sobreviver ao momento em que o entendimento se torna autoconsciente, estridente e vociferante". Nas circunstâncias em que a individualidade e a subjetividade tornam-se reflexivas e questionam o controle comunitário, a comunidade altera-se, mas não morre. E, se morrer, pode ressurgir das próprias cinzas do individualismo.

Obviamente, é necessário advertir que o estabelecimento do equilíbrio indivíduo/comunidade depende de contextos específicos e do modo como ambos se comportam em suas relações mútuas. Essa complementaridade é instável, corre o risco de ser destruída pelos próprios fluxos informacionais e, por isso mesmo, precisa ser constantemente "mantida" por meio do modo como os indivíduos se inserem *na* realidade comunitária e, ao mesmo tempo, como se posicionam *frente a* ela.

Outrossim, para que a comunidade se constitua, ela também deve exercer *protagonismo* e os indivíduos devem, em certa medida, abrir mão de suas vontades. Esse é o momento em que a coletividade também se faz sentir como uma espécie de sujeito. Se não for assim, a comunidade não se sustenta. Se ela não tiver "preferências" acima das preferências individuais, não poderá impor-se enquanto comunidade, é como se não existisse.

Entretanto, esse protagonismo comunitário não deve ser predominante ou intocável. Isso faz com que, para se manter, a comunidade necessite cultivar com seus membros uma relação que justifique sua pertença. O próprio corpo normativo da comunidade precisa ser sentido pelo indivíduo como se emanasse dele próprio e não como algo externo que a ele se impõe. No mínimo, como uma escolha pessoal a partir da qual *o indivíduo submete-se à comunidade* por vontade própria e não o contrário.

É nesse ponto que a reflexividade do indivíduo produz nele uma internalização do programa comunitário, mediante o qual seu agir coletivo é percebido não como algo estranho a si mesmo, mas como se os interesses da comunidade fossem os dele próprio. A "vontade" da comunidade torna-se plausível, uma vez que essa "vontade" se transforma em convicção individual. Encontrado esse ponto de equilíbrio, a comunidade outorga prazer: o prazer de viver em comunidade *como indivíduo.*

O fato de manter a autonomia dos indivíduos não significa que os vínculos comunitários são frouxos e sem consistência. As comunidades de hoje são comunidades cujos laços entre seus partícipes são intensos, profundos e duradouros. Todavia, são vínculos em conformidade com as novas condições da vida social, cujo consenso resulta de um ajuste entre os interesses individuais e os "interesses" da comunidade de tal forma que a promoção de uns não acarrete o colapso dos outros. Ou seja, o protagonismo da comunidade não elimina o nível de escolha dos indivíduos.

Em termos sociológicos, podemos afirmar que "as instituições substituem os instintos" (Berger & Luckmann, 2004, p. 55). Mas quando essas mesmas instituições escravizam o sujeito mediante uma repressão radical dos instintos, gera-se uma tensão capaz de provocar "rebeliões" individuais ou coletivas. Essa tensão só pode ser solucionada mediante a identificação de um ponto de equilíbrio em que tanto a comunidade quanto o indivíduo sejam elevados à condição de *sujeitos*, estabelecendo-se entre eles uma relação de complementaridade.

O postulado "equilíbrio" entre individualidade e comunidade presente nas experiências comunitárias atuais, não elimina o fato de que essa relação é, ao mesmo tempo, conflituosa e tensa. De maneira geral, meu raciocínio conduz a inferir que, no embate existente entre esses dois polos (indivíduo e comunidade), o indivíduo exerce um leve predomínio, em razão das diversas possibilidades de escolha a seu alcance que lhe permite optar pela pertença a outra comunidade, caso sinta-se ameaçado em sua autonomia pessoal.

Contudo, a liberdade de escolha do indivíduo não é absoluta. Ela depende das condições objetivas – institucionais, sociais, econômicas, políticas, culturais – dentro das quais a relação acontece (Hervieu-Léger, 2008). Abandonar uma comunidade que outorga segurança existencial pode parecer fácil em um primeiro momento, mas, para obter nova referência comunitária, o indivíduo terá que iniciar um novo percurso de conhecimento e identificação. Isso não ocorre sem desafios.

Sem dúvida alguma, a noção de "metamorfose", frequentemente utilizada para caracterizar os percursos identitários dos indivíduos na sociedade contemporânea, deve ser usada com o devido cuidado, pois "a tendência à fragmentação não anula totalmente certas âncoras fundamentais que podem ser acionadas em momentos estratégicos" (Velho, 1998, p. 271). Sem disposição para, em certa medida, abrir mão de si e de seus anseios supostamente legítimos, o indivíduo corre o risco de ficar procurando uma "comunidade ideal" que de fato não existe. O ideal comunitário é que os indivíduos *se tornem* uma unidade, uma vez que não o são aprioristicamente.

Também não podemos entender essa escolha em uma perspectiva utilitarista, sob o prisma de uma racionalidade instrumental, uma vez que as comunidades se formam, sobretudo, por meio da ação racional com relação *a valores*. Apesar das diversas opções hoje oferecidas, o indivíduo não escolhe a comunidade da qual participar da mesma maneira como escolhe um produto em uma prateleira de supermercado. A pertença comunitária depende de uma identificação pessoal e das condições objetivas de construir essa pertença.

Na verdade, as pessoas aderem ao ideal comunitário e por ele fazem renúncias, mas somente após sentirem em suas vidas os efeitos benéficos de sua adesão. É então que experimentam a vida comunitária associada à autonomia individual. Esse quadro é o que, a meu ver, predominantemente caracteriza o fenômeno comunitário contemporâneo, especialmente aquele de caráter religioso-midiático.

É possível indicar mais duas características que, de certa maneira, estão condicionadas à primeira: a) *As comunidades contemporâneas são relativamente desterritorializadas*; b) *Elas dispõem de uma identidade centrada em ideais comuns*. No que diz respeito à territorialidade, é necessário compreendê-la dentro do horizonte das inovações tecnológicas e abrir mão do pressuposto de que o principal elemento de uma comunidade seja seu território. Consoante Paiva (1998), ao se conceber a possibilidade de comunidade nos dias atuais, deve-se, necessariamente, reformular a noção de territorialidade, uma vez que, o encurtamento das distâncias e a grande rapidez e eficiência na transmissão da informação, suscitaram uma compreensão diversa daquela de Tönnies, quando ele formulou o conceito de comunidade.

Portanto, não é mais possível manter o conceito sociológico de comunidade exclusivamente associado a um grupo social pequeno e localizado, tal como o concebia Tönnies. É necessário lançar mão de uma noção que considere menos a territorialidade na relação entre os indivíduos. Os dispositivos informacionais transformaram os pré-requisitos de contiguidade e distância, fazendo com que as relações humanas prescindam menos do espaço físico, territorial (Paiva, 1998).

Porém, não se deve desconsiderar a importância do elemento territorial no contexto das relações comunitárias. Obviamente, as comunidades contemporâneas não estão completamente emancipadas do espaço geográfico. Por isso elas são apenas *relativamente* desterritorializadas. Concordo com Paiva (1998) quando afirma que o homem tem uma identificação afetiva com o espaço e que as relações presenciais serão sempre humanamente mais ricas do que aquelas mediadas pela tecnologia.

Contudo, nos dias atuais, o território não é um elemento essencial *e nem suficiente* para a formação de comunidades. Conforme já demonstrei, o sentimento de pertença pode ser gerado e mantido por via midiática. A comunidade de hoje pode ser melhor definida a partir daquilo que é compartilhado por meio dos diversos meios de comunicação. As comunidades que insistem em manter o território como sua principal referência, criam uma situação de incompatibilidade entre sua organização interna e o modo como está orientada a sociedade. Em grande medida, esse é o caso da maioria das paróquias católicas.

No caso das comunidades de vida no Espírito, seu ambiente de origem – a sociedade midiatizada – talvez tenha contribuído para que, entre aqueles que as governam, a noção de territorialidade seja muito mais tênue do que para aqueles que comandam as comunidades paroquiais, cuja herança feudal induz a pouca flexibilização dos limites de território.[2] A "vocação" midiática dessas comunidades faz com que elas se aproximem mais ainda de um estilo comunitário "moderno".

[2] Eliane Oliveira chega a postular a definição das comunidades de vida no Espírito como "comunidades mentais ou virtuais", que seriam "um ideal, uma filosofia ou um estilo de vida compartilhado por indivíduos em seu cotidiano, sem que, para isso, precisassem morar em uma comunidade fixada em espaço [territorial] definido" (cf. OLIVEIRA, Eliane Martins de. OLIVEIRA, Eliane Martins de. *O mergulho no Espírito de Deus*: diálogos (im)possíveis entre a RCC e a Nova Era na Comunidade de Vida no Espírito Canção Nova. Rio de Janeiro, 2003. Dissertação. Mestrado em Ciências Sociais. Programa de Pós-Graduação em Ciências Sociais, Universidade Estadual do Rio de Janeiro, p. 62).

Para Casalegno & Kavanaugh (1998), as redes comunicacionais podem apenas facilitar o sentimento de pertença comunitária dos indivíduos e estimular os encontros face a face. Nesse sentido, os sistemas de comunicação serviriam somente para reforçar o "sentido de lugar", como aconteceu em Blacksburg, caso analisado por eles, onde a internet permitiu um engajamento sempre crescente da população nos assuntos locais. Diferentemente do estudo desses autores, minha pesquisa demonstrou que o sentido de pertença pode sim, ser gerado e mantido por via midiática, ainda que permaneça a referência do espaço territorial como lugar para onde, eventualmente, os adeptos se dirigem.[3]

Ainda que ocupem um território delimitado, as comunidades contemporâneas estão envolvidas em uma gama de interações que impede sua fixação apenas nesse âmbito. É por isso que elas são relativamente desterritorializadas. A meu ver, as comunidades estão cada vez mais se dando conta desse fato e, consequentemente, procuram organizar-se a partir dessa premissa. Nesse particular, respeitam menos os limites territoriais umas das outras, ocasionando diversos fluxos de interações intercomunitárias que se apresentam em forma de pluralidade de experiências.

[3] Todavia, não afirmo que grupamentos de natureza comunitária possam constituir-se somente pelo fato de que os indivíduos estejam interagindo por via midiática. O caso analisado não me permite afirmar isso, pois nele há uma instituição comunitária já estabelecida por trás de toda a construção e manutenção da experiência midiática. No caso da Canção Nova, a *comunidade* preexiste enquanto grupamento humano presencial e torna-se *midiática* pelo fato de expandir-se pela TV e agregar adeptos que se identificam com a sua ideologia. Nesse sentido, a comunidade se formaria "através de" e não "a partir de", conquanto as relações se sustentem midiaticamente, sem a necessidade de contatos presenciais intensos.

A respeito da terceira característica do fenômeno comunitário contemporânco que aqui avento – *a identidade centrada em ideais comuns* – posso afirmar que esse elemento é a condição *sine qua non* para os indivíduos aderirem ou permanecerem em uma comunidade. Essa identidade deve apresentar-se de modo mais claro possível e não pode configurar-se como algo implícito na normatização comunitária. Uma identidade definida a partir de ideais comuns traduz o "objetivo" da comunidade e se fundamenta em algum tipo de referência ética. Na sociedade atual, a comunidade que os indivíduos procuram é uma comunidade que define claramente seus valores. Quanto mais compartilhados e visibilizados pelos membros em sua vida prática, mais fortes os valores se tornam para os adeptos.

A própria expansão do pluralismo e do relativismo, e o sentimento de insegurança a eles relacionado, despertam a necessidade de encontrar uma experiência capaz de transmitir um estilo de vida definido e testemunhado na vida concreta, seja ele qual for. Em alguns casos, importa mais a clareza e a convicção acerca da plausibilidade dos valores do que a sua própria plausibilidade.

Hoje em dia, quando os indivíduos recorrem a comunidades que denotam essa clareza, eles reencontram uma identidade coletiva e recuperam a possibilidade de se posicionarem perante a polifonia da sociedade contemporânea. Sob esse aspecto, a reunião de indivíduos em torno de comunidades seria mais útil à sociedade do que se pode supor à primeira vista, uma vez que elas conferem uma identidade coletiva e recusam a massificação consumista em favor de uma reflexividade comunitária.

Isso porque não foi apenas a comunidade tradicional, enquanto interação tipo, que foi atingida pelo novo contexto polifônico da sociedade contemporânea. Os próprios indivíduos foram afetados por ele, a partir do momento em que passaram a ter dificuldades de se definir identitariamente, dada a multiplicidade dos valores propostos e a ausência de critérios de discernimento quanto à plausibilidade desses valores, critérios esses que seriam fornecidos pela comunidade. Os padrões, códigos e regras que podiam ser selecionados como pontos estáveis de orientação estão cada vez mais em falta (Bauman, 2001). Nas sociedades modernas, os valores comuns e obrigatórios não são mais *dados* a todos e com isso está posta a condição para a difusão das crises de sentido tanto subjetivas quanto intersubjetivas. Os indivíduos passam a ter que reinventar o mundo a cada dia a partir de uma pretensa autonomia radical. Berger & Luckmann (2004, p. 54) asseguram que "há pessoas que suportam esta exigência; e algumas até parece que se sentem bem com ela. (...) A maioria, porém, sente-se insegura em um mundo confuso e cheio de possibilidades de interpretação e, como alguns desses também estão comprometidos por diferentes possibilidades de vida, sentem-se perdidos".

É característica muito difundida dos homens e mulheres contemporâneos viverem permanentemente com um "problema de identidade". Eles sofrem pela falta de recursos com os quais possam construir uma identidade verdadeiramente sólida e duradoura (Bauman, 1998). No limite, as pessoas tendem a cair em um relativismo ético de *per si* prejudicial à sociedade, pois, conforme advertem Berger & Luckmann (2001, p. 79-80), "uma pessoa para a qual as mais diferentes e contraditórias normas são igualmente válidas ou inválidas, já não é capaz de um agir coerente e responsável".

As consequências da indefinição identitária são muitas. Entre elas está o trânsito ideológico marcado pelo sentimento de insegurança e incerteza perante o mundo. Mas está também a "fragmentação" ou "descentramento" do sujeito (Hall, 1998). No fim das contas, porque carecem de identidade, os indivíduos carecem igualmente de *projetos de vida*, a não ser aqueles de caráter estritamente pessoal baseados em "sonhos" consumistas. As pessoas parecem colocadas diante de bens de consumo e convencidas de que a realização do eu se obtém mediante simplesmente a posse desses bens (Anjos, 2010). Os grandes ideais, a vontade de mudança e a tensão social positiva que isso gera estão ausentes dos objetivos individuais da maioria das pessoas hoje em dia. Em última análise, trata-se de um conformismo camuflado (sob a égide de um voluntarismo imediatista) e de uma aposta na vida como "experiência do efêmero". Sem um projeto que transcenda o próprio indivíduo, a vida humana corre o risco de cair na mediocridade.

Essa situação atinge principalmente as novas gerações, diante das quais as instituições tradicionais como a família e a escola parecem impotentes, dada a fascinação que os novos (e às vezes confusos) sistemas de valores propostos midiaticamente exercem sobre a juventude e que estão quase sempre em acordo com a lógica do consumo e da efemeridade. Conforme adverte Hervieu-Léger (2008), as lacunas que atualmente se observam entre o universo cultural das diferentes gerações não correspondem apenas aos ajustamentos que a inovação e a adaptação aos novos dados da vida social tornam necessários, mas representam verdadeiras rupturas culturais que atingem profundamente a vida social.

Minha percepção é de que os indivíduos de hoje necessitam de referências éticas consistentes, sistemas plausíveis de valores (religiosos ou não) a partir dos quais possam posicionar-se diante da polifonia da sociedade contemporânea. Pois o fato de existirem variadas fontes de informações não implica necessariamente que elas sejam adequadas ao desenvolvimento das pessoas e da sociedade. Afirmo que essas referências só podem ser construídas com base em identidades coletivas.[4]

Nas circunstâncias atuais, os indivíduos encontram-se vulneráveis a um tipo de relativismo que, sob a aparência de liberdade pessoal, fornece álibi a quem é indiferente à necessidade de pensar e ao dever moral de escolher (Maldonato, 2003). Ele conduz, na verdade, ao descompromisso social e a uma crise de sentido de si. A instabilidade psicológica e existencial dos indivíduos de hoje muito tem a ver com a ausência de sistemas de valores que só podem ser adquiridos coletivamente mediante vínculos mais profundos do que aqueles criados

---

[4] "Identidade" aqui deve ser entendida de acordo com a acepção de Castells (1999): um processo pelo qual os indivíduos constroem significado e neles se reconhecem, a ponto de uma fonte de conhecimento prevalecer sobre as outras, chegando ocasionalmente a excluir as referências mais amplas. Em Castells, o limite conceitual entre "comunidade" e "identidade" é bastante tênue, razão pela qual considero que o agrupamento comunitário reflete precisamente o forte senso de identidade coletiva que existe entre os indivíduos. Na medida em que estes constroem significado com base em um conjunto de atributos que prevalece sobre as outras fontes de significado, a vinculação comunitária aparece como uma possibilidade quase inevitável, momento em que a identidade assume maior formalidade e coesão.

pelas relações do tipo societárias. Sou da opinião de que as identidades coletivas podem contribuir para a produção de *sujeitos*, ou seja, de indivíduos que, apesar de inseridos na lógica da sociedade contemporânea e afetados por ela, estão em condições de se posicionar *frente a* essa mesma sociedade.

As identidades coletivas estão na base da existência de indivíduos centrados. É na relação com elas que estes *se definem* e se confrontam com o mundo, interpretando (ou reinterpretando) os mecanismos culturais que se entrechocam diante de seus olhos. O indivíduo sem uma referência coletiva, "em primeiro lugar, não pode ter certeza de que aquilo que julga bom e justo também seja assim considerado pelos outros; em segundo lugar, nem ele mesmo sabe sempre o que é bom e justo para si próprio" (Berger & Luckmann, 2004, p. 87).

Argumento que a vida social se caracteriza pela constante busca de sentido. Por essa razão, a sociedade atual necessita urgentemente recuperar antigas referências identitárias coletivas plausíveis ou quem sabe, permitir que novas identidades grupais apareçam e se difundam. Interessante perceber que é do epicentro de um individualismo exacerbado que surge a proposta comunitária como nova possibilidade de sociabilização e que a própria expansão do pluralismo e do relativismo produziu o reforço das aspirações comunitárias (Paiva, 1998; Hervieu-Léger, 2008). As comunidades aparecem hoje como algo capaz de suprir o vazio de sentido e devolver a segurança existencial que dificilmente pode ser encontrada nas relações do tipo societárias. Parece até que os seres humanos dispõem de um "instinto de comunidade" que faz com que eles queiram experimentar de novo esse tipo de existência social (Kellner-Rogers & Wheatley, 1998).

Minha opinião não decorre de nenhuma nostalgia saudosista ou de uma visão negativa a respeito das transformações promovidas pelas tecnologias da informação. Também não estou apontando uma solução abstrata para supostas patologias sociais. Estou mostrando apenas o que minha pesquisa parece indicar, a saber: que a própria sociedade, em momentos de crise, tenta recompor-se para preservar seu equilíbrio e que o fenômeno comunitário contemporâneo pode ser considerado uma evidência desse fato. Nas comunidades particulares por mim observadas, grande número de indivíduos definem sua identidade em torno de um sistema de valores compartilhado, reunindo as condições para se contrapor ao relativismo ético e contribuir para o equilíbrio da vida social.

Na verdade, considero que a emergência atual de comunidades representa uma tentativa de preservação da própria autonomia individual como valor da modernidade. Curiosamente, o mesmo indivíduo que se libertou das fronteiras comunitárias, agora parece não conseguir posicionar-se frente à polifonia da sociedade contemporânea sem lançar mão de uma identidade coletiva. Os indivíduos que buscam experiências comunitárias parecem reconhecer a identidade coletiva como um elemento constitutivo de sua identidade pessoal. A individualidade, portanto, não está ausente das experiências comunais de hoje. As comunidades atuais funcionam, antes, como expressões de identidades coletivas que servem de referência ética *para os indivíduos*, atuando mais a favor do que contra sua autonomia, uma vez que lhes oferecem suporte para a constituição de uma identidade *pessoal* em face do relativismo *social*. Por causa disso, posso afirmar que o fenômeno comunitário contemporâneo é "moderno" na acepção sociológica do termo.

Obviamente, essa identidade pessoal é construída em confronto com a identidade coletiva e em certa tensão com ela. Porém, a aquisição dos valores comunitários como "individuais" mediante sua interiorização, outorga certo primado à individualidade, constituindo-se a comunidade, em última análise, em uma escolha pessoal. Sob esse ponto de vista, a comunidade atual estaria em acordo com os ideais da modernidade e não em oposição a eles.

A oposição radical entre comunidade e reflexividade é uma construção da ciência ocidental, conquanto respaldada pelos tipos históricos tradicionais. A comunidade de hoje não está em condições de se opor radicalmente à racionalidade individual, pois na sociedade contemporânea não é possível estabelecer fronteiras comunitárias intransponíveis. Ao contrário, ela tende a atingir uma *reflexividade comunitária*, ou seja, uma dinâmica de interações que permite a constante autoavaliação a respeito da plausibilidade de seus valores, valores estes que tornam possível o controle sobre uma individualidade exacerbada.

Destarte, de um lado as comunidades promovem a autonomia individual, na medida em que fornecem aos indivíduos um sistema de valores no qual eles se baseiam para se posicionar perante a polifonia da sociedade contemporânea. Por outro lado, a experiência comunitária funciona como um importante mecanismo de contraponto à voracidade de um individualismo exacerbado.

Na sociedade contemporânea, o controle social tornou-se um problema central. Com o desmonte das comunidades tradicionais e o enfraquecimento das instituições que lhe davam suporte exercendo o papel de controladoras das liberdades individuais, alargaram-se os limites da autonomia pessoal a tal ponto que a fronteira entre individualidade e individualismo tornou-se muito frágil (Anjos & Carranza, 2010). Radicalmente emancipados de qualquer tipo de tutela, os indivíduos tendem a perder o senso de responsabilidade para com o bem comum, tão necessário à ordem social. Sem a abstinência, sem o princípio do limite, o próprio prazer individual autodissolve-se, perdendo seu sentido (Sodré, 2009).

O abismo que se abre entre o direito à autoafirmação e a capacidade de controlar as situações sociais parece ser a principal contradição da sociedade contemporânea (Bauman, 2001). No meu entendimento, os atuais índices de violência, consumismo incontrolado, problemas relacionados com dependência química, entre outras patologias sociais, estão intrinsecamente relacionados com a fragilidade dos laços comunitários e com a ausência de valores interiorizados decorrentes de uma identidade coletiva. Com efeito, vemos crescer hoje uma mentalidade de subvalorização da própria vida humana que se evidencia cada vez que, por exemplo, pessoas são assassinadas por motivos fúteis ou em razão de interesses financeiros. A perda de sentido *de si* parece desaguar em uma total insensibilidade com relação ao sentido da vida *dos outros*.

O declínio moral está entre os mais importantes problemas não econômicos que a sociedade contemporânea enfrenta.

Um problema que, ao contrário do que pensam alguns, não pode ser resolvido apenas com ordenamento jurídico e com reforço das instituições coercitivas. Uma sociedade não pode depender da vigilância externa de instituições de controle para manter possível a convivência entre os indivíduos. Ela precisa de sistemas de valores interiorizados, capazes de frear, ainda em sua gênese, as paixões individuais que ameaçam o consenso social. A "voz moral" é mais importante para o funcionamento da sociedade do que a força da coerção (Etzioni, 1999).

Por natureza, o homem foge ao máximo do caos. Talvez seja inevitável que, diante do desnorteamento causado por tantas possibilidades disponíveis aos indivíduos de hoje, a função de controle da comunidade venha a ser mais desejada do que ameaçadora.[5] As comunidades particulares têm uma rede de comunicações na qual é possível discutir as preocupações humanas. As regras e os valores bem compreendidos permitem escapar da despersonalização, da falta de normas e da perda de controle sobre o ritmo e as dimensões da vida cotidiana (Scherer, 1973).

As relações societárias dificilmente produzem esse consenso, inclusive porque o ambiente criado pelo capitalismo é, por sua própria natureza, marcado pela competitividade. Conquanto alguns considerem a possibilidade de que as relações entre os indivíduos em empresas e organizações comerciais assumam o caráter de "comunitárias" (Barksdale, 1998; Pinchot, 1998), essa hipótese se tem revelada cada vez mais ilusória. O fim último dessas organizações é o lucro. A tentativa de

[5] Por exemplo, a insegurança crescente frente à violência das grandes cidades pode ser mais difícil de suportar do que o controle da moral oriundo da estrutura da família patriarcal baseada nos princípios de autoridade, honra e castigo.

criar nesses ambientes um "espírito comunitário" constitui-se, muito provavelmente, em mais uma faceta de seu "negócio", visando à otimização da produtividade das pessoas. Conforme argumenta Taylor (1995), a proposta de formar comunidade a partir de organizações é uma maneira da sociedade burocrática e tecnocrática lançar mão da proposta comunitária dentro de uma perspectiva instrumental.

As relações comunitárias, pelo contrário, por sua própria natureza, são relações de compartilhamento de valores que atingem a dimensão existencial do indivíduo. Elas obrigam cada um a obrigar-se com os outros (Sodré, 2009). Os contratos, memorandos ou slogans elaborados em torno de objetivos empresariais não têm a capacidade de fornecer valores (Gaudini, 1998). As pessoas assumem postura de responsabilidade perante a coletividade somente quando estão conectadas a algo maior do que elas próprias. Elas podem, obviamente, pertencer a uma comunidade apenas para obter vantagens utilitaristas. Contudo, isso não estaria em acordo com a natureza da comunidade, constituindo-se uma distorção do coletivo que, se generalizada, pode comprometer a própria comunidade.

Na contemporaneidade, pertencer a uma comunidade pode significar a oportunidade de encontrar o equilíbrio entre a liberdade individual e a pertença social. Presentemente, diversas experiências comunitárias apresentam-se com características que lhes permitem conter os excessos e o descontrole do individualismo sem necessariamente comprometer a autonomia pessoal de seus membros. O controle social da individualidade oriundo da experiência comunitária atua em favor do próprio indivíduo, uma vez que evita sua fragmentação excessiva e a perda do senso de responsabilidade dele perante a coletividade. Na prática, os indivíduos pertencem à sociedade, mediante a pertença comunitária, mas, por outro lado, a sociedade também lhes pertence, pois eles estão em condições de se posicionar diante dela por meio de suas convicções grupais.

Argumento ser oportuno fomentar na sociedade atual a existência de comunidades com identidades coletivas claras em meio à heterogeneidade e à atomização societária. Essas comunidades contribuiriam para a saúde da sociedade contemporânea, uma vez que lhe daria maior coesão. Constituídas legitimamente,[6] elas estariam em condições de agir em favor da liberdade individual e, ao mesmo tempo, da sadia ordem social. Nelas, os indivíduos teriam a possibilidade de encontrar a segurança existencial de que tanto necessitam e que não acham facilmente em outras instâncias da sociedade. Ainda que os indivíduos transitem intercomunitariamente, ou seja, mudem ocasionalmente de comunidade, eles estariam sob relativo controle social, uma vez que pertenceriam sempre a uma unidade coletiva comunitária.

[6] A legitimidade dessas comunidades pode ser julgada conforme elas representem ou não uma ameaça ao pluralismo social, mediante a tentativa de impor, pela violência física ou psicológica, seu sistema de valores a todas as instâncias da sociedade. Conforme discutirei um pouco adiante, o pluralismo é uma característica da sociedade informacional e constitui-se em um de seus valores inalienáveis. Porém, enquanto uma comunidade apresentar-se no interior desse pluralismo como uma *proposta* identitária, ainda que essa proposta pareça absurda aos olhos dos outros, ela deve ser tolerada, concorrendo essa tolerância para o próprio equilíbrio social. As convicções sobre as quais os agentes concordem são *ipso faco* "convicções verdadeiras"; as preferências sobre as quais eles concordem são "preferências racionais"; e os interesses sobre os quais eles concordam são "interesses reais" (cf. GEUSS, Raymond. *Teoria crítica*: Habermas e a Escola de Frankfurt. Campinas: Papirus, 1988).

2

O novo sistema comunitário "em rede"

A maneira como, a meu ver, as comunidades devem estar *posicionadas* na sociedade contemporânea é esta: como *identidades coletivas claras*. Porém, uma vez que não estão em condições de manter intactas suas fronteiras grupais, devem estar internamente conscientes de que estão inseridas *em uma sociedade plural conectada*. Assim sendo, embora possam lançar mão de fontes autônomas de conhecimento, as comunidades contemporâneas portar-se-ão ingenuamente se tentarem criar guetos intransponíveis e ideologicamente protegidos. Paraísos comunais "puros" só existem na cabeça de alguns líderes profetas que idealizam suas comunas completamente emancipadas de "contaminações".

No mundo atual, o pluralismo é um valor, constituindo-se em um dos frutos do fortalecimento da individualidade (Benedetti, 2009; Anjos & Carranza, 2010). O contexto plural da sociedade contemporânea causa a impressão de que não há limites para a diversidade (Steil, 2001). Por isso, o pluralismo não pode ser ignorado, nem mesmo por quem pretenda construir muros de proteção em torno de seus adeptos. O pluralismo tende a ser o principal valor comum estável da sociedade contemporânea. Ele não é um fenômeno exclusivamente moderno, dado que em todas as sociedades existiram pessoas que levaram vida diferente das outras (Berger & Luckmann, 2004). Contudo, o pluralismo atual se caracteriza pela ausência de uma ordem comum de valores que sirva de referência para identificar comportamentos "desviantes". Os "estranhos" de hoje não servem mais como marcas divisórias para a fronteira em progressão da ordem a ser constituída; por consenso unânime ou por resignação, eles estão aí para ficar (Bauman, 1998). A tendência é que as diferentes formas de vida gozem de igual validade social e – mais importante – estejam cada vez mais conectadas umas com as outras.

Em um contexto tal, um fechamento excessivo sobre si mesmo pode gerar uma supervalorização da singularidade comunitária e o consequente apego às próprias tradições, podendo redundar também em exclusivismos totalizantes e, às vezes, agressivos. Mas, inversamente, a diluição das convicções próprias dos grupos humanos em um universo amorfo de valores possibilita uma situação de desintegração social que geralmente se expressa em uma cultura identitária errante. Na minha concepção, é plausível sugerir que as identidades coletivas sejam suficientemente claras para serem reconhecidas como tais e, ao mesmo tempo, flexíveis o suficiente para se inserirem pacificamente na sociedade plural.

Identidades comunitárias que se apresentam com clareza no interior do pluralismo social ajudam os indivíduos a discernirem seus modos de convivência: com os de dentro, mediante valores compartilhados; com os de fora, com base na *tolerância*. A tolerância pode ser compreendida como uma atitude de alteridade diante da diversidade. Ela se opõe ao ódio sistemático, à perseguição, à imposição das ideias, à manipulação das consciências e à violência política, favorecendo o livre arbítrio e as relações humanas pacíficas (Maldonato, 2003). A questão que se põe atualmente não é de como se livrar da diversidade humana ou declará-la uma inconveniência momentânea, mas os modos de conviver diária e permanentemente com ela (Bauman, 1998).

Em uma situação de confronto de identidades, a tolerância não deve ser entendida apenas com conotação humanitária ou como um valor concebido a partir de uma convicção ética. Ela é apenas parcialmente ética, pois o respeito à pluralidade seria um *interesse* das comunidades, um recurso de sobrevivência da própria identidade, ou seja, um modo de também ser tolerado e de ter o direito de participar do debate público. O pluralismo, que inicialmente surge como uma ameaça à identidade, desencadearia dessa maneira não a afirmação do exclusivismo, mas a acolhida tolerante da diversidade produzida pela modernidade (Steil, 2001).

Contudo, sem sentido de semelhança não pode haver comunidade e nem mesmo pluralidade. A sociedade funda-se na semelhança tanto quanto na diferença, sendo a semelhança forçosamente anterior à diferenciação (MacIver & Page, 1973). O "diferente" não pode ser sinônimo de "inferior" ou "ruim", mas também não pode ser considerado igualmente plausível sem que isso comprometa as próprias convicções dos grupamentos humanos. Afinal, algo será qualificado e reconhecido como "diferente" sempre em relação a algum tipo de homogeneidade.

Geralmente, achamos que as fronteiras são meios para definir isolamento. No contexto atual, é muito difícil interpretá-las como meras defesas, ou mesmo como marcos de onde o indivíduo termina (Kellner-Rogers & Wheatley, 1998). Elas apenas delimitam a identidade que, nas circunstâncias atuais, está sempre susceptível de ser questionada. Mas essa delimitação, ainda que simbólica e passível de brechas, é necessária para determinar a pertença e a não pertença, o que une os indivíduos, mas também aquilo que os distingue coletivamente dos outros. As fronteiras "são as de uma justa e segura posição na sociedade, de um espaço inquestionavelmente da pessoa, onde possa planejar sua vida com o mínimo de interferência, desempenhar seu papel em um jogo em que as regras não mudem da noite para o dia e sem aviso" (Bauman, 1998).

Por esse viés, podemos vislumbrar o aparecimento de um novo sistema comunitário, posicionado no interior da sociedade contemporânea e adaptado a sua lógica. Argumento que, após o desmonte das comunidades tradicionais e o advento das tecnologias da informação, a sociedade mesma se encarrega de organizar *um novo sistema comunitário* que pode ser denominado *"em rede"*, porque ele se compõe de comunidades particulares interconectadas.

Para sugerir a formação de um "sistema comunitário em rede" estou baseando-me no esquema conceitual de Manuel Castells, em torno daquilo que ele chama de "sociedade informacional". Em sua conhecida trilogia *A era da informação* (1999), esse autor sugere que a revolução concentrada nas tecnologias da informação está remodelando a base material da sociedade, fato que modificou substancialmente a operação e os resultados dos processos culturais. Segundo Castells, a informação – dados que foram organizados e comunicados – representa hoje o principal ingrediente de nossa organização social, engendrando o surgimento de um novo modo de desenvolvimento: o informacionalismo que, embora não substitua, altera o modo de produção capitalista.

Nesse sentido, a geração, o processamento e a transmissão da informação tornaram-se as fontes fundamentais de produtividade e poder devido às novas condições tecnológicas surgidas:

> no informacionalismo, a geração de riqueza, o exercício do poder e a criação de códigos culturais passaram a depender da capacidade tecnológica das sociedades e dos indivíduos, sendo a tecnologia da informação o elemento principal dessa capacidade. (...) De especial importância, foi seu papel ao possibilitar a formação de redes como modo dinâmico e autoexpansível de organização da atividade humana. Essa lógica preponderante de redes transforma todos os domínios da vida social e econômica (Castells, 1999, v.3, p. 411).

A sociedade informacional, portanto, edifica-se sobre uma estrutura básica em *redes.* "Redes constituem a nova morfologia social de nossas sociedades", sustenta Castells (v. 1, p. 497). Elas são cada qual um conjunto de nós interconectados. Por exemplo, cada mercado de bolsa de valores é um nó na rede de fluxos financeiros globais. Um campo de papoula é um nó na rede de tráfico de drogas. Um sistema de televisão é um nó na rede global da nova mídia. Essas redes são múltiplas e estão mais ou menos interconectadas. Castells (1999, v. 1, p. 479) defende que "a presença na rede ou a ausência dela e a dinâmica de cada rede em relação as outras são fontes cruciais de dominação e transformação de nossa sociedade".

Redes são estruturas abertas, com ilimitada capacidade de expansão. Uma rede está sempre passível de integrar novos nós, desde que estes compartilhem os mesmos códigos de comunicação. Assim, "uma estrutura social com base em redes é um sistema aberto altamente dinâmico e suscetível de inovação sem ameaças a seu equilíbrio" (Castells, 1999, v. 1, p. 498). Essa nova morfologia social é abrangente. Chega a ser incontrolável. Para Castells (1999, v. 1, p. 376), "o único modo de controlar a rede é não fazer parte dela, e esse é um preço alto a ser pago por qualquer instituição ou organização, já que a rede torna-se abrangente e leva todos os tipos de informação para o mundo inteiro". As redes de interações afetam tanto os indivíduos quanto as organizações, modificando as relações de produção, de poder e de experiência.

No novo sistema comunitário "em rede" cada comunidade parece ser um "nó" interligado pelas mídias e pela mobilidade característica da sociedade contemporânea. Com base em minha pesquisa e no esquema conceitual de Manuel Castells (1999), posso sustentar que o referido sistema está aos poucos se configurando e, ao mesmo tempo, sugerir algumas de suas possíveis características.

Diferentemente do sistema tradicional, o novo sistema comunitário "em rede" não se comporia de comunidades autossuficientes e com fronteiras quase intransponíveis. Elas estariam conectadas em espírito de tolerância, sem, contudo, entranharem-se umas as outras a ponto de se perderem em um universo cultural anônimo e eliminar os códigos particulares mediante os quais produzem e conservam seus limites e sua específica visão de mundo que impõe restrições ao comportamento de seus membros.

Por causa das condições materiais criadas pelas tecnologias da informação, as comunidades estariam em permanente confronto positivo, obrigando-se umas as outras a refletirem frequentemente cada qual sobre a plausibilidade de seu próprio sistema de valores. Assim como acontece nas interações interpessoais, o confronto entre coletividades não apenas transforma cada uma delas em sua relação uma com a outra, mas também consigo mesma (Simmel, 1983). Dessa maneira, as identidades seriam constantemente questionadas, podendo ser, mediante a arena de debates, reforçadas, reconfiguradas ou até mesmo suprimidas. Esses encontros/confrontos ajudariam a tornar ainda mais reflexivas as ações dos indivíduos e confirmariam o processo de modernização das comunidades.

Sob esse aspecto, a singularidade de cada comunidade seria realçada na reciprocidade, gerando também nos indivíduos uma consciência da historicidade, contingência e limitação de todos os sistemas de valores, a começar por seu próprio (Vattimo, 1989). Porém, antes de se tornarem realmente *interdependentes*, os "nós" comunitários da rede devem atingir certo nível de *independência,* deixando clara sua identidade coletiva. Desaparecida a identidade coletiva singular, desaparece igualmente a própria comunidade. Mantida a dialética entre a diversidade e a semelhança, as comunidades conectadas se estimulam mutuamente, sem se deixarem esfacelar ou empobrecer em razão de um relativismo contraditoriamente radical (Amaral, 2000).

Metaforicamente, podemos comparar esse novo sistema a uma rede de pesca, cujos pontos de convergência são sempre suscetíveis de mobilidade e modificações. Os "nós" comunitários devem ser entendidos como esses pontos não estáticos, cuja estabilidade ou fluidez dependem das interações. Um sistema comunitário em rede produz variados centros irradiadores de ideias. Ele seria predominantemente descentralizado, com mais facilidade de se recompor caso algum nó comunitário entre em colapso.

A rede não seria harmônica, mas também não seria caótica. Não haveria um único centro dominante, mas o poder seria compartilhado. Os poderes circulariam alternando os centros dominantes dependendo da matéria e dos contextos. Isso geraria uma realidade rica e complexa, na qual os "nós" comunitários seriam mais ou menos influentes conforme melhor se inserissem nas interações. As comunidades melhor posicionadas seriam aquelas que mais habilmente manipulassem as informações disponíveis e os relacionamentos estabelecidos, pois, no contexto da sociedade informacional, a informação é o principal elemento da capacidade de poder (Castells, 1999, v. 3).

Conquanto policêntrico, o novo sistema comunitário em rede atuaria no sentido de dar maior coesão à sociedade. Inserido na própria estrutura social, em meio às redes não comunitárias (organizacionais, empresarias, estatais etc.), ele poderia fornecer aquilo que elas não estão em condições de oferecer, a saber: a) aos indivíduos, segurança existencial e definição identitária; b) à sociedade, sistemas de valores compartilhados e referências éticas. Em um contexto plural e relativista como o de hoje, as comunidades muito têm a contribuir para que se possa chegar mais facilmente ao consenso social necessário ao equilíbrio da própria sociedade.

Na história do Ocidente, a ideia de comunidade sempre esteve no imaginário social, como a proposta de um mundo melhor e mais harmônico. De fato, quando falamos de comunidade, temos a impressão de ser algo bom (Bauman, 2003). Mas isso não ocorre sem razão. Projetar comunitariamente o futuro significa almejar a possibilidade de que outras formas de existência social se contraponham aos princípios de competitividade e exclusão do capitalismo e da sociedade de consumo.

Estaria eu defendendo uma utopia romântica ou um retorno ao passado idílico? Acredito que não. São as próprias transformações sociais que me induzem a pensar na possibilidade de uma configuração social adequada tanto ao indivíduo quanto à sociedade. Um sistema comunitário em rede parece ser uma tendência histórica concreta, muito embora possa nem vir a se constituir em seu estado cabal, caso a sociedade opte por levar às últimas consequências a ilusão de uma autonomia radical do indivíduo.

Nancy (1992) considera que a concepção de um projeto comunitário como uma alternativa às crises da sociedade atual é capaz apenas de gerar mais um mito. Discordo dessa perspectiva. Incongruente seria deixar de conceber novas formas de vida social só porque elas invocam valores do passado. No esquema societário atual, pode ser inteligente e necessário indagar sobre como se poderia recorrer ao tipo social "comunidade" no real histórico da sociedade informacional.

Nada há de paradisíaco na experiência comunitária. Não existem relações humanas perfeitamente harmônicas. Pelo contrário, elas são tensas e conflituosas. Algumas vezes, são frias, mórbidas ou até trágicas. Outras vezes, revestem-se de vivacidade, alegria e calor. Quase sempre são entusiasmantes. Quase nunca podemos viver sem elas. Portanto, ainda que quiséssemos, não conseguiríamos falar de "comunidade" a não ser tendo em conta sua realidade concreta e, ao mesmo tempo, sua utopia.

Estou convencido de que esse novo sistema comunitário "em rede" começa a se desenhar na sociedade atual. Ele tende a coexistir com outras redes sociais, sendo decisivo para a afirmação dos indivíduos *na* e *frente* à sociedade informacional. A respeito do modo como esse novo sistema pode posicionar-se perante as redes políticas, econômicas e culturais que ameaçam a ordem democrática e o equilíbrio social, não é possível dizer nada ainda, pois se trata de um sistema em formação. O fenômeno comunitário contemporâneo exprime o momento em que a sociedade se reorganiza, por isso a variedade de suas nuances. Só posso afirmar que, uma vez que os fluxos de poderes da sociedade informacional são flexíveis e cheios de vivacidade, é possível vislumbrar uma sociedade com "pluralidade de centros de poder" (Hall, 1998).

Não ignoro o fato de que a experiência comunitária inscreve-se forçosamente em um campo de forças políticas e econômicas das quais é difícil abstrair-se. Contudo, conforme adverte Castells (1999), na sociedade informacional as relações de poder estão sendo transformadas, proporcionando uma nova "geometria do poder", em que os atores sociais maximizam as chances de representação de seus interesses e valores, utilizando-se de estratégias nas redes de relações entre várias instituições e em diversas esferas de competência. Isso significa, ainda conforme Castells (2006, p. 231), que a sociedade conta agora com meios mais poderosos para se apropriar do fruto de sua criatividade, uma vez que "a capacidade de mudar o fluxo de informação a partir da capacidade autônoma de comunicação, reforçada mediante as tecnologias digitais de comunicação, realça substancialmente a autonomia da sociedade com respeito aos poderes estabelecidos".[1]

Na sociedade informacional, a dicotomia comunidade/sociedade estaria sendo superada? Substancialmente, não. Mas as tecnologias da informação criam as condições para que isso ocorra na prática, abrindo a possibilidade de que um sistema comunitário subsista no interior da sociedade contemporânea e em acordo com sua lógica própria. Elas também concorrem para a solução do conflito indivíduo/comunidade, pois obrigam as pessoas a refletirem sobre sua condição perante a heterogeneidade social e a consequente necessidade de escolher e interiorizar uma identidade coletiva que lhes dê segurança existencial.

[1] Usando de certa medida de jocosidade, Castells sugere que "é chegada a hora, por exemplo, de o Brasil evoluir do positivismo de Augusto Comte à teoria da complexidade e escrever uma nova máxima em sua bandeira: caos e progresso" (cf. CASTELLS, Manuel. Inovação, liberdade e poder na Era da Informação. In. MORAES, Denis de (org). *Sociedade midiatizada*. Tradução de Carlos Frederico Moura da Silva, Maria Inês Coimbra Guedes, Lucio Pimentel. Rio de Janeiro: Mauad, 2006, p. 231).

Como todo processo de transformação histórica, a "Era da Informação" não determina um curso único da história humana. Suas consequências dependem de quem se beneficia em cada uma das múltiplas ações que se apresentam, das instituições da sociedade, dos valores das pessoas e da determinação dos novos atores sociais ao traçarem seu próprio destino (Castells, 1999, 2006). Sem dúvida alguma, entre esses novos atores encontram-se as comunidades particulares de hoje, inseridas no interior das ricas e empolgantes relações humanas mediadas pelas tecnologias.

3

Comunidade e "religião experiencial"

A partir de que concretamente amolda-se uma comunidade na sociedade atual? A experiência comunitária não é mais um fenômeno "natural" e as relações societárias, por si sós, não têm potencial para gerá-la, mas, pelo contrário, foram responsáveis pelo esfacelamento de sua forma tradicional. Especialmente no mundo urbano, é bastante reduzida a possibilidade de surgirem relações calcadas em bases comunitárias a partir da simples convivência entre os indivíduos nos diversos ambientes (empresa, vizinhança etc.), pois "a cidade é o lugar da multiplicação dos papéis, da separação, da crise de identidade" (Paiva, 1998, p. 83).

Variados autores consideram que, no mundo de hoje, as comunidades podem surgir a partir de interesses mútuos diversos, afinidades afetivas, minorias étnicas ou até mesmo do compartilhamento territorial ou de classe.[1] Bauman (2003), por exemplo, aponta para a emergência de um comunitarismo étnico contemporâneo que, entretanto, para ele, é produto dos limites impostos de fora e só secundariamente do autocerceamento. As

[1] Uma reportagem jornalística feita nos Estados Unidos sobre "estilos de vida alternativos" relacionou, entre outras, as seguintes categorias de comunidades: a comuna agrícola ou de subsistência, a comuna de ação política, a comuna de serviço social, a comuna artística, a comuna educativa, a comuna homossexual, a comuna cigana e a comuna de vizinhança (cf. SCHERER, Jacqueline. Alguns paradoxos das comunidades contemporâneas: uma visão sociológica. In. GREGORY, Afonso (org). *Comunidades eclesiais de base*: utopia ou realidade. Petrópolis: Vozes, 1973, p. 97-123). Embora ampla e relativamente imprecisa, essa tipologia dá uma ideia da diversidade de experiências comunitárias observadas na contemporaneidade.

minorias étnicas não são, segundo Bauman, "comunitaristas naturais", mas seu comunitarismo é resultado de expropriação. Assim, os indivíduos são como que obrigados a assumir o dever comunitário de pertença, sob pena de serem rotulados de traição e tornarem-se inimigos do grupo, momento em que a fraternidade proclamada revela sua face fratricida.[2]

Minha pesquisa não me autoriza a perfilar de maneira abrangente as condições nas quais se torna possível, na sociedade contemporânea, a formação de comunidades. Contudo, vou tentar caracterizar aqui, aquilo que considero como vetor que contém grande possibilidade de gerar comunidades em acordo com a lógica da sociedade atual: a experiência religiosa ou, melhor dizendo, a "religião experiencial".

Tönnies (1973) considerava que as possibilidades de formação de uma comunidade das vontades humanas apresentam-se nesta ordem: nos laços de sangue, na aproximação espacial e, finalmente, na aproximação espiritual. Das três possibilidades, considero que aquela que emerge com maior força no mundo de hoje é a aproximação espiritual. Isso ocorre especialmente pelo fato de que as relações de parentesco e de vizinhança sofreram modificações substanciais, envolvidas no ciclo de transformações pelas quais passou a estrutura social baseada em comunidades. A família sofreu um processo de heterogeneização, mediante o esfacelamento do modelo patriarcal. Por outro lado,

---

[2] Castells também faz ressalvas quanto à formação de comunidades a partir de um componente étnico, pois ele "não fornece as bases para os paraísos comunais da sociedade em rede por estar fundamentada nos vínculos primários que perdem o sentido, quando extraídos de seu contexto histórico" (CASTELSS, Manuel. *O poder da identidade*. 2 ed. Tradução de Klaus Braudini Gerhardt. São Paulo: Paz e Terra, 1999, v. 2, p. 78).

a referência territorial – fundamental à comunidade tradicional – foi reconfigurada pelas novas tecnologias da informação.

Entre as comunidades "de espírito", a comunidade religiosa é "ao mesmo tempo, a última e mais alta manifestação da qual a ideia de comunidade é capaz" (Tönnies, 1973, p. 106). Por causa disso, falar em comunidade significa quase sempre entrar no campo religioso. Especialmente nos dias de hoje, "muitas comunidades que se estabelecem a partir de uma seita religiosa possuem um poder de realização considerado maior do que o de grupos que se formam com propósitos definidos e previamente estabelecidos" (Paiva, 1998, p. 92). A religião é, portanto, um dos principais elementos definidores de comunidade na sociedade atual.

No entanto, não estou falando da religião em geral. Na sociedade contemporânea, não é a simples existência da religião que funciona como elemento definidor de comunidade. Com efeito, as religiões tradicionais parecem ter, hoje em dia, muito pouco dessa capacidade, como se pode observar, por exemplo, nas instituições organizadas em torno de sistemas religiosos herdados, como o catolicismo tradicional. O mesmo pode ser dito a respeito dos movimentos cujo objetivo é responder exclusivamente às demandas religiosas subjetivas dos indivíduos, como a Igreja Universal do Reino de Deus.

A religião que tem grande possibilidade de gerar comunidade em acordo com a lógica da sociedade atual é aquela do tipo "experiencial", ou seja, a vivência religiosa na qual os indivíduos passam por uma experiência mística a partir de seus próprios anseios individuais e de suas buscas existenciais mais profundas. Por meio dela, os indivíduos não apenas aderem mecanicamente a um corpo normativo, mas encontram respostas às questões espirituais mais íntimas, ocasião em que o próprio culto religioso deixa de ser um devocionismo ritualista e tende a materializar aquilo que é efetivamente vivido no campo da espiritualidade.

Trata-se, portanto, de uma trajetória religiosa coerente com os princípios da modernidade que, no âmbito psicológico, "exige, de certa maneira, que o homem se pense a si mesmo com individualidade e trabalhe para conquistar sua identidade pessoal, além de toda identidade herdada ou prescrita" (Hervieu-Léger, 2008, p. 60-61). Esse tipo de experiência religiosa, que pode acontecer em meio a antigas ou a novas formas de religiosidade, tende a colocar os sentidos a serviço de uma formulação *racional* da identidade pessoal, momento em que as sensações experimentadas funcionam como "argumentos" em favor da adesão religiosa, de maneira que esta é compreendida como uma decisão pessoal do sujeito e não como algo que a ele se impôs. Conforme advertem Anjos & Carranza (2010), o fortalecimento moderno da autonomia individual realçou sobremaneira a liberdade de pensar e agir deste mesmo indivíduo, permitindo que a subjetividade seja entendida não como um conjunto de sentimentos e emoções, mas como um conceito que resgata a capacidade e os modos de ação do sujeito humano.

De maneira geral, os estudiosos reconhecem a importância da experiência religiosa para a construção de identidades coletivas na sociedade contemporânea, uma vez que por meio dela as pessoas expressam uma espécie de nostalgia pelo ideal de comunidade (Amaral, 2000; Steil, 2001). O experimento religioso seria o momento em que se estabelece uma comunhão coletiva susceptível de se estabilizar na forma de uma identificação comunitária, inclusive porque os indivíduos necessitam encontrar no exterior a garantia da plausibilidade de suas crenças.

> Durante séculos, esta confirmação lhes fora fornecida por códigos globais de sentido (sistemas religiosos ou filosóficos, ideologias políticas etc.) garantidos pelas instituições e seu clero. Esses dispositivos de validação institucional funcionam hoje de maneira caótica. Portanto, é antes de tudo na troca mútua que os indivíduos podem esperar encontrar os meios de consolidar o universo pessoal de sentido dos quais se servem (Hervieu-Léger, 2008, p. 158).

Com base em minha pesquisa, posso afirmar que a experiência religiosa pode iniciar um percurso de conhecimento e de identificação, a partir do qual os indivíduos adquirem sentido de pertença religioso-comunitário ao qual correspondem mediante associação com outros que fizeram o mesmo percurso. Contudo, é necessário que na raiz dessa experiência esteja a busca *de sentido* e não a simples procura por satisfações espirituais, característica da religiosidade de consumo. A religiosidade de consumo obscurece a necessidade de validação da crença e, mais ainda, do estabelecimento de relações estáveis. A "religião experiencial", pelo contrário, acende a ideia de comunidade e solicita do indivíduo que encontre pares com os quais compartilhe perenemente e aprofunde, maiormente, os valores adquiridos.

A "religião experiencial" comporta uma vivência espiritual transcendente, potencialmente individual (ainda que oportunizada por reuniões coletivas), que encontra seu ponto privilegiado de atualização quando se manifesta agregativamente. Ela resulta das aspirações individuais que podem ser consideradas legítimas, quando levamos em conta a necessidade atual que as pessoas têm de encontrar identidade e sentido de vida. A religiosidade consumista, por sua vez, é uma religião forjada pela sociedade de consumo, na qual se assiste à transformação dos fiéis em consumidores ou em fãs, deixando tênues as fronteiras entre espetáculo, consumo e religiosidade. Ela apenas cria sucessivas pseudonecessidades espirituais que devem ser supridas, ainda que aparentemente, pela mediação das imagens, encenações e representações (Carranza, 2005; Ramos, 2005).

As observações que fiz nas comunidades de vida no Espírito, especialmente na Comunidade Canção Nova, permitem-me aventar a hipótese de que, conquanto a religiosidade contemporânea seja marcada por alto teor de subjetivação e expectativas consumistas, ela não perdeu, em algumas de suas facetas, seu conteúdo comunitário, pois isso pertence à própria natureza da experiência religiosa. A partir dessa ótica, a "religião experiencial" estaria mais em acordo com o "espírito" religioso, que seria essencialmente comunitário.

Aqui surge uma questão importante: como pode uma experiência potencialmente *individual* conter uma expectativa de vivência *comunitária*? Isso se explica pelo fato de que a experiência religiosa, embora individual, não é "solitária". Ela consiste em uma relação com um "Radicalmente Outro", descrita habilidosamente por Simmel (1973, p. 74):

> o homem religioso sente-se plenamente envolvido no ser divino, como se não fosse mais que uma pulsação da vida divina; sua própria substância evaporou-se (...) na substância absoluta. Não obstante, para que esta fusão tenha sentido, o homem tem de conservar de alguma maneira um ser próprio, uma contraposição pessoal, um Eu separado, para o qual a dissolução no todo divino seja um problema infinito, um processo que metafisicamente seria impossível de se realizar e religiosamente impossível de se sentir, se não partisse de um sujeito com realidade própria. O ser uno com Deus não tem sentido, se não é outro que Deus.

A experiência religiosa contém um esforço de alteridade já em sua origem. Isso faz dela um experimento ao mesmo tempo individual e "comunitário". Além disso, a "religião experiencial" é marcada por um "despojamento de si", uma vez que se trata de uma *vivência* em que o individuo se abre ao transcendente e, em certa medida, "renuncia-se a si mesmo" em favor daquilo que ele sente como algo (ou alguém) que o ultrapassa e, às vezes, o sobrepõe. Paradoxalmente, esse despojamento coloca o individuo em condições de atingir alta consciência de si, uma vez que ele se descobre como alguém capaz de autotranscendência, aquilo que o faz propriamente "humano" e o singulariza em relação a outras espécies (Frankl, 1991).

Esse ímpeto autotranscendente presente na "religião experiencial" possibilita que os indivíduos submetam-se às exigências dogmáticas e morais da religião, exigências estas que implicam muitas vezes em resignação e renúncias pessoais. É por causa dele que, mesmo nos dias de hoje, "nos encontramos ainda com pessoas capazes de passar horas e horas de seu tempo em cultos, celebrações e cerimônias de louvor; pessoas capazes de, em nome de sua fé, (...) entregar suas vidas em um sacrifício que faz tremer nossos corpos e mentes modernizados e ávidos de conforto e consumo" (Bingemer, 1998, p. 82-83). Essas pessoas estão, inclusive, dispostas a ir ao encontro da própria morte em estado feliz de exaltação e a canalizar todo o seu potencial humano e a quase totalidade de seu tempo, energias, criatividade e recursos em favor de sua fé (Sousa & Silva, 2010).

Quando a experiência religiosa se expressa em "comunidade", a imposição normativa da religião é ainda mais suavizada pela sensação de pertencimento. Ainda que sejam árduos os afazeres e rígidas as regras, a comunidade religiosa aparece, nesses casos, como um organismo desinteressado; seus interesses não são realmente seus, mas da coletividade e, por essa razão, ela pode pedir sacrifícios individuais (Paiva, 1998; Anderson, 2008).[3]

[3] A religião "de consumo" também exige sacrifícios de seus "fiéis", porém com fins mercenários e não altruístas.

É esse "despojamento de si" que a religiosidade consumista não contém e, em consequência, ela dificilmente produz a busca pela comunidade, embora possa reunir pessoas com interesses religiosos comuns. Os laços que se nutrem entre indivíduos com afinidades espirituais consumistas não criam uma comunidade entre eles, mas apenas se apresentam sob a forma de um ideal de comunidade em que o "estar junto" não implica, necessariamente, em "estar com" (Hervieu-Léger, 2008; Amaral, 2000).

O equilíbrio entre individualidade e comunitarismo é pleiteado pelo cristianismo desde seu começo. Indubitavelmente, a religião cristã reforça a importância da individualidade humana, uma vez que embora a Igreja seja concebida como uma instituição mediadora entre Deus e a humanidade, a salvação é um bem pessoal e depende da conversão de cada um (Hervieu-Léger, 2008). Contudo, essa singularidade está estreitamente associada a uma comunidade, e por isso o cristão não se afirma como indivíduo, mas como *irmão* (Anjos & Carranza, 2010). Nesse sentido, a fé cristã seria um resgate tanto do tema do indivíduo como do tema da comunidade (Paula, 2009).

A meu ver, essa característica da "religião experiencial" (ao mesmo tempo individual e comunitária) ajuda a tornar o fenômeno comunitário religioso contemporâneo parcialmente institucionalizante. Não se trata, naturalmente, de uma institucionalização em sentido tradicional, mediante a qual as igrejas históricas ganham corpo e plausibilidade perante os indivíduos. Trata-se, antes, da criação de formas alternativas de institucionalização, das quais as comunidades de vida no Espírito constituem um exemplo cabal.

A instituição é uma categoria mediadora capaz de alterar o caráter ilusório da comunidade (Schmitz, 1995). A comunidade institucionalizada seria a "encarnação" da utopia comunitária, uma espécie de *hipostasie* em que o ideal "se rebaixa" ao real, elevando-o. Quando se institucionaliza, a utopia comunitária ganha corpo e a segurança existencial, decorrente da coletividade, reveste-se de concretude. A instituição permite que os indivíduos sejam colocados sob a supervisão de um poder formal e, ao mesmo tempo, saibam onde requisitar seus direitos individuais.

Conforme tentei demonstrar ao longo deste livro, hoje em dia alguns indivíduos formam comunidades cujos vínculos são frouxos e fluidos, porque oriundos apenas do interesse de "estar junto" sem querer "estar com". Outros acabam criando comunidades institucionais, com vínculos mais fortes, às vezes formais e predominantemente presenciais. Entre esses dois polos estariam as "relações comunitárias midiáticas", marcadas por sentido de pertença, porém, sem poder de coercitividade. Por trás de qualquer dessas formas pode estar a experiência religiosa, esse espaço de conhecimento da realidade ao qual os cientistas, enquanto cientistas, parece não ter acesso.

Considerações Finais

Com este livro, espero ter demonstrado que as "comunidades de vida no Espírito" católicas constituem-se como uma, dentre as inúmeras possibilidades de vivência comunitária na sociedade contemporânea. Elas representam uma novidade no catolicismo, devido especialmente ao fato de ter entre seus membros casais vivendo um tipo de consagração religiosa assemelhado àquele professado pelas ordens e congregações já existentes na Igreja desde o século IV.

Para o catolicismo, as comunidades de vida no Espírito são uma *solução carismática,* porque atuam na contramão da secularização e reforçam os dogmas da Igreja Católica. Ao mesmo tempo, significam um *problema institucional*, uma vez que suscitam tensões no interior da organização em razão de seu perfil emocional e de sua autonomia em relação às estruturas eclesiais tradicionais. Muitas dessas comunidades disseminam seus valores por via midiática, ignorando os limites geográficos e, em certa medida, concorrem com as comunidades católicas que se baseiam na territorialidade.

Esse é o caso da Comunidade Canção Nova, que tomei como referência empírica de minha pesquisa e que qualifiquei como uma "comunidade midiática". Revestida de uma linguagem moderna e emocionalmente envolvente, a mensagem cançãonovista torna-se capaz de fazer com que os telespectadores com ela se identifiquem, a partir do que se estabelecem relações que podem ser qualificadas como "relações comunitárias midiáticas".

As "relações comunitárias midiáticas" são relações que se aproximam do tipo "comunitárias" pelo fato de conter alto nível de identificação, sentimento de pertença e compromisso fidelizado. A adesão emocionada e fiel proporciona uma interação bastante intensa entre a Canção Nova e aqueles que se tornam seus sócios formais, mediante a qual estes rompem relativamente com as unidades comunitárias territoriais e fazem da contribuição financeira à TV uma espécie de participação direta na missão da instituição midiática. Tudo isso sem que sejam necessários vínculos presenciais. O estabelecimento desse tipo de relação é o ponto ápice da mídia religiosa confessional, ou seja, o momento em que ela atinge o melhor de seu desempenho comunicacional.

A pesquisa empírica me permite sugerir que o super fluxo informacional contemporâneo produz algo mais do que uma mera congestão de notícias e interações fluidas. E que, conquanto haja uma tendência à subjetivização das crenças religiosas, a mídia não serve apenas para criar uma religiosidade privada e intimista, mas para a constituição de "comunidades". As interações religiosas midiáticas, quanto mais próximas do tipo "comunitárias", mais distantes estão de uma lógica de mercado.

De maneira geral, também cheguei a algumas conclusões quanto ao fenômeno comunitário contemporâneo. Espero igualmente ter demonstrado que ele é bastante diversificado e que responde predominantemente à insegurança existencial crescente provocada pela pulverização individualista da sociedade moderna. Com efeito, a comunidade tradicional era um tipo de convivência social relativamente estável que foi desmontada pelo advento do urbanismo e da industrialização, desmonte este que atingiu seu grau máximo com os efeitos da midiatização da sociedade e das interações proporcionadas pelas novas tecnologias da informação.

A individualização moderna implicou certo nível de renúncia da segurança existencial proporcionada pelas relações do tipo "comunitárias", gerando uma situação de instabilidade identitária nos indivíduos que terminou por predispô-los a um desejo de vivenciarem experiências coletivas. Após as múltiplas conquistas em torno de sua autonomia, o indivíduo moderno parece agora ensejar uma comunidade na qual possa inserir-se e desfrutar da segurança que esta lhe outorga. Em certo sentido, a tendência histórica reverte-se, com a comunidade, ou melhor, as comunidades particulares aparecendo como alternativa às relações do tipo "societárias".

Apesar disso, optei por não falar de "retorno da comunidade", uma vez que as agregações atuais revestem-se de características muito diferenciadas daquelas formas históricas do passado. Conquanto, às vezes saiam em defesa de fontes autônomas de conhecimento baseada na tradição e, nesse sentido, oponham-se a algumas tendências sociais predominantes, as comunidades de hoje se adaptam às demandas da contemporaneidade, não raras vezes lançando mão dos avanços tecnológicos em seu favor e inserindo-se criativamente no contexto cultural da sociedade contemporânea.

Defendi que o fenômeno comunitário contemporâneo apresenta um quadro híbrido, às vezes ambíguo, em que o controle e a incidência da comunidade sobre a vida dos indivíduos acontecem apenas de forma relativa, influência que é proporcional ao nível de compromisso que a comunidade conseguir angariar de seu partícipe em relação a ela. Esta é, por assim dizer, a principal característica do fenômeno comunitário contemporâneo: as agregações comunitárias restringem apenas parcialmente a autonomia dos indivíduos. A relação assimétrica que existia entre comunidade e indivíduo foi em certa medida invertida. Ou pelo menos foram criadas as condições para que se estabeleça um equilíbrio.

A despeito das expectativas de que a sociedade moderna pusesse um fim à comunidade, meu estudo indicou que, na verdade, a comunidade modernizou-se. Em última análise, a reflexividade moderna não destruiu as relações do tipo "comunitárias", apenas as transformou. A incidência das novas interações proporcionadas pelas tecnologias da informação e pela midiatização da sociedade, assim como o processo de autonomização dos indivíduos, resultaram em uma situação em que as comunidades particulares viram-se obrigadas a rever seus modos de constituição, tornando-se menos autoritárias e mais reflexivas.

Isso me levou também a concluir que a sociedade criou novas formas de vida comunitária porque necessita delas para sobreviver. Conquanto não sejam as únicas instituições capazes de oferecer identidade coletiva, comunidades como as "de vida no Espírito" têm grande possibilidade de contribuir com a nova ordem social, desde que não pleiteiem um retorno absoluto às formas do passado, permanecendo abertas às demandas da contemporaneidade e dialogando com o mundo plural a partir de uma perspectiva ecumênica.

Identifiquei que não é apenas um novo tipo de comunidade que está surgindo na sociedade atual (a comunidade midiática), mas também um novo *sistema* comunitário, que qualifiquei como "sistema comunitário em rede" e que, inserido na sociedade informacional (conceito de Manuel Castells, 1999), encontra-se adaptado a sua lógica. Esse novo sistema pode ser denominado "em rede", porque se compõe de comunidades particulares interconectadas. Cada comunidade parece ser um "nó" interligado pelas mídias e pela mobilidade característica da sociedade contemporânea.

O que verifiquei com meu estudo referenda a posição de que a comunidade não é um rótulo aplicável somente a determinadas formas históricas. Ela é antes um conceito amplo, que pode ser encontrado em qualquer período. Mediante a constatação de que um novo sistema comunitário começa a emergir na sociedade atual, quiçá comecemos a identificar aquilo que Martin Buber (2008) havia previsto: que a "sociedade" gestaria uma "nova comunidade", baseada nas escolhas e não nas ligações consanguíneas.

Por outro lado, minhas conclusões refutam a ideia de que a pertença comunitária implique em perda radical da identidade individual. Alguns autores definem a comunidade como algo inoperante, associado à morte do indivíduo ou a um "nada-em-comum". A morte coincidiria em tudo com a comunidade porque ambas são experiências de um "limite", aquilo que separa o indivíduo de si mesmo, a essência de uma impropriedade que nivela todos. Para esses autores, a comunidade não é uma identidade comum, mas uma comum ausência de identidade (Tarizzo, 2007; Esposito, 2007; Blanchot, 1984).

Sustento, pelo contrário, junto com outros autores, que a comunalidade pertence ao homem individual como parte de sua constituição ontológica (Schmitz, 1995). Que só dentro do *ethos* da comunidade pode o indivíduo fazer-se propriamente homem, ou seja, transformar a vida natural na vida investida de valor (Sodré, 2009). Que a comunidade não é o fim a que tende o indivíduo, mas é antes o princípio de onde a individualidade nasce (Gentile, 1946). Sustento, enfim, que a comunidade representa, nessa perspectiva, o resgate do que há de mais natural no sujeito (Nancy, 1992) e que é somente no agir social que se forma a identidade pessoal (Berger & Luckmann, 2004).

Do ponto de vista sociológico, é a comunidade que contribui para a manifestação do indivíduo em sua singularidade, uma vez que o peculiar se visibiliza mediante certo grau de homogeneidade. Cada indivíduo é uma "iniciação", não só do tipo humano absoluto, mas também da individualidade única do próprio ser. Somente a "visão do outro" é capaz de completar esse caráter fragmentário (Simmel, 1973). O indivíduo precisa correr o risco de perder-se no universo comunitário, pois se fica isolado, morre em seu isolamento: "Sozinho, vi muitas coisas maravilhosas, mas nenhuma delas era verdadeira".[1]

[1] Provérbio africano citado por KELLNER-ROGERS, Myron. WHEATLEY, Margaret J. O paradoxo e a promessa da comunidade. In. DRUCKER, Peter F (org). *A comunidade do futuro*: ideias para uma nova comunidade. São Paulo: Futura, 1998, p. 25.

Referências Bibliográficas

ABIB, Jonas. *Céus novos e uma terra nova*. São Paulo: Loyola: Cachoeira Paulista-SP: Canção Nova, 1997.

_____. *Canção Nova*: uma obra de Deus. São Paulo: Canção Nova, Loyola, 1999.

_____. *Comunidade Canção Nova*. www.cancaonova.com. Consulta em 25 de outubro de 2007.

_____. *Entrevista concedida a Ronaldo José de Sousa*. Campinas (SP), 2 de maio de 2008.

AMARAL, Leila. *Carnaval da alma*: comunidade, essência e sincretismo na Nova Era. Petrópolis: Vozes, 2000.

ANDERSON, Benedict. *Comunidades imaginadas*: reflexões sobre a origem e a difusão do nacionalismo. Tradução de Denise Bottman. São Paulo: Companhia das Letras, 2008.

ANDERSON, Nels. *Sociologia de la comunidad urbana*: uma perspectiva mundial. México, Buenos Aires: Fondo de Cultura Econômica, 1965.

ANJOS, Marcio Fabri dos. Comunidade e pluralismo. In. KEENAN, James F (Org). *Ética teológica católica no contexto mundial*. Aparecida: Santuário, 2010, p. 395-410.

_____. CARRANZA, Brenda. Para compreender as novas comunidades católicas. In. *Convergência*, Brasília, v. 45, n. 433, jul./ago. 2010 (no prelo).

ANTONIAZZI, Alberto. O catolicismo no Brasil. In. *Sinais dos Tempos*: tradição religiosa no Brasil. Caderno do ISER n. 22. Rio de Janeiro: ISER, 1989, p. 13-35.

ARENDT, Hannah. *A condição humana*. 6 ed. Rio de Janeiro: Forense, 1993.

AUGÉ, Marc. Sobremodernidade: do mundo tecnológico de hoje ao desafio essencial do amanhã. In. MORAES, Denis de (org). *Sociedade midiatizada*. Tradução de Carlos Frederico Moura da Silva, Maria Inês Coimbra Guedes, Lucio Pimentel. Rio de Janeiro: Mauad, 2006, p. 99-117.

BARKSDALE, James L. Tecnologia de comunicação em comunidades organizacionais dinâmicas. In. DRUCKER, Peter F. (org). *A comunidade do futuro*: ideias para uma nova comunidade. São Paulo: Futura, 1998, p. 99-106.

BARROS, Antonio Teixeira de. A natureza interdisciplinar da comunicação e o novo cenário da produção de conhecimento. In. Ciberlegenda, n. 9, 2002. Disponível em www.uff.br. Consulta em 20 de abril de 2006.

BAUMAN, Zigmunt. *Comunidade*: a busca por segurança no mundo atual. Tradução de Plínio Dentzien. Rio de Janeiro: Zahar, 2003.

_____. *Modernidade líquida*. Tradução de Plínio Dentzien. Rio de Janeiro: Zahar, 2001.

_____. *O mal-estar da pós-modernidade*. Rio de Janeiro: Zahar, 1998.

BAUDRILLARD, Jean. *A sociedade de consumo*. Tradução de Arthur Morão. Lisboa: Edições 70, 1991.

BECK, Ulrich. *La sociedad del riesgo*: hacia uma nueva modernidad. Barcelona: Paidós, 2006.

BELLEBAUM, Alfred. Ferdinand Tönnies. In. MIRANDA, Orlando de (org). *Para ler Ferdinand Tönnies*. São Paulo: EDUSP, 1995, p. 73-85.

BENEDETTI, Luiz Roberto. Novos rumos do catolicismo. In.

MARIZ, Cecília Loreto et al (orgs.). *Novas comunidades católicas*: em busca do espaço pós-moderno. Aparecida (SP): Ideias & Letras, 2009, p. 17-32.

BENEDICTO, Marcos. *Mídia e religião*: um vínculo paradoxal. Canal da Imprensa. 30 de outubro de 2003. Disponível em www.canaldaimprensa.com.br. Consulta em 25 de abril de 2008.

BERGER, P., LUCKMANN, T. *A construção social da realidade*. Petrópolis, Vozes, 1973.

_____. *Modernidade, pluralismo e crise de sentido*: a orientação do homem moderno. Tradução de Edgar Orth. Petropolis: Vozes, 2004.

BEYER, Peter. A privatização e a influência pública da religião na sociedade global. In. FEATHERSTONE, Mike (org). *Cultura global*: nacionalismo, globalização e modernidade. 3 ed. Petrópolis: Vozes, 1999, p. 395-420.

BIRMAN, Patrícia; LEHMANN, David. *Religion and the Media in a Battle for Ideological Hegemony*: the Universal Church of the Kingdom of God an TV Globo in Brazil. In: Bulletin of Latin American Research. Manchester, 1999. Vol. 18, n. 02, p. 145-164.

BLANCHOT, Maurice. *La communità inconfessabile*. Milão: Feltrinelli, 1984.

BRAGA, Antonio Mendes da C. *"- Sou Católico!" Mídia televisiva e identidade católica no Brasil (T.V. Canção Nova: um estudo de caso)*. Trabalho apresentado na XII Jornada sobre alternativas religiosas na América Latina da Associação de Cientistas Sociais da Religião do Mercosul. São Paulo: outubro de 2003.

_____. *TV católica Canção Nova:* providência e compromisso x mercado e consumismo. In. *Religião e Sociedade*, 24 (1). Rio de Janeiro: 2004, p. 113-123.

_____. *Catolicização do cotidiano, cotidianização do catolicismo*: Mídia, novas práticas religiosas e individualidade entre telespectadores e ouvintes da Rádio e TV Católica Canção Nova. Porto Alegre: 2006 (digitado).

BRAGA, José Luiz. *A sociedade enfrenta sua mídia*: dispositivos sociais de crítica midiática. São Paulo: Paulus, 2006. (Coleção Comunicação).

BUBER, Martin. *Sobre comunidade*. Seleção e introdução de Marcelo Dascal e Oscar Zimmermann. São Paulo: Perspectiva, 2008. (Debates, 203).

BURGESS, Ernest W. PARK, Robert E. Comunidade e sociedade como conceitos analíticos. In. FERNANDES, Florestan (org). *Comunidade e sociedade*: leitura sobre problemas conceituais, metodológicos e de aplicação. São Paulo: Nacional, USP, 1973, p. 144-152.

BOURDIEU, Pierre. *Sobre a televisão*. Tradução de Maria Lúcia Machado. Rio de Janeiro: Zahar, 1997.

CAMPOS, Leonildo Silveira. *Teatro, templo e mercado*: organização e marketing de um empreendimento neopentecostal. Petrópolis: Vozes, São Paulo: Simpósio, São Bernardo do Campo: Umesp, 1997.

CAMPOS, Roberta Bivar Carneiro. CAMINHA, Carla Patrícia Ribeiro. *A Obra de Maria:* a redefinição da devoção mariana. In. MARIZ, Cecília Loreto et al (orgs.). *Novas comunidades católicas*: em busca do espaço pós-moderno. Aparecida (SP): Ideias & Letras, 2009, p. 267-288.

CAMURÇA, Marcelo Ayres. Tradicionalismo e meios de comunicação de massa: o catolicismo midiático. In. MARIZ, Cecília Loreto et al (orgs.). *Novas comunidades católicas*: em busca do espaço pós-moderno. Aparecida (SP): Ideias & Letras, 2009, p. 59-78.

CANCLINI, Nestor. *Consumidores e cidadãos*: conflitos multiculturais da globalização. 3 ed. Rio de Janeiro: UFRJ, 1997.

CAPRA, Fritjof. Vivendo redes. In. DUARTE, Fábio et all. *O tempo das redes*. São Paulo: Perspectiva, 2008, p. 17-30.

CARRANZA, Brenda Maribel. *Renovação Carismática Católica*: origens, mudanças, tendências. Aparecida: Santuário, 2000.

_____. *Movimentos do catolicismo brasileiro*: cultura, mídia, instituição. Campinas, 2005. 576 p. Tese (Doutorado em Ciências Sociais). Instituto de Filosofia e Ciências Humanas, Universidade Estadual de Campinas.

_____. Perspectivas da neopentecostalização católica. In. MARIZ, Cecília Loreto et al (orgs.). *Novas comunidades católicas*: em busca do espaço pós-moderno. Aparecida (SP): Ideias & Letras, 2009, p. 33-58.

_____. MARIZ, Cecília. *Novas comunidades católicas:* por que crescem? In. MARIZ, Cecília Loreto et al (orgs.). *Novas comunidades católicas*: em busca do espaço pós-moderno. Aparecida (SP): Ideias & Letras, 2009, p. 139-170.

CASALEGNO, Frederico, KAVANAUGH, Andréa. Autour dês communautés et dês réseaux de télécommunications. In. *Societés*: Revue dês Sciences Humaines et Sociales, n. 59. Paris: De Boech Université, 1998/1, p. 63-77.

CASTELLS, Manuel. *A sociedade em rede*. 2 ed. Tradução: Roneide Venâncio Majer. São Paulo: Paz e Terra, 1999. (A Era da informação: economia, sociedade e cultura, v. 1).

_____. *O poder da identidade*. 2 ed. Tradução de Klaus Braudini Gerhardt. São Paulo: Paz e Terra, 1999. (A Era da informação e economia: economia, sociedade e cultura, v. 2).

_____. *A era da informação*: economia, sociedade e cultura, vol. 3, São Paulo: Paz e terra, 1999.

_____. *La Galaxie Internet*. Paris: Fayard, 2002.

_____. *Inovação, liberdade e poder na Era da Informação*. In. MORAES, Denis de (org). *Sociedade midiatizada*. Tradução de Carlos Frederico Moura da Silva, Maria Inês Coimbra Guedes, Lucio Pimentel. Rio de Janeiro: Mauad, 2006, p. 225-231.

CASTILHO, José Maria. *Os ministérios ordenados*. In.: *Os leigos na Igreja*. S/l: s/d, 11p. (Texto digitado, de tradução livre do espanhol).

CASTORIADIS, Cornelius. *A instituição imaginária da sociedade*. São Paulo: Paz e Terra, 1982.

CHALITA, Gabriel. *Eu acredito em milagres*: a história de Padre Jonas Abib. 6 ed. Cachoeira Paulista (SP): Canção Nova, 2008.

COHEN, Harry. A ideia de Gemeinschaft: rumo a uma nova sociologia humanística. In. MIRANDA, Orlando de (org). *Para ler Ferdinand Tönnies*. São Paulo: EDUSP, 1995, p. 205-228.

COHEN, Martine. *Les renoveaux catholique et juif en France*. In. CHAMPION, F; HERVIEU-LEGER, D. *De l'émotion en religion*: renouveaux et traditions. Paris: Centurion, 1990, p. 123-169.

_____. La regulation catholique des pratiques pentecôtistes au sein du Renouveau Charismatique Français. In. BERTIN, George, ROUSSEAU, Marie Claude. *Pentêcote*: de l'intime au social. Nantes: Université Catholique de l'Ouest, 1997, p. 131-150.

CONFERÊNCIA NACIONAL DOS BISPOS DO BRASIL. *Igreja particular, movimentos eclesiais e novas comunidades*. São Paulo: Paulinas, 2006 (Subsídio, 3).

CONSELHO EPISCOPAL LATINO AMERICANO. *Comunicação*: missão e desafio. São Paulo: Paulinas, 1998.

CORTEN, André. *La Banalisation du Miracle*: Analyse du Discours de L'Argumentation. In: Horizontes Antropológicos/ UFRGS, IFCH. Programa de Pós-Graduação em Antroplogia Social, jun.1998. Ano IV, n. 8, p. 199-210.

COSTA, Evandro Ruiz Alves. *Dinâmica populacional e Igreja Católica no Brasil: 1960-2000*. Rio de Janeiro: CERIS, 2001. (Cadernos CERIS, ano 2, n. 3).

COSTA, Rogério. *Por um novo conceito de comunidade:* redes sociais, comunidades pessoais, inteligência coletiva. *Interface* – Comunic., Saúde, Educ., v. 9, n. 17, p. 235-48, mar/ago 2005.

COVEY, Stephen R. A comunidade ideal. In. DRUCKER, Peter F (org). *A comunidade do futuro*: ideias para uma nova comunidade. São Paulo: Futura, 1998, p. 57-66.

CSORDAS, Thomas. *Language, caisma and creativity. Berkeley:* University of Califórnia Press, 1996.

DEBORD, Guy. *A sociedade do espetáculo*: comentários sobre a sociedade do espetáculo. Rio de Janeiro: Contraponto, 1997.

DELLA CAVA, Ralph. MONTEIRO, Paula. *E o verbo se fez imagem*: Igreja Católica e os meios de comunicação no Brasil. São Paulo: Paulinas, 1994.

DIAS, Arlindo Pereira. *Igreja Católica e televisão:* estratégias de comunicação. Disponível em www.encipecom.metodista.br. Consulta em 01 de setembro de 2010.

DIEL, Paulo Fernando. *A paróquia no Brasil na restauração católica durante a Primeira República*. IN. TORRES-LONDOÑO, Fernando (org.). *Paróquia e comunidade no Brasil*: perspectiva histórica. São Paulo: Paulo, 1997, p. 131-170.

DRUCKER, Peter F. Civilizando a cidade. In. *A comunidade do futuro*: ideias para uma nova comunidade. São Paulo: Futura, 1998, p. 13-20.

DURKHEIM, Émile. *Da divisão do trabalho social*. Tradução de Carlos Alberto Ribeiro de Moura. 2 ed. São Paulo: Abril Cultural, 1983, p. 1-70. (Os pensadores).

ELIADE, Mircea. *O sagrado e o profano*: essência das religiões. São Paulo: Martins Fontes, 1996.

ELIAS, Nobert. *A sociedade dos indivíduos*. Rio de Janeiro: Zahar, 1994.

ESPOSITO, Roberto. Niilismo e comunidade. In. PAIVA, Raquel. *O retorno da comunidade*: os novos caminhos do social. Prefácio de Muniz Sodré. Rio de Janeiro: Mauad X, 2007, p. 15-30.

ETZIONI, Amitai. *The spirit of community*: rights, responsabilities and the communitarian agenda. New York: Crown, 1993.

______. *La nueva regla de oro*: comunidad y moralidad em uma sociedad democratica. Bracelona: Paidos, 1999.

FAVALE, A (e collaboratori), *Movimenti ecclesiali contemporanei. Dimensioni storiche, teologico-spirituali ed apostoliche*, Biblioteca di Scienze Religiose 92, LAS, Roma 1991.

FERNANDES, Florestan (org). *Comunidade e sociedade no Brasil*: leituras básicas de introdução ao estudo macro-sociológico do Brasil. São Paulo: Companhia Editora Nacional, Editora da USP, 1972.

FERNANDES, Sílvia Regina Alves. Prática religiosa e participação social. In. Centro de Estatística Religiosa e Investigações Sociais (Ceris). *Desafios do catolicismo na cidade*: pesquisa em regiões metropolitanas brasileiras. São Paulo: Paulus, 2002, p. 88-129.

_____. PITTA, Marcelo Trindade. Meios de comunicação e religião. In. Centro de Estatística Religiosa e Investigações Sociais. *Desafios o catolicismo na cidade*: pesquisa em regiões metropolitanas brasileiras. São Paulo: Paulus, 2002, p. 137-198.

FERRÉS, Joan. *Televisão subliminar*: socialização através de comunicações despercebidas. Trad. Ernani Rosa e Beatriz A. Neves. Porto Alegre: Artmed, 1998.

FREYER, Hans. Comunidade e sociedade como estruturas histórico-sociais. In. FERNANDES, Florestan (org). *Comunidade e sociedade*: leitura sobre problemas conceituais, metodológicos e de aplicação. São Paulo: Nacional, USP, 1973, p. 132-139.

FRANKL, Victor E. *Em busca de sentido*: um psicólogo no campo de concentração. São Leopoldo: Sinodal; Petrópolis: Vozes, 1991 (Coleção Logoterapia).

GAUDINI, Claire L. A sabedoria como capital nas comunidades prósperas. In. DRUCKER, Peter F (org). *A comunidade do futuro*: ideias para uma nova comunidade. São Paulo: Futura, 1998, p. 67-77.

GENTILE, Giovanni. *Gènesi e strutura della società*. Firenze: Sansoni, 1946.

GEUSS, Raymond. *Teoria crítica*: Habermas e a Escola de Frankfurt. Campinas: Papirus, 1988.

GITLIN, Todd. *Mídias sem limite*: como a torrente de imagens e sons domina nossas vidas. Tradução de Maria Beatriz de Medina. Rio de Janeiro: Civilização Brasileira, 2003.

GOLDSMITH, Marshall. Comunidades globais e comunidades por escolha. In. DRUCKER, Peter F (org). *A comunidade do futuro*: ideias para uma nova comunidade. São Paulo: Futura, 1998, p. 107-119.

GÓMEZ, Guillermo Orozco. *Comunicação social e mudança tecnológica:* um cenário de múltiplos desordenamentos. In. MORAES, Denis de (org). *Sociedade midiatizada*. Tradução de Carlos Frederico Moura da Silva, Maria Inês Coimbra Guedes, Lucio Pimentel. Rio de Janeiro: Mauad, 2006, p. 81-98.

GONÇALVES, Gisela. Comunitarismo ou liberalismo? Universidade da Beira Interior, setembro/1998. Disponível em www.bocc.ubi.pt. Consulta em 12 de junho de 2010.

GONDAL, Marie-Louise. *Comunidades no cristianismo*: um novo passo a ser dado. Tradução de Magno José Vilela. São Paulo: Paulinas, 1999. (Coleção: Atualidade em diálogo).

GOULDNER, Alvin. *La dialéctica de la ideologia y la tecnologia*. Madri: Alianza, 1978.

HABERMAS, Jürgen. *O discurso filosófico da modernidade*. Lisboa: Dom Quixote, 1998.

HALL, Stuart. *Codage/Decodage*. Réseaux Reader CNET: Paris, 1997.

_____. *A identidade cultural na pós-modernidade*. Rio de Janeiro: DP&A Editora, 1998.

_____. *Da diáspora*: identidades e mediações culturais. Belo Horizonte: UFMG, 2003.

HARTMANN, Atílio Ignácio. *Religiosidade e mídia eletrônica*: a mediação sociocultural religiosa e a produção de sentido na recepção de televisão. São Paulo: USP, 2000, 352 p. Tese (Doutorado em Comunicação) – Escola de Comunicação e Artes.

HÉBRARD, Monique. *Os carismáticos.* Porto: Perpétuo Socorro, 1992.

HERVIEU-LÉGER, Daniele. *Vers um nouveau christianisme?* Introduction à la sociologie du christianisme occidental. Paris: Éditions du Cerf, 1986.

_____. Representam os surtos emocionais contemporâneos o fim da secularização ou o fim da religião? In. *Religião e sociedade*, v. 18, n.1. Rio de Janeiro: CER/ISER, 1997, p. 31-48.

_____. *O peregrino e o convertido*: a religião em movimento. Tradução de João Batista Kreuch. Petrópolis: Vozes, 2008.

JAMESON, Fredric. Notas sobre a globalização como questão filosófica. In. PRADO, José Luiz Aidar, SOVIK, Liv (orgs). *O lugar global, o lugar nenhum*: ensaios sobre democracia e globalização. São Paulo: Hacker Editores, 2001, p. 11-39.

KELLNER, Douglas. Cultura da mídia e triunfo do espetáculo. In. MORAES, Denis de (org). *Sociedade midiatizada.* Tradução de Carlos Frederico Moura da Silva, Maria Inês Coimbra Guedes, Lucio Pimentel. Rio de Janeiro: Mauad, 2006, p. 119-147.

KELLNER-ROGERS, Myron. WHEATLEY, Margaret J. O paradoxo e a promessa da comunidade. In. DRUCKER, Peter F (org). *A comunidade do futuro*: ideias para uma nova comunidade. São Paulo: Futura, 1998, p. 21-30.

KUNSCH, Waldemar Luiz. *Comunicação eclesial católica*: inventário e análise da produção acadêmica sobre a comunicação eclesial católica nos programas brasileiros de pós-graduação em comunicação social. São Bernardo do Campo, 2001. 307 p. Dissertação (Mestrado em Comunicação Social – Programa de Pós-Graduação em Comunicação Social). Universidade Metodista de São Paulo.

LACERDA, Lucelmo. *Fogo na televisão:* ofensiva eletrônica da Renovação Carismática Católica. Revista Espaço Acadêmico, n. 58, mar/2006. Disponível em www.espacoacademico.com.br. Consulta em 04 de junho de 2009.

LEMOS, André. *Cibercultura, tecnología e vida social.* Porto Alegre: Sulina, 2002.

_____. *Agregações eletrônicas ou comunidades virtuais?* Análises da lista FACOM e cibercultura. Disponível em www.facom.ufba.br. Consulta em 10 de janeiro de 2005.

. _____. *Ciber-socialidade:* tecnologia e vida social na cultura contemporânea. Disponível em www.facom.ufba.br. Consulta em 02 de maio de 2006.

LÉVY, Pierre. *As tecnologias da inteligência.* São Paulo: Editora 34, 1995.

_____. *Cibercultura.* Tradução de Carlos Irineu da Costa. São Paulo: Editora 34, 1999, 264 p. (Coleção TRANS).

LIBANIO, João batista. *A vida religiosa na crise da modernidade brasileira.* Rio de Janeiro: CRB, São Paulo: Loyola, 1995.

_____. O sagrado na pós-modernidade. In. CALIMAN, Cleto (org.), *A sedução do Sagrado*: o fenômeno religioso na virada do milênio. Petrópolis: Vozes, 1998, p. 61-78.

LYOTARD, Jean-François. *A condição pós-moderna.* 5 ed. Tradução de Ricardo Corrêa Barbosa. Rio de Janeiro: José Olímpio, 1979.

MACHADO, Maria das Dores C. *Carismáticos e pentecostais:* adesão religiosa na esfera familiar. São Paulo/Campinas, Anpocs/Editores Autores Associados, 1996.

MACIVER, R.M. PAGE, Charles H. Comunidade e sociedade como níveis de organização da vida social. In. FERNANDES, Florestan (org). *Comunidade e sociedade*: leitura sobre problemas conceituais, metodológicos e de aplicação. São Paulo: Nacional, USP, 1973, p. 117-131.

MAFFESOLI, Michel. *No fundo das aparências*. Petrópolis: Vozes, 1996.

_____. *O tempo das tribos*: o declínio do individualismo nas sociedades de massa. 4 ed. São Paulo: Forense Universitária, 2006.

MAIA, Kaliane de Freitas. *As comunidades de vida e aliança no contexto do catolicismo*: uma análise do caso da Remidos no Senhor. Campina Grande, 2008. Dissertação (Mestrado em Ciências Sociais) – Universidade Federal de Campina Grande, Centro de Humanidades.

MALDONATO, Mauro. As origens e a evolução do conceito de tolerância. Texto apresentado no Seminário de Cultura e Intolerância (SESC Vila Mariana). São Paulo, novembro de 2003. Disponível em www.secsp.org.br. Consulta em 13 de julho de 2010.

MARCONDES FILHO, Ciro. *Quem manipula quem*: poder e massas na indústria da cultura e da comunicação no Brasil. Petrópolis: Vozes, 1986.

MARIZ, Cecília Loreto; MELLO, Gláucia Buratto Rodrigues de. *Insatisfações com a família e sociedades contemporâneas*: uma comparação entre comunidades católicas e *New Age*. In. Estudos de sociologia: revista do Programa em Pós-Graduação em Sociologia da UFPE, v. 13, n. 1, p. 49-75.

_____. *Comunidades de vida no Espírito*: um novo modelo de família? Trabalho apresentado no VIII Congresso Luso-Afro-Brasileiro de Ciências Sociais. Coimbra, 2004. Disponível em www.ces.uc.pt. Consulta em 08 de junho de 2006.

_____. *Comunidades de vida no Espírito Santo:* juventude e religião. *Tempo social* [online], nov. 2005, vol. 17, n. 2, p. 253-273. Disponível em www.scielo.br. Consulta em 06 de junho de 2006.

_____. *A Rede Vida:* o catolicismo na TV. In. Imagens da Religião. *Cadernos de Antropologia e Imagem*, n. 7. Rio de Janeiro: PPCIS/NAI, UERJ, 1998.

_____. *A Renovação Carismática Católica:* uma igreja dentro da Igreja? *Civitas* – Revista de Ciências Sociais v. 3, n. 1, jun. 2003, p. 169-186.

_____. *Missão religiosa e migração:* "novas comunidades" e igrejas pentecostais no exterior. *Análise Social.* Vol. XLI (1º), 2009, p. 161-187.

_____. AGUILAR, Luciana. *Shalom:* construção social da experiência vocacional. In. MARIZ, Cecília Loreto et al (orgs.). *Novas comunidades católicas*: em busca do espaço pós-moderno. Aparecida (SP): Ideias & Letras, 2009, p. 241-265.

MARTÍN-BARBERO, Jesús. *Dos meios às mediações*: comunicação, cultura e hegemonia. Rio de Janeiro: UFRJ, 1997.

_____. Globalização comunicacional e transformação cultural. In. MORAES, Denis de (org). *Por uma outra comunicação*: mídia, mundialização cultural e poder. São Paulo e Rio de Janeiro: Record, 2003, p. 57-102.

_____. *Tecnicidades, identidades, alteridades:* mudanças e opacidades da comunicação no novo século. In. MORAES, Denis de (org).

Sociedade midiatizada. Tradução de Carlos Frederico Moura da Silva, Maria Inês Coimbra Guedes, Lucio Pimentel. Rio de Janeiro: Mauad, 2006, p. 51-79.

MARX, Karl. *O capital*. 5 ed. resumida por Julian Borchardt. Rio de Janeiro: Zahar, 1978.

_____. *Para a crítica da economia política*. Trad. José Arthur Gianotti e Edgar Malagodi. São Paulo: Nova Cultural, 1991, p. 3-32. (Os Pensadores).

MATTELART, Armand. *A globalização da comunicação*. Bauru: EDUSC, 2000.

_____. Para que "Nova ordem mundial da informação"? In. MORAES, Denis de (org). *Sociedade midiatizada*. Tradução de Carlos Frederico Moura da Silva, Maria Inês Coimbra Guedes, Lucio Pimentel. Rio de Janeiro: Mauad, 2006, p. 233-246.

MAUSS, Marcel. A expressão obrigatória dos sentimentos. In. OLIVEIRA, Roberto Cardoso de (org). *Marcel Mauss*: antropologia. São Paulo: Ática, 1979, p. 147-153. (Grandes cientistas sociais, 11).

MENDES, Márcio. *Quando só Deus é a resposta*. 41 ed. Cachoeira Paulista: Canção Nova, 2004.

MIRANDA, Antonio Afonso de. *Entrevista concedida ao Portal Canção Nova*. Disponível em www.cancaonova.com/portal/canais/entrevista. Consulta em 25 de março de 2009.

MIRANDA, Júlia. *Carisma, sociedade e política*: novas linguagens do religioso e do político. Rio de Janeiro: Zahar, 1999.

MIRANDA, Orlando de. A armadilha do objeto: o ponto de partida de Ferdinand Tönnies. In. MIRANDA, Orlando de (org). *Para ler Ferdinand Tönnies*. São Paulo: EDUSP, 1995, p. 53-72.

MORAES, Denis de. *A tirania do fugaz:* mercantilização cultural e saturação midiática. In. *Sociedade midiatizada*. Rio de Janeiro: Mauad, 2006.

MUSSO, Pierre. Ciberespaço, figura reticular da utopia tecnológica. In. MORAES, Denis de (org). *Sociedade midiatizada*. Tradução de Carlos Frederico Moura da Silva, Maria Inês Coimbra Guedes, Lucio Pimentel. Rio de Janeiro: Mauad, 2006, p. 191-224.

NANCY, Jean-Luc. *La comunitá inoperosa*. Milão: Cronopio, 1992.

OLIVEIRA, Eliane Martins de. *O mergulho no Espírito de Deus*: diálogos (im)possíveis entre a RCC e a Nova Era na Comunidade de Vida no Espírito Canção Nova. Rio de Janeiro, 2003. Dissertação (Mestrado em Ciências Sociais). Programa de Pós-Graduação em Ciências Sociais, Universidade Estadual do Rio de Janeiro.

_____. *O mergulho no Espírito de Deus:* interfaces entre o catolicismo carismático e a Nova Era. In. *Religião e Sociedade*, 24 (1). Rio de Janeiro: 2004, p. 85-112.

_____. *Sinfonia inacabada*: segredo, imaginação e a comunidade de vida Canção Nova. Rio de Janeiro, 2008. Tese (Doutorado em Ciências). Programa de Pós-Graduação de Ciências Sociais em Desenvolvimento, Agricultura e Sociedade. Universidade Federal Rural do Rio de Janeiro.

_____. A "vida no Espírito" e o dom de ser "Canção Nova". In. MARIZ, Cecília Loreto et al (orgs.). *Novas comunidades católicas*: em busca do espaço pós-moderno. Aparecida (SP): Ideias & Letras, 2009, p. 195-222.

ORO, Ari Pedro. *Avanço pentecostal e reação católica*. Petrópolis: Vozes, 1996.

PAGE, Charles H. MACIVER, R. M. Comunidade e sociedade como níveis de organização da vida social. In. FERNANDES, Florestan (org). *Comunidade e sociedade*: leitura sobre problemas conceituais, metodológicos e de aplicação. São Paulo: Nacional, USP, 1973, p. 117-131.

PALACIOS, Marcos. *Cotidiano e Sociabilidade no Cyberespaço:* apontamentos para discussão. Disponível em <http://facom/ufba/br/pesq/cyber/palacios/cotidiano.html > (19/11/1998).

PAIVA, Raquel. *O espírito comum*: comunidade, mídia e globalização. Petrópolis: Vozes, 1998.

_____ (org). *O retorno da comunidade*: os novos caminhos do social. Prefácio de Muniz Sodré. Rio de Janeiro: Mauad X, 2007.

PARK, Han Woo. THELWALL, Mike. *Rede de hyperlinks:* estudo da estrutura social na internet. In. DUARTE, Fábio et all. *O tempo das redes*. São Paulo: Perspectiva, 2008, p. 191-216.

PATRIOTA, Karla Regina Macena Pereira. *Mídia e entretenimento:* em busca da religiosa audiência. In. Revista de Estudos da Religião, set. 2008, p. 69-88. Disponível em www.pucsp.br/rever. Consulta em 18 de dezembro de 2008.

PAULA, Marcio Gimenes de. *Indivíduo e comunidade na filosofia de Kierkegaard*. São Paulo: Paulus, 2009 (Coleção Filosofia).

PEREIRA, Edilson. *O Espírito da Comunidade:* passagens entre o mundo e o sagrado na Canção Nova. Rio de Janeiro. Dissertação de Mestrado em Sociologia e Antropologia, PPGSA, IFCS, UFRJ, 2008.

_____. O espírito da oração ou como carismáticos entram em contato com Deus. In. *Religião e Sociedade*. v. 29, n. 2, Rio de Janeiro, 2009.

PESSINATI, Nivaldo Luiz. *Políticas de comunicação da Igreja Católica no Brasil*. Petropolis: Vozes, 1998.

PINCHOT, Gifford. Desenvolvendo a comunidade no local de trabalho. In. DRUCKER, Peter F (org). *A comunidade do futuro*: ideias para uma nova comunidade. São Paulo: Futura, 1998, p. 131-143.

PLÉTY, Robert. *Igreja ordinária e comunidades novas*: um problema de comunicação. Tradução de Paulo Ferreira Valério. São Paulo: Paulinas, 1999.

POLLAK, Michel. Memória e identidade social. In. *Estudos Históricos*, v. 5, n. 10. Rio de Janeiro: CPDOC, FGV, 1992, p. 200-212.

PORTELLA, Rodrigo. Medievais e pós-modernos: a Toca de Assis e as novas sensibilidades católicas juvenis. In. MARIZ, Cecília Loreto et al (orgs.). *Novas comunidades católicas*: em busca do espaço pós-moderno. Aparecida (SP): Idéias & Letras, 2009, p. 171-194.

PRIMO, Alex F. T. A Emergência das Comunidades Virtuais. Texto apresentado no Gt de Teoria da Comunicação no XX Congresso da Intercom – Santos/SP, 27 de agosto a 07 de setembro de 1997. *Online* em <http://usr.psico.ufrgs.br/~aprimo > (10/08/2001)

QUANDT, Carlos. SOUZA, Queila. Metodologia de análise de redes sociais. In. DUARTE, Fábio et all. *O tempo das redes*. São Paulo: Perspectiva, 2008, p. 31-64.

RAMONET, Ignácio. O poder midiático. In. MORAES, Denis de (org). *Por uma outra comunicação*: mídia, mundialização cultural e poder. São Paulo, Rio de Janeiro: Record, 2003, p. 243-252).

RAMOS, Luiz Carlos. *A pregação na Idade Mídia*: os desafios da sociedade do espetáculo para a prática homilética contemporânea. São Bernardo do Campo, 2005, 280 p. Tese (Doutorado em Ciências da Religião) – Universidade Metodista de São Paulo, São Bernardo do Campo, 2005.

RHEINGOLD, Howard. *La comunidad virtual: una sociedad sin fronteras*. Barcelona: Gedisa Editorial, 1994. Colección Limites de La Ciência.

_____. Comunidades virtuais. In. DRUCKER, Peter F (org). *A comunidade do futuro*: ideias para uma nova comunidade. São Paulo: Futura, 1998, p. 120-127.

ROMEIRO, Paulo. *Decepcionados com a graça*. São Paulo: Mundo Cristão, 2005.

RÜDIGER, Francisco. *Introdução às teorias da cibercultura*: tecnocracia, humanismo e crítica no pensamento contemporâneo. 2 ed. rev. Ampl. (2007). Porto Alegre: Sulina, 2007.

SÁNCHEZ, José Luis Noriega. *Crítica de la seducción mediática*. Madrid: Editorial Tecnos, 1997.

SANTAELLA, Lucia. *Culturas e artes do pós-humano*: da cultura das mídias à cibercultura. São Paulo: Paulus, 2003.

SANTIAGO, Luzia. Entrevista concedida ao Portal Canção Nova. Disponível em www.cancaonova.com/portal/canais/entrevista. Consulta em 25 de março de 2009.

SANTOS, Suzy; CAPPARELLI, Sérgio. Crescei e multiplicai-vos: a explosão religiosa na televisão brasileira. *In Texto* (UFRGS), v.11, 2004, p. 1-23.

SCHAFF, Adam. *A sociedade informática*. São Paulo: Unesp, 1990.

SCHENEIDER, Eugene V. *Sociologia industrial*: relações sociais entre a indústria e a comunidade. Rio de Janeiro: Zahar, 1976.

SCHERER, Jacqueline. Alguns paradoxos das comunidades contemporâneas: uma visão sociológica. In. GREGORY, Afonso (org). *Comunidades eclesiais de base*: utopia ou realidade. Petrópolis: Vozes, 1973, p. 97-123.

SCHMIDT, Gerson. *TV brasileira*: novo púlpito da Igreja Eletrônica. Dissertação apresentada ao Curso de Mestrado em Comunicação Social da Pontifícia Universidade Católica do Rio Grande do Sul. Porto Alegre, 2008.

SCHMITZ, Kenneth L. Comunidade: a unidade ilusória. In. MIRANDA, Orlando de (org). *Para ler Ferdinand Tönnies*. São Paulo: EDUSP, 1995, p. 177-193.

SILVA, Leonardo Almeida da. *O Espírito sopra como quer?* Consequências das relações institucionais da Renovação Carismática Católica. Niterói (RJ), 2008. Monografia (Graduação em Ciências Sociais). Instituto de Ciências Humanas e Filosofia, Universidade Federal Fluminense.

SILVA, Lídia. A internet: a geração de um novo espaço antropológico. Texto apresentado no Colóquio Comemorativo dos 20 anos da Revista Crítica de Ciências Sociais. Disponível em www.ces.fe.uc.pt; Consulta em 12 de março de 2000.

SILVA, Maria das Graças. *A Igreja e a evangelização pela TV*. São Paulo: Paulinas, 1991.

SILVA, Wagner Ferreira. *A contribuição dos novos movimentos eclesiais na formação da consciência moral:* uma análise da experiência da Comunidade Canção Nova do Brasil. Tese de Doutorado. Pontificia Universitas Lateranensis (Academia Alfonsiana, Instititum Superius Theologiae Moralis). Roma, 2009.

SIMMEL, Georg. Requisitos universais e axiomáticos da sociedade.

In. FERNANDES, Florestan (org). *Comunidade e sociedade*: leitura sobre problemas conceituais, metodológicos e de aplicação. São Paulo: Nacional, USP, 1973, p. 63-81.

_____. A natureza sociológica do conflito. In. MORAES FILHO, Evaristo (org). *Georg Simmel*: sociologia. São Paulo: Ática, 1983, p. 122-134. (Grandes cientistas sociais, 34).

SODRÉ, Muniz. *Antropológica do espelho*: uma teoria da comunicação linear em rede. 4 ed. Petrópolis: Vozes, 2009.

_____. Eticidade, campo comunicacional e midiatização. In. MORAES, Denis de (org). *Sociedade midiatizada*. Tradução de Carlos Frederico Moura da Silva, Maria Inês Coimbra Guedes, Lucio Pimentel. Rio de Janeiro: Mauad, 2006, p. 19-31.

SOUSA, Ronaldo José de. *Ide às encruzilhadas*: doutrina social, Renovação Carismática e opção pelos pobres. Aparecida (SP): Santuário, 2003. (Coleção RCC Novo Milênio, 9)

_____. *Carisma e instituição*: relação de poder na Renovação Carismática Católica do Brasil. Aparecida: Santuário, 2005.

_____. *O discípulo amado*: autoconhecimento a partir da experiência de Deus. Aparecida: Santuário, 2009.

_____. SILVA, Magnólia Gibson Cabral da. *Religião e sociedade de consumo*: a relação entre religião e consumismo moderno a partir da prática da Comunidade Carismática Canção Nova. Campina Grande: 2010 (Digitado).

______. *Comunidade e sociedade informacional*: o fenômeno comunitário contemporâneo a partir da Comunidade Midiática Canção Nova. Campina Grande, 2010, 280 f.: il. col. Tese (Doutorado em Ciências Sociais) – Universidade Federal de Campina Grande, Centro de Humanidades.

SOUZA, André Ricardo de. *Igreja in concert*: padres cantores, mídia e marketing. São Paulo: FAPESP, Annablume, 2005.

_____. *As investidas católicas na mídia*. In. Revista de Estudos da Religião, set. 2008, p. 27-45. Disponível em www.pucsp.br/rever. Consulta em 14 de dezembro de 2008.

SOUZA, Hebert Rodrigues de. *Trajetória da comunicação eclesial protestante no Brasil*: o pensamento e a ação da Reinhard Brose. São Bernardo do Campo, 2005 (A). 189 p. Dissertação (Mestrado em Comunicação Social – Programa de Pós-Graduação em Comunicação Social). Universidade Metodista de São Paulo.

_____. Igreja, comunidade e mística. Uma interpretação da crise da igreja da libertação. In: ALTMANN, Walter; ALTMANN, Lori. (Org.). *Globalização e religião*: desafios à fé. São Leopoldo: CECA/CLAI, 2000, p. 36-53.

STEIL, Carlos Alberto. Antropologia do turismo: comunidade e desterritorialização. In: PERALTA, Elsa; ANICO, Marta (Org.). *Patrimónios e Identidades*. Ficções contemporâneas. Oeiras: Celta Editora, 2006, p. 163-170.

_____. Aparições marianas contemporâneas e carismatismo católico. In: SANCHIS, Pierre (Org.). *Fiéis & Cidadãos*. Percursos de sincretismo no Brasil. Rio de Janeiro: EDUERJ, 2002, p. 117-146.

_____. Da comunidade à mística. *Teoria & Sociedade* (UFMG), Belo Horizonte, v. Esp., n. maio/03, p. 144-155, 2003.

_____. Pluralismo, modernidade e tradição: transformações do campo religioso. *Ciências Sociais e Religião*, Porto Alegre, v. 3, n. 3, p. 115-129, 2001.

STIEGLER, Bernard. *La technique et le temps*. Paris: Galilée, 1994.

STOCKINGER, Gottfried. Para uma teoria sociológica da comunicação. Editoração eletrônica FACOM, 2001. Disponível em www.facom.ufba.br. Consulta em 26 de agosto de 2008.

TAYLOR, Charles. *La malaise de la modernité*. Paris: Du Cerf-Humanités, 1995.

TARIZZO, Davide. Filósofos em comunidade: Nancy, Espósito, Agamben. In. PAIVA, Raquel. *O retorno da comunidade*: os novos caminhos do social. Prefácio de Muniz Sodré. Rio de Janeiro: Mauad X, 2007, p. 31-61.

THOMAS, J. B. Comunidade. In. OUTHWAITE, W. & BOTTOMORE, T. (Eds). *Dicionário do pensamento social do século XX*. Rio de Janeiro: Zahar, 1996, p. 115-117.

THOMPSON, John B. *Ideologia e cultura moderna*: teoria social crítica na era dos meios de comunicação da massa. 6 ed. Petrópolis: Vozes, 1995.

______. *A mídia e a modernidade*: uma teoria social da mídia. Petrópolis: Vozes, 1999.

THUROW, Lester C. A comunidade econômica e o investimento social. In. DRUCKER, Peter F (org). *A comunidade do futuro*: ideias para uma nova comunidade. São Paulo: Futura, 1998, p. 31-37.

TIMBÓ, Sidney. *Novas comunidades*: uma novidade no Brasil e no mundo. Fortaleza: Shalom, 2004.

TÖNNIES, Ferdinand. Comunidade e sociedade como entidades típico-ideais. In. FERNANDES, Florestan (org). *Comunidade e sociedade*: leitura sobre problemas conceituais, metodológicos e de aplicação. São Paulo: Nacional, USP, 1973, p. 96-116.

____. Comunidade e sociedade (textos selecionados). In. MIRANDA, Orlando de. *Para ler Ferdinand Tönnies*. São Paulo: EDUSP, 1995, p.231-342.

TORRES-LONDOÑO, Fernando (org.). *Paróquia e comunidade no Brasil*: perspectiva histórica. São Paulo: Paulo, 1997.

TÖTTÖ, Pertti. Ferdinand Tönnies: um racionalista romântico. In. MIRANDA, Orlando de (org). *Para ler Ferdinand Tönnies*. São Paulo: EDUSP, 1995, p. 41-32.

TRIVINHO, Eugênio. *O mal-estar na teoria*. Rio de Janeiro: Quadrant, 2002.

TURNER, B. The self anda reflexive modernity. In. *Orientalism, Postmodernism and globalism*. London: Routledge, 1994.

ULRICH, Dave. Seis práticas para criar comunidades de valores, e não de proximidade. In. DRUCKER, Peter F (org). *A comunidade do futuro*: ideias para uma nova comunidade. São Paulo: Futura, 1998, p. 159-168.

VATTIMO, Gianni. *A sociedade transparente*. Lisboa: Edições 70, 1989.

VIAN, Itamar. CORMADO, João Pedro. *Movimentos eclesiais e novas comunidades*. São Paulo: Ave Maria, 2005.

VIEIRA, Vanessa. Católicos reclusos. In. *Veja*, n. 48, 3 de dezembro de 2008.

VILCHES, Lorenzo. Migrações midiáticas e criação de valor. In. MORAES, Denis de (org). *Sociedade midiatizada*. Tradução de Carlos Frederico Moura da Silva, Maria Inês Coimbra Guedes, Lucio Pimentel. Rio de Janeiro: Mauad, 2006, p. 157-189.

VELHO, Guilherme. Unidade e fragmentação em sociedades complexas. In. SOUZA, Jessé; ÖELSE, Berthold. *Simmel e a modernidade*. Brasília: UNB, 1998, p. 255-273.

VOS FELLMAN, Philip. WRIGHT, Roxana. Modelando redes terroristas. In. *Sinais dos Tempos*: tradição religiosa no Brasil. Caderno do ISER n. 22. Rio de Janeiro: ISER, 1989, p. 133-154.

WEBER, Max. Comunidade e sociedade como estruturas de socialização. In. FERNANDES, Florestan (org). *Comunidade e sociedade*: leitura sobre problemas conceituais, metodológicos e de aplicação. São Paulo: Nacional, USP, 1973, p. 140-143.

______. *Economia e sociedade*: fundamentos da sociologia compreensiva. Brasília: UNB; São Paulo: Imprensa Oficial do Estado de São Paulo, 1999.

WIRTH, Louis. Delineamento e problemas da comunidade. In. FERNANDES, Florestan (org). *Comunidade e sociedade*: leitura sobre problemas conceituais, metodológicos e de aplicação. São Paulo: Nacional, USP, 1973, p. 82-95.